I0239884

www.ingramcontent.com/pod-product-compliance
Lightning Source LLC
Chambersburg PA
CBHW060102170426
43198CB00010B/745
9781634930758

ビーイング・ユー、チェンジング・ザ・ワールド

あなたで在ること、世界を変えること

Dr．デーン・ヒア　著

〝私を夢見る人と言うかもしれない。でも私だけではない。
いつか、あなたもそうなって欲しい… そして世界中が一つになるように〟
—ジョン・レノン

〝見たいと思う世界の変化に、あなた自身がなりなさい〟
—マハトマ・ガンジー—

〝あなた自身になりなさい。そして世界を変えなさい〟
—ギャリー・ダグラス

この本の感想

「この本を読んで、私の世界が揺さぶられました。魔法を見ているみたいです。私の人生のひとつひとつが変容しているのがわかります…私は今六十二歳ですが、こうなる前のこと、あなたがいろんな形で話していることを「探し求めていた」時のことをもう思い出せません。ええ、今がその時です。私が経験してきたことの全ては、私にとっての特権だったのですね。ケーキに素敵な飾りを付けてもらった気分です。本当に感謝しています。

―アン

この本を書いてくれてありがとう…あなたがここに記したあらゆることに、軽やかさと共に心から共鳴し、人生で初めて私を理解してくれる人がいると感じました。あなたが最初の章を語る五十二分間で、自分に対する価値観が変わりました。これ以上感謝出来ません…

―ステファニー

あなたとこの本にとても感謝しています。困難に直面していた息子の助けになるかと思って購入しました。(息子はADD/注意欠陥障害で一年間リタリンを服用していますが、それによってゾンビのようになり、生きる意欲がなくなり、学校も途中で辞め、どこにも適応出来ないようになっていました) 息子はあなたの本が大好きで、一晩で読んでしまいました。そして突然自分の人生のいろんなことが理解出来たと言いました。息子は絵画セットを手に入れて、再び描き始めています。

―カロ

この形式でこの本を書いてくださってありがとうございます。いろんな状況で自分がすっきり出来ない時に、この本が最良の友となることがわかりました。より多くの安らぎと歓びそして豊かさを取り入れるために、この本を使って自分を勇気づけられることはとても素晴らしいことだと思います。あなたのやり方を通すその勇気に特に感謝します。本当に私には役に立っています。こうして小さい項目に分けてくれなかったら、この本の本来の姿である「今日実用的に変容させる知恵の詰まった魔法の本」を使いこなすことは出来なかったでしょう。

―ジェイソン

この第一章だけでクスクスと子供のように笑い、溜まっていたものを手放すために涙し、そして歓びを与え、本来の自分が誰なのかを思い出させてくれました。

―シェリル

感謝

多くの非凡な人達に会うと、感謝の言葉を一ページで表現するのは簡単なことではありません。

まずアクセスコンシャスネス®の創始者、ギャリー・ダグラス氏に感謝の言葉を捧げたいと思います。命を救ってくれただけでなく、人生を新しく創り直すツールをくれた人に、どうやって感謝したらいいのでしょうか? 彼は会う人すべてが自分のための真の選択ができるようにと、助けてきました。この世界はなんとラッキーなのでしょう?

そして編集者であり、共同クリエーターのカタリナ・ワレンティンに感謝したいと思います。彼女の献身的な助けなしには、この本は世に出ることはなかったでしょう。エナジェティック・シンセシズ・ビーイング（ESB）のクラスでの、ほぼエンドレスと思われる内容を拾い集め、初期の原稿にまとめあげるのは非常に困難だったはずですが、彼女はその能力でなんなくこなしてくれました。（また、私と一緒に仕事するのは簡単なことではないはずですが、それも意に介さずにやり遂げてくれました。）

またアクセスコンシャスネスとエナジェティック・シンセシズ・ビーイングのクラスに参加してくれた受講者の皆さんにも感謝したいと思います。誰もまだ到達したことのないところへ到達したいと願ってくれた人達。この人達がいなければ、この本は生まれなかったでしょう。

私の母にも感謝の言葉を。風変わりでドリーマーだった私を、それがどんな風に見えたとしてもそのままの私でいさせてくれました。私と私が選んだ人生へのその許容のレベルは、言葉に表せないほどの贈り物です。

皆にとって、より素晴らしい可能性を世界に創り出すために貢献してくれている、アクセスコンシャスネスのスタッフ全員、そして、世界中の多くの才能あるアクセスファシリテーターの皆さんに感謝しています。最後となりましたがとても大切な存在、あなたにありがとう。何かもっといいものを選びたいと思ってくれたあなたへ。私たちは共に、今、想像出来るよりもっと素晴らしい世界を創り出すことが出来る、そう私は知っています。

目次

Beautiful You, 美しいあなたへ

なんらかの形でこの本があなたの手元に届けられました。
これ以上もっといいことが？

じゃあ、今がその時？
自分自身になって、世界を変えたい？

もしそう思うのなら、勇気ある友よ、読み始める前に五回声を出して言ってくれませんか。
ええ、大きな声で。

全てはそう見えるものの逆であり、
そう見えるものの逆は何も無い。
全てはそう見えるものの逆であり、
そう見えるものの逆は何も無い。
全てはそう見えるものの逆であり、

そう見えるものの逆は何も無い。
全てはそう見えるものの逆であり、
そう見えるものの逆は何も無い。
全てはそう見えるものの逆であり、
そう見えるものの逆は何も無い。

さぁ、準備が整いました。ページをめくって、奇妙な世界への旅を始めましょう。

前書き

この本は万人に向けて書いたのではありません。少数派の人達…この現実の今の状態が、本来なら可能な「より素晴らしい私達」をもたらすようには機能していない、と気付いてしまった人達のために書きました。そんな「夢見る人達」のために、何かもっと違うこと、そしてもっと素晴らしい何かが可能であるべきで、それを手に入れられるべきだと知っている人達のために書きました。

「夢見る人達」は私の仲間です。あなたは、本当に世界を変えることが出来るのです。自分にただその許可を与え、今のこの現実で十分だ、という考えから、抜け出すことが出来たなら。そして、自分が抱えていると思っていた全ての制限が、まだ気付いてさえいなかった自らの偉大さであるということを、ただ、認識することが出来たなら。

もし自分自身で在ったとしたら —あなたは誰?

もしあなたが、完全にあなた自身で在ることが、**何もかもを、**あなたの人生、周りの人達、そして世界を変えるために必要なこと全てだとしたら?あなたがあなた自身で在ることが、これまでに求め、欲していた創造と変化をこの世界に創り出すための「隠された鍵」だったとしたら?あなたがあなた自身で在ることが、**何もかもで**在り、**何もかもを**知り、**何もかもを**感知することを意味するとしたら?**何もかもを**受け入れ、**何**

今が「目覚める時」だと知っていますか？　それがこの本の意図するところです。今まで読んできた自己啓発の本とは異なります。中身が同じスピリチュアル・心理学の本の言葉をただ変え、書き直したものでもありません。読んだ後に自分をジャッジして、社会不適格者だと落ち込ませるような本でもありません。違います。自分に対するジャッジメント（批判・判断・決めつけ）、自分は悪い、不適格だという様々な思いを変えるための援助となる本です。

自分へのジャッジメント、何でも自分が悪いという考えから抜け出すのです。もっと他のことが可能だと分かるでしょう。それは、どんな風なのか想像してみて下さい…もう二度と何があってもどんな理由でも、自分のせいだ、自分はおかしいと感じなくてもいいとしたら？

もし地球が求めている「違い」があなただとしたら？今が一歩前へと踏み出す時？

そうならば、完全に自分自身で在るには？全く新しい何かに挑戦する意欲はありますか？

自分なりに成功する、ということではありません。何かもっと良いことをする、というものでもありません。「**自分自身**」で在ること、自分自身の「**エナジー**」で在ることなのです。

それがどんなものであろうとも。

本当の自分で在るようにと、今までに求められたことのある人はいますか？まさにあなた自身としてただ在ることを求められたことは？

私が皆さんをお連れしたいのは、そういうところなのです。つまり、あなた自身のエナジーになることへとご招待したいのです。

本書を読み、ツールを**使うことから**始めてみてください。かなり簡単そうだからと言って、バカにしないでください。これらのツールを使う選択をすれば、あなたの人生が変わります。いくら払ったか分かりませんが、この本に投資した額よりも、何倍もの価値があります。

本書にあるエクササイズに、全力を注ぐ必要すらありません。必要とされるのは読むこと、そして変化への意欲のみです。その変化がどのように起きるのかは知る必要がありません。「どのように」の部分はユニバースに任せます。ツールを使い、ユニバースがあなたのために働きかけることを許可しましょう。

考えることで人生が分かり、いかに自分自身で在るかを頭で理解出来るのなら、もう既にそう出来ているはずではありませんか?小さな箱から出てきた自分を考えることで実際に効果があるなら、今頃は全く違う現実を生み出しているのではないですか?私が言いたいのは、その箱から出て生きることを考えようと、これまでずっとして来たのではないのですか?ということなのです。

あなたが望むのなら、この本は認知的、論理的な考えを超える助けとなり、アウェアネス（気付き）と「自分自身で在ること」とは、どんな感じなのかを提供します。「自分で在ること」を選ぶツールも提供します。

この本を通して、今までとは違った見地から物事を見て欲しいと思います。どうしてかって？これまでと同じ見地から物事を見ても、今現在の生活と同じものにしかならないからです。それで満足していたなら、この本を読んではいないはずです。

本来の自分自身は誰なのか、見つける意欲がありますか？
自分自身が現れることを要求する意欲がありますか？
自分にとって本当の真実は何かを知る意欲がありますか？

この遊び場についてちょっと説明しましょう。

パート1は、あなた自身で在ることを止めさせるものについて書かれています。人生と呼ばれる「箱」の制限を探っていきます。制限なんてなくてもいいのに！本当はそうでないのに、自分にとって真実だと信じ込んできたたくさんのことについて、いくつかの主要な鍵をご紹介します。この現実、ジャッジメントと呼ばれる癌（多くの人が想像もしない方法で、それがいかに私達をストップさせ、殺しているか）、受け取ること、思いやり、リレーションシップ、愛、家族、虐待そして自分の体について、じっくりと見ていきます。

そして、これら全てに変化を起こす助けとなるツールを、いくつかご紹介していきます。もし、この現実において、重要で価値があると思われているもの全てが幻想だったとしたら、他には何が可能？そして、そのようなものがあなたにとって、全く重要でも価値があるものでもなかったとしたら？

パート2では、それらを全て超えたものを探っていきます。無限の可能性って何？もしあなた自身が「マジック」だったとしたら？あなたが、自分の人生のリーダーだったとしたら？壁に囲まれ、人工的に創られた「私の王国」ではなく、「私達の王国」に住むとしたら？地球は救われる必要など無いとしたら？あなた自身で在ることが、この世界の変化のために求められているギフトだとしたら？

本書を通して、じっくりと考えるようなテーマをたくさんお渡しします。今、多くのことを変える可能性を提供します。全てはあなたの選択だと知ってください。あなたが何を選択しようとも、私にはポイント・オブ・ビュー（観点、偏見）がありません。ただ選び続けてください。あなたのために、私達皆のために。

特に私達「夢見る者」達は、これまでとは違う世界、選択したい可能性がある世界を生み出して創造するよりも、自分が悪いに違いないという感覚を直そうとすることに、過度の時間を費やしがちなようです。身動きを取れなくさせる多くの要因を探りながら、これまでとは全く違う可能性と、今まで考えもしなかったような視点から物事を見る方法を提案します。それは、恐らくこれまでに考慮したものの、それを選び、実行出来るかどうか分からなかったものかもしれません。

私が紹介する度に「ここで何か別なものを選びたいですか？」と伺います。今までとは異なる現実がどのように創られるのかが分からなくても、「何を選択するか」が常にそこへ向かう第一歩となるからです。

その選択が「どのように」現れてくるのかは知る必要がありません。あなたのその選択が、姿を現し、世界を変え、そうなっていくことを許可するのです。ユニバースの仕事は実現させることです。あなたはただ、その方向に進むことを選べば良いのです。そして進み続けます。そうすれば誰も何も、もう絶対にあなたを止めることは出来ません。

この本のタイトルが示しているように、あなたがあなた自身で在ることが、人生だけでなく、世界も確実に変えていくというアウェアネス（気付き、目覚め）に基づいて、この本は書かれました。実際に世界を変えてきた唯一の方法とは、信じられないほど素晴らしい人達が、─批判されても、ジャッジされても、他の人のポイント・オブ・ビューがどのようなものであったとしても─自分自身であることを厭わず、自分の内で既に「知っていること」に沿って選択することを厭わずにいたからなのです。

これは答えを与える本ではありません！

私はグルではありません。
私は完璧ではないし、あなたへの答えも持っていません。
私には問いかけしかありません。

この本は可能性について、この世界に全く違う方法で存在する可能性について書かれた本です。

二〇〇〇年、私は自分の人生を変えた要求をしました。生まれてからずっと、私は「夢見る人」でした。周りの人達を幸せにするために、出来ることは何でもしました。人々の生活がより良くなるように、貢献出来ると思われることは何でもしてきました。カイロプラクティックの大学に行き、人々の生活と体に「奇跡」を起こす、新しく、より良い方法を学ぶことが出来ました。「そう出来るはずだと知っていた」からです。

しかしこの現実と、現実の問題がとても重く私にのしかかり始め、何も変わらないのだと絶望し始めました。この世界で大事だと思われるもののほとんどを私は手に入れていましたが、自分では大事と思えませんでした。

まだ家族には知られていませんでしたが、そのうちにふさぎ込んで暗い気持ちで目覚めるようになりました。自分が何をやっても不十分なような気がして、仕事に行くのがひどくイヤになってきました。何か別のことを人生に創り出すための術を本当に知らない人のようでした。更に悪いことに、この現実に何か違うものを本当に欲しがっているのは私一人だけなのだと感じていました。誰も私を理解せず、自分一人が孤独な種のように感じられ、耐えられなくなっていました。

そして驚くべきことに、突破口を見つけることが出来たのです…予想を超えた方法で…変えることなど出来ないと思っていた全てを変える方法があったのです。人生へのアクセス、生きることの欲望へのアクセスを再び手に入れ、そして存分にそれを楽しみ、自分は貢献となる存在であり、他の可能性があることを知りました。そして最も重要なことに、私が常に考えていたことは本当に事実だったということを知りました。

Being YOU, Changing The World を共に探求するなかで、私の最大限の力を使ってこのようなことを皆さんに共有して行きます。

どうして、私が？
どうしてこの本を書いたのか？

二〇〇〇年、この現実で持てるものは十分に持ち、人が欲しがるものは全て手にしていました。しかし、それらに全く価値を見出すことが出来ませんでした。

もし、このまま何も変わらないのであれば、もう全てを終わりにしたいと思っていました。心のとても深いところでは、何か違うことが可能だと知っていました。知っていたのです。

あなたと同じように。

ユニバースに要求しました。私の人生を完全に変えてくれ、さもなければ、私はここから去る、と。半年と時間設定もしました。ユニバースに期限、「デッド・ライン」を突きつけました。ちょうどそれから一週間後、人生全体を引っくり返すようなものを見つけてしまいました。アクセス・コンシャスネスです。(略してアクセス)最初のセッション中、それまでずっと求め続けていた「平和とスペース（空間）」という感覚とアウェアネスを体験し、それ以降、一度も自殺しようとは考えたことがありません。この本を通して、あなたにそのギフトを贈ることができれば、と願っています。その時から平和とスペースの感覚は膨らみ続けており、過去に試したどんな療法とも対照的でした。

この本で紹介しているツールは、アクセスの一部です。最初に触れた時からずっと、この瞬間も、私の生活とコンシャスネスは広がり続けています。

アクセスは私が体験した中で、最も奇妙で、ワイルドで、風変わりな手法です。そして効果があります。ただ、効きます。

アクセスはエナジーを変容させる手法で、変化を起こすための練達の知恵、古代よりの知識、かつ現代的でもある、実用的なツールとも関連しています。その目的はコンシャスネスとワンネスの世界への可能性を創り出すことです。

コンシャスネスとは何だと思いますか?コンシャスネスは全てを含み、何もジャッジしません。存在しうる全ての可能性を含みます。何物にも、あなたにも、ジャッジメントをしません。そんなところで生きてみたくないですか? そう思うのなら、読み続けてください!（そうではなかったら、ちょっとおかしい友達や、家族の誰かにこの本を渡す、いいタイミングかもしれません。）

現在私は世界中を回り、アクセス・コンシャスネスのツールで人々をファシリテート（促進）しています。人々のグループ、エナジーと体に同時に働きかける、エナジェティック・シンセシズ・ビーイング（ＥＳＢ）というユニークな方法を開発しました。

この本で共有している内容の大部分は、ＥＳＢのクラスに出席した素晴らしい人達と共に、他には何が可能なのか、を追求して得たものです。彼らが向かいたいと思う場所、体験したいと思う可能性は、完璧に私を驚愕させます。毎回です。皆それぞれ、自分が思っているよりも、もっと素晴らしく、想像を超えた可能性を持っているのです。

ESBのクラスでは、可能性があるとは思ってもみなかったところにあなたを誘い、エナジーそのものになることへと案内します。グループ全体と共に、あなたも一緒に行います。このクラスのスペースで、あなたという存在、体、そして地球とが一つのエナジーにまとまり、よりコンシャスな人生と惑星を創り出していきます。これらのエナジーで在ること、あなた自身で在ることで、全てを変えます。この惑星、あなたの人生、あなたが関わる全ての人達をも変えるのです。

あなた自身で在ることで、世界を変えています。

最も素晴らしいファシリテーターであり、アクセス・コンシャスネスの創始者であるギャリー・ダグラスは私の親友です。なんてラッキーなのでしょう！

これらのツール、考え方、プロセスは、世界中の何千もの人達の生活を変えてきたことを知ってください！それが本書を書いた理由です。「何かもっといいことがあるはずだ…」と、一度でも思ったことがあるとしたら、あなたにこう伝えましょう。「イエス！イエス！ここにあるよ！今まさにここで経験している人達がたくさんいるよ！」

これは、今までとは全く違う方法でこの世界に存在すること、意識的に自らの人生の舵取りをすること、そして地球が求める他とは異なる存在であるための「一つの」可能性です。

これは、あなたにとってうまくいくでしょうか？ この本はあなたを「自分自身で在ること」に案内するでしょうか？

そして本当に世界を変えるでしょうか？

あなただけがその答えを知っています。あなただけが自分のために選択出来るのです。

それでは、あなたが知っていることは何？

これが、ずっと待っていた招待状である可能性は？

今がその時？

あなたに可能性をお見せするためなら、何でもしましょう。あなたの仕事は、ただジャッジメントと結論付けから距離をおき、その可能性は自分が選択したいものかどうかを見つめるだけです。ついてきますか？ 一緒に？

準備は出来た？ レッツゴー！

読者へのメモ

Weird（奇妙な）

Weird（奇妙な）の元々の意味を知っていますか？

Weird：精神、運命

自分のことのような気がしますか？
ちょっとだけ？

平均的で、普通で現実的で、自分は皆とちょうど同じだという幻想を捨てる意欲がありますか？
その代わりに、本来のあなた自身である、奇妙で素晴らしく驚くべきものになる意欲がありますか？

今から始めますか？

アドバイス

いい本だ!

この本は変化を創り出すようにデザインされているため、時には混乱したり、イライラしたりするかもしれません。分からないところがあったり、不十分だと思うところがあったりしたら、少し先のページに、理解を深めるための情報が差し込まれているのでそこを読んでください。

これ以上もっといいことが?

また、この本の大部分が、ポイント・オブ・ビューを拾ってしまうかもしれない「提示」の形ではなく、あなたにとっての真実は何かを分かってもらえるような「問いかけ」の形でデザインされています。

そのような部分を不完全だと感じるかもしれません。でも、わざとそうしているので、じっくり考えて自分の「知っていること」を感じてください。もし、問いかけ、そして疑問に思っている自分に気付いたら…この小さな本はなかなかいい働きをしていると言えます。

良い本だ! いい本だ!

パート1

あなたで在ること…

「私達は人生の全ての瞬間を、自分が初めからなったことのない、全く違うものだと証明しようとするために費やしている。」

―メルC

もし自分の現実を抱きしめ始めることが出来たとしたら？
もしあなたの現実が、何か全く違うものだったとしたら？
もし全く違う現実が、まさに必要とされているものだとしたら？

今がその時？

ツール

破壊し、アンクリエイト（非創造）し、あなたの現実を解放しよう

この本は固体に見えますよね？科学はこれを九十九・九九九％が空間だと言いますが。でもこれは固体に見えます。おかしいと思いませんか？そうです、九十九・九九九％が空間です。ただ分子がこのように配列されたため、不可解にも固体に見えるだけなのです。

人生と体に対してのあらゆる制限が、まさにこれと同じだとしたら？それが本当に固体に見えるのは、今まで、そのようにしか見ることが出来なかったからだとしたら？

妙な話に聞こえるのは分かっています。もし聞く耳を持ってくれるのなら、それは固体である必要はなく、一度も固体だったこともなく、もう固体でなくてもいいという気付きへと皆さんをお連れしたいのです。

あなたと、あなたというエナジーを案内したいところがあります。あなたが全ての分子をスペースと柔軟性、可変性ではなく、固体として配置してしまった時点に戻り、そこでそれらを取り消せば、実際の姿であるスペース（空間）になれます。ですから、あなた本来の姿であるスペースになれるのです。

それだけです。そしてそれ以上です！

そこに至るために、本書では時々何かを手放すことを求めることがあります。破壊して、アンクリエイト（非創造）することをお願いするかもしれません。

その時は、頭がおかしいと感じるかもしれません。

どうしてこんなことを聞くかって？あなたを制限している何かを破壊し、アンクリエイト（非創造）し、手放す意欲を持つ時はいつでも、自動的に、簡単に、制限が減ったスペースや完全に制限のないスペースが広がるからです。分かりますか？制限を取り払うことで、ようやく「無制限」が存在するためのスペースを得るのです。

ちょっと立ち止まって自分に聞いてみてください。

私はこれをやりたい？

もしイエスだったら、失わなければならないものは？
あなたがもう止めたい、破壊したい、アンクリエイト（非創造）したいものは何でも、あなたの生活に全く別の可能性を開きます。
あなたは、あなたで在ることを絶対に止めることは出来ません。
あなたという絶対の存在は、その存在を脅かされることはありません。

あなたを制限し、抑え、閉じ込めているものを手放し、アンクリエイト（非創造）して破壊することさえ出来れば、何か違う、もっと素晴らしいものが現れるためのスペースが作られます。

もしよければ、このクリアリング・ステイトメントを加えることを是非お勧めします。

Right and Wrong, Good and Bad, POD and POC, All Nine, Shorts, Boys and Beyonds.

（ライト・アンド・ロング、グッド・アンド・バッド、ポッド・アンド・ポック、オール・ナイン、ショーツ、ボーイズ・アンド・ビヨンズ。略してPOD and POC＝ポッド・アンド・ポック）このステイトメントは、あなたのコンシャスネスをポイント・オブ・クリエーション（＝創造した時点。またはポイント・オブ・ディストラクション＝破壊の時点）まで戻し、その制限の種を蒔く前の段階で、種を溶かしてしまいます。

おかしくて変なことではありますが、ただ、そうなのです。

魔法のように、効きます。

魔法が、あなたの本来の姿だったとしたら？

もしこのクリアリング・ステイトメントを、魔法の杖だと考えることが出来たら？人生で変えたいところ、**どんな**ところでも変える方法だとしたら？

魔法の杖を振れ！ レッツゴー！

クリアリング・ステイトメントについて詳しく知りたい場合は、本の後半に説明がありますのでお読みください。

ツール

問いかけてください、そして答えは探さないで

あなたが何を考えているのか、私にはもう聞こえています。

歯車が回っています。
考えて、考えて、考えて、
チックタックチックタック、
正しい、間違い、正しい、間違い、
これで、本当に効果あります?

「思考／マインド」という名の、愚かな機械に、うんざりしていませんか?その機械は、まだ正しい答えを探してひっきりなしに動いていますね?

正しい答えから抜け出せる方法をお教えします。
ユニバース
「問いかけなさい。」

こんなに簡単なのです。

解説しましょう。ほとんどの人は人生を歩みながら、その進む先はどうなっているかというポイント・オブ・ビューを既に持っています。さっきの馬鹿げた方へ向かう道です。それだけ、ただそれだけです。

その理由は、行き先をもう決めてしまっているからです。周りには壁が出来上がり、右も左も見渡すことが出来ず、先に何があるかも見通せません。残された方法は一つ、ここに向かうと決めてしまった方向へ進むだけです。

問いかけをしなければ、人生の選択肢はそれしかないかのように、自分で創った迷宮の中を彷徨い続けるだけになってしまいます。

問いかけをすれば、右側にも左側にもドアが突然開き、そのドアの向こうには光が射し、別の空間、別な部屋と、可能性というドアが続きます。あなたはそこで「うわ～！こんなところにまだ別の可能性があっただなんて、全然知らなかったよ！」と言うでしょう。

問いかけは、可能性というドアを開く鍵です。問いかけをしなければ、そのドアの存在すら知らず、可能性はただそこに置き去りにされることでしょう。

疑うのなら、問いかけてみてください。

人生の様々な場面で、より多くの可能性を開くための、問いかけをご紹介します。
1．これ以上もっといいことが？（良いことがあった時、悪いことがあった時の両方に使えます）
2．私がまだ分かっていない、正しいことは何？
3．これを変えるには？
4．他には何が可能？
5．想像しうる以上のものへと、これを好転させるには？
6．今日私は何者で、どれほど壮大で輝かしい冒険が出来る？そして、決して答えは探さないで！

この現実では普通、こうしますね。

問いかけたら、考え始めます。

「それが正しい答えかな？これが正しい答えかな？これが正しい答えかな…？」


それはまるで小さい種を蒔いて、水をやって、そして翌日根が生えているか確認するために芽を引っこ抜くようなものです。そして、まだ根が生えていないと知ると**「ダメだな、この種は。まだ花が咲かないよ！」**と言うのです。

そしてまた、種を蒔き、水をやり、翌日また引っこ抜きます。**「どれくらい育ったかな…えっ？まだっ？！」**これは種が悪いのでしょうか？いいえ、根を張り、芽を出す時間を与えないのはあなたです。

そんなあなたにアドバイスがあります。

問いかけたら…黙りなさい。

こう言ったら不親切ですかね。ごめんなさい。

でも、黙りなさい。オーケー?

問いかけたら静かにしましょう、ちょっとの間は…一時間…一日…一か月…あなたのユニバースにエナジーを行き渡らせるのです。

正しい答えではなく、エナジーです。

あなたが問いかけたことの結果が、そのエナジーです。問いかけるたびにエナジーが「湧いてきます」。自然に現れます。自然に知らせます。最初にあなたが問いかけたかった「理由の」エナジーです。

だから最初に問いかけるのです…あなたが求めたものへと導くエナジーへのドアを開くのです。

さぁ、問いかけましょう。

この本を買ったり、もらったり、見つけたり、盗んだり、贈られたときには想像も出来なかったような、どんな贈り物にこの本はなれる?

さぁ、黙って読みましょう。

この現実を超えて

読者へのメモ

エナジーって、何？

誰かをハグして、そのまま永遠にそこにいたい…溶けそう…このままこの人に落ちてしまう…と感じたことはありますか？逆に誰かをハグして、まるで岩をハグしているように感じたことは？

この二つの経験には違いがある？それならば私がエナジーについて話すことが、何を意味するのかが分かるでしょう。この二つは完全に違うエナジー的な経験であり、二つの全く異なる「エナジー」なのです。

これほどシンプルなのです。

（別のレベルにおいては、同時に無限に複雑でもあり、この本で一緒に探求していくことでもあります）

深い森の中を歩いている自分を想像してください。そこには道は無く、小人と妖精が作った小路があるだけです。木漏れ日が緑の葉を照らしています。

あなたはこの生きている地球の上を歩いています。足の下の柔らかさが地球です。夏の香りを吸いこんでいると、あなたのハートを優しくノックするキツツキが一羽…

目を閉じて、しばらくその森の中に佇んでください。

あなたはどんな存在ですか？

森はあなたに対するジャッジメントを全く持っておらず、森には正当性を証明するための現実もありません。ビーイング（存在）が訪れやすい場所の一つです。

そしてまた目を閉じて、あなたの故郷のメインストリート、または仕事場のオフィス内を歩くか、または両親の家への階段を上ってみてください。

あなたの存在の仕方に違いはありますか？

これは何でしょう？　自分の街で、皆がそこにいるのはどんな感じですか？　森がしてくれたように、ジャッジメント無しに受け入れてくれるでしょうか？　ならば、「誰に、そしてどのように」在ることを選びますか？

今すぐそれを選択させない全てのものを、破壊して、アンクリエイト（非創造）しますか？

Right and Wrong, Good and Bad, POD and POC, All Nine, Shorts, Boys and Beyonds.™

第一章

あなたの現実と、自由意志のユニバース

始める前に、「現実」の定義をしましょう。

私が意味する現実とは、基本的には皆がこの惑星で機能するために学ぶ、共通、平均、一般的な方法であり、私達が共通して持っているもので、それほど真剣に考えずに「リアル」だと「思って」いるもののことです。現実とは、ただそのように思える全てであり、私達がそれほど疑問にも思わないものです。

現実を創るには、あるポイント・オブ・ビュー（見方・視点）に迎合、同意する人が、二人以上いなければなりません。別の言い方をすれば「現実」とは、二人以上が特に意識もせずに「これはこういうものだ」と結論付ければいつでも創られます。これが実際の「現実」の創られ方なのです。ご存知でした？

ですから私が「この現実」と言う時は、あなたが生まれた時に手渡されたもの、あなたの家族の規則と規定、社会の規則と規定、この惑星の規則と規定、現実の全ての物質的法則など、こうしたものを指しています。

例えばこの現実の規則は、あなたの体をこの場所からフィジー諸島に瞬間移動させることは出来ないと言います。

私なら、出来たっていいじゃない?と言うでしょう。そうしたことを変えてしまいましょう!その方がずっと楽しいでしょう?

今日変えることは出来ないかもしれませんが、その方向に照準を定め、何が現れるのかを見てみましょう。私が高校時代に出会い、私の人生を変えたあるモチベーショナル・スピーカーの言葉です。「月を撃とう!もし外れて星に当たっても、半分成功したことになるさ!」

この現実で、全てが上手く正しく進むように努力したり、そうすれば皆ハッピーになれるに違いないと頑張ったりする代わりに、本当に欲しいものを創っていったとしたらどうでしょうか。例えそれが、この現実とは全く別のものだったとしても。他の皆が選び、それが正しいというのなら、この現実には何か正しいことがあるに違いない、と私達は考えます。そうですよね?

私達の頭の中にある、現在進行形のシナリオはこんな感じでしょう。「ジャッジメントは正しいに違いない。家族の言うことは正しいに違いない。学校の言うことは正しいに違いない。お金も正しいに違いない。それを正しいと思えなくて、そう思えないことで居心地の悪い思いをしているのは恐らく私だけだろう」でも、そのような「正しい」と思われていること全てが、あなたにとっては「間違い」だったとしたら?

もし、このことを全く違う方法で見つめられたとしたら?

考えるべき可能性:

これまであなたが与えられてきた現実は、うまくいくものではありません。望まないのであれば、もうこれ以上、それを選択しなくても構わないのです。その気付きと共に、あなたが自分の人生として本当に選びたいものは？

もしここが「自由意志のユニバース」だと完全に知っていたとしたら、今すぐに何を選び始めますか？

〜〜〜

もしあなたが、自らのユニバースを自由に操れるとしたら？

私達が住んでいるのは「自由意志のユニバース」だと聞いたことがありますか？これは宇宙の法則の一つであり、この奇妙で奇抜な場所が機能する方法の一つだと、私達は聞かされてきました。

私からの質問です。

「もしそれが真実なら、私達の人生はどうしてこんな風なの？ 世界はどうしてこんな風なの？」

もしここが自由意志のユニバースならば、私達が「変化を選べない」とずっと信じているのはなぜでしょう？お金の状況を変えることは？体の感じ方を変えることは？違う体を持った同じ人と、何度も何度も何度も創り続けてしまう関係は？

そして、トラウマとドラマ、貧困、不幸、別離、怒り、憎悪とジャッジメントを選び続けるのはなぜでしょう?これらの全ては変えられない、もしくは変えたくないと感じるのはどうして?

私達は可愛らしいかもしれませんが、確実に賢くはありません。ここは自由意志のユニバースであるという考えについて、私達が見逃している何かがあるに違いない、というのが、私のポイント・オブ・ビューです。

そこで私は皆さんに、自由意志のユニバースという考えを受け入れ、それを認識してもらいたいのです。分かり易く言うなら、あなたの選ぶ力と、変える力を使いましょう。それらを使って、制限され、思い通りにならなかった過去を変え、これまでとは違う新しい現在と未来を創りましょう。それは、**あなたが本来の姿で在り、そして世界を変えていく**場所です。

楽しそうだと思いませんか?私はそう思いましたよ!

私達は皆、人生に欲しいものを得るには?という考えや、ポイント・オブ・ビューを持っているようです。もし、それとは全く違うことが要求されているとしたら?そうに違いありません!

もし自分が住みたい世界や、手に入れたい人生が手に入っていないのであれば、そこにたどり着くまでに必要だと思っていたものが、間違いだったに違いありません。

分かりますか？

変化とは、自分が決めつけた唯一の方法（うまくいかないのに）でしか起こらないというポイント・オブ・ビューに囚われている限りは、変化を起こす源とは全く違う方向に向かってしまうでしょう。皆に言えることです！

少なくともこの本を手に取ったのだから、あなたの人生（そして世界）を変えるということに対する全ての予想、期待、分離、決断、結論、判断、拒絶とポイント・オブ・ビューを手放し、破壊して、アンクリエイト（非創造）しますか？ Right and Wrong, Good and Bad,POD and POC, All Nine, Shorts, Boys and Beyonds.™

ありがとう。今、他には何が現れるでしょう？他には何を失わなければならないでしょう？

〜〜〜

自由意志のユニバースを見つける（私がどのように見つけたか…）

ええ、私もたくさんの答えを持っていました、少なくとも、そんなふりをしていました。

十年前、私は二度目のカイロプラクティック業を開業しており、数人の患者さえもいました。家賃を払うには十分な収入を得ています。あぁ、なんて幸せ！皆がお似合いだという彼女もいました。ハッピーにさせてくれると思われるものは何でも手に入れました。お金に不安はありましたが、それほど大事なことではありませんでした。内なる平和のためのどんな療法でも試してみましたが、それでも私の心は死んでいました。

そこでユニバースに言ったのです。「半年だけやろう。でなければ私は死ぬ。ここでお前のために働き続け、人々に気付きを与えよう、人々の生活と体を変えよう、この惑星にいい変化を与えようとし続けてきたのに、何も私には戻ってこない。朝起きるのが本当にうんざりなんだよ！もしこうでなければならないと言うのなら、いいよ。死ぬからね。これを変えるか、さもなければ俺がここから去る。」

彼女の元を去るとか、サンタバーバラを去るという意味ではなく、この世から去ることを意味していました。

「ここよりハッピーな場所、別な体で、別な人生があるに違いない。ジプシーとか、一日中太平洋の島で過ごせる島の住人として戻ってこようかな。ロックフェラーみたいに有り余るほどのお金を持っている人でもいいな。そんな人生には何か違うものがあるに違いない。もっといいものがあるに違いない。多分、他の星かな？？」

私は、例え人生を終わらせることになっても構わないと思っていました。今のままでは十分ではないという地点まで行きついてしまったからです。私は自分の内側で既に「知って」いました。過去に私が価値があると決めたものは、ここでは同じ価値を持てないのだと。

自分で価値があると決めたものは手に入れました。そして、そうしたものには価値が無かったのです。意味が分かりますか?ほんのちょっとの間だけでも、そんな考えに行きついたことがありますか?もしそうなら、この本はあなたにとって、きっと多くの意味をなすものとなるでしょう。

その要求をしたちょうど一週間後、新聞の広告を見つけました。その小さい広告には「**アクセス：人生の全ては安らぎ、歓び、そして豊かさと共に！**(All of life comes to me with ease,and joy and glory)」と書いてあり、女性の電話番号が載っていました。

私の反応はこうでした。「**底抜けの楽観主義者が新聞広告を出している!!**」私は激怒していました。「**私の人生は痛みと苦痛と流血(gory)だよ! 一体何を言ってるんだ?! 安らぎ、歓びと豊かさ。何なんだよ、それは!!**」その新聞を丸めて投げ捨てました。その新聞は毎週サンタバーバラに配達されます。翌週、同じ広告を見ました。「**アクセス、人生の全ては安らぎ、歓び、そして豊かさと共に！**」

くそぉおぉおぉ〜〜!

しかしその広告を見るずっと前から、何かに過剰に反応するのは、そこには恐らく自分にとっての何かがあるから、そして、まだそれが何であるかが分かっていないために過剰反応をするのだと気付いていました。そこでただ単に、新聞に広告を載せた人を殺してやりたいという思いから、その女性に電話して予約を取ったのです…

それは神の啓示、狂気の沙汰、タイタニック号という私の人生が奈落の底に落ちていく最後の身震いをした…何と呼んでも構いませんが、文字通りその電話一本が、生きることへのアクセス（道）を私に与えてくれました。そしてもう二度と、箱の中に自分をねじ込むような真似は出来なくなりました。とても、とても感謝しています。

アクセスバーズという、頭のポイントに触れるというだけの簡単なセッションをその女性にしてもらいました。このセッションの後、ほぼ三年ぶりに穏やかな感覚を取り戻しました。全てがオーケーなのだと、これまでもずっと、そしてこれからもずっとオーケーなのだと自分が既に「知っていた」のを思い出したのは、これが初めてのことでした。**そしてその後は自殺しようなどとは一切思ったことはありません。**

たった一つのツール、たった一時間のセッションを一度も会ったことのない人にしてもらっただけなのに。それが私の人生全体のエナジーを変え、私が既に「知っていたこと」は可能なのだと分かったのです。

この本でシェア出来たらいいなと思っているのは、このエナジー的な気付きです。あなたにも、これまでとは違うエナジーが可能なのだ、と。

何故ならそれが、あなたが変えたいと思っている、人生のエナジーだからです。

スピリチュアルな手法も、何でも全てやってみました。そして「**これも変えたい、あれも変えたい…**」と思っていました。でも物事が変化しても、もしそのエナジーがまだ同じだったら意味がないのです。

私の言っている意味が分かりますか?

〜〜〜

あなたのバイブレーション

エナジーを変化させると、あなたの人生の外観もまるでマジックのように変化します。例えば大急ぎで歩いている時、他の人の動きが遅いように感じたことはありませんか?そして何らかの理由で、急ぐのを止めようと決めた時、周りの人がまたスピードアップしたように感じたことはありませんか?それはあなたがエナジーを変えたからです。

部屋に入ったときに、何の意図もせずにその場のエナジーを変えたことはありますか?または、ひどい一日を過ごした友達と話をして、ハグをしてあげたら、その人が明るくなったということはありませんか?何がその変化を創ったのでしょう?あなたが言ったこと?それとも何か心理学的なテクニック?もしくは、**あなたという存在?**

あなたという存在が彼らを変えたのです。あなたという存在のエナジー、あなたのバイブレーションが。あなたの考える「あなた」を超えて存在する、あなたの完全性とも言えるあなたのエッセンスです。この世界全体を包み込んでいるのは、あなたです。

もう一つ私が見つけた真実です。あなたというビーイングが何かに足を踏み入れると、簡単にそこのエナジーになります。すると、周りの人にもそうなるように誘い込みます。もしその人達に受け入れる準備が出来ているなら。

彼らに受け入れる準備が出来ていない場合でも、そのエナジーは彼らの世界に入るので、彼らの準備が出来た時に取り込めます。彼らの準備が出来たときです。今から二十年後かもしれません。十億年後かもしれません。どうでもいいことです。

あなたは今ちょうど、その何かに**なり始めた**ところです。あなたが何かに対する新しい気付きを得て、そしてあなたがそれを選ぶことが、この地球上の**皆にも**その気付きを持たせるのです。あなたには、そうなる意欲があったからです。

あなたが何か、それまでとは違う存在になり始めると、以前はそうなるためのスペースが無かったところに、それが存在するためのスペースが開かれていきます。

ビーイング（存在）のエナジー的なバイブレーションに目覚めるところへと案内したいのです。あなたという存在、今まで見つめようとすら持ったことがない、自分という存在です。

あなたという存在のエナジー。

あなたという存在のバイブレーション。

それは恐らく、あなたがこうに違いないと思っていたものとは、まるで違ったものでしょう。全く違うもの。

しかしそれは、ただそう「在る」ことをあなたが許可すれば、人生にいつも望んでいた安らぎを楽に出現させるものなのです。歓びも、可能性も出現させることが出来ます。努力や思考からではなく、あなたがただ、絶対に破壊されないほどの存在として、その瞬間に在ることで、現すことが出来るのです。そうした場所とは、あなたも知らなかった場所なのですが、そんな場所からあなたは創造し、物事を変化させるのです。

本来のあなたという存在を見つける準備は出来ていますか？そんなあなたが姿を現すよう、要求する意欲がありますか？存在としてのあなたにとって、本当の真実と仲良くなる意欲がありますか？

ただ問いかけてください。今すぐに。

そうすることで、これまでとは違う可能性の世界へのドアを開くでしょう。

どのように、は考えなくてもいいのです！

それがどのように起きていくのかをあなたに見せるのは、ユニバースの仕事です。
あなたがしなければならないのは、要求することだけ！するとあなたは、人生、生活にただ従い、ユニバースが導くところへと向かっていきます。とても簡単ですよね？「どのように」は、また後で…

あ、もう一つ。**あなたには出来ると**、私は知っています！

〜〜〜

自分のエナジーを見つけること

十年前、アクセスコンシャスネスの創始者、ギャリー・ダグラスが私のオフィスに来て、彼からセッションの依頼を受けた時に、この素晴らしいギフトを受け取りました。当時私はカイロプラクターとして開業しており、三つの「ケア・レベル」を取得していました。そして私はアクセスのクラスをまだ始めたばかりでした。

部屋に入ってきてギャリーは「**あなたが三つのレベルで施術できると聞いています。初めの二つは私にはあまり効果がないように思うので、すみませんが、第三レベルを直接やってもらえませんか？**」と言いました。

頭の中で「**面倒くさいな… この人をどう扱ったらいいんだろう？**」と思っていました。当時私のクリニックにはレベル一と二の患者しかおらず、レベル三の患者にはどうしたらいいのかわかりませんでした。

彼がこう言い始めるまで私は黙って座っていました。「**ただ私の体に何が欲しいか聞いてくれればいい。エナジーに従っていけば、何をすれば良いか、あなたには分かるはずです。**」

私の一部が結論に向かい、こう考えました。「**何だって？ 俺に何をするかが分かるだって？ 俺が誰だか知ってるの？ 地球上で一番悲観的な施術者なんだよ！ あんたが会った中で最悪の愚か者なんだよ！ 俺の事務所はクローゼットの広さしかないし。何も分かってないんだってば！**」するとまた、私の別の部分が質問し始めました。「**何をすべきか、分かっているのかも？**」

彼に施術を始め、私は完全に違うスペースに入り込んでいきました。**私は何をするか、「知って」いました。**それは、認知的に頭で分かっているというものではなく、当時の自分には言葉では表せないような「知っている」感覚でした。でも私の「存在」は知っていました。

私は内側で既に「知って」いました。

その瞬間、それまでは存在すら知らなかった、「存在」のスペースに入り込みました。「自分で在ること」に入り込みました。その空間には、自分自身と、自分の「既に知っていること」へのアクセスがありました。そこに思考はなく、ただ「既に知っていること」がありました。

彼から十五フィート離れた部屋の反対側から彼に施術していたとき、マッサージ台の上で彼は魚のように跳ねていました。私はただ宙で手を動かしていただけです。そうすることが正しいことのように感じたからです。私が手を右に動かすたびに、彼の頭が右に動きました。手を左に動かすたびに、彼の頭は左に動きました。彼はうつぶせになって寝ていたのです！彼には私の姿は全く見えていなかったのに、です。

初めて彼にしたこのセッションが、今ではＥＳＢ（エナジェティック・シンセシズ・オブ・ビーイング）と呼ばれているものの第一回目です。制限を消し去るために（ほとんどの場合永遠に）体とビーイング（存在）のエナジーを使い、それまでとは全く違うやり方で体へ働きかけるセッションの始まりでした。

現在、私は世界中を周り、このＥＳＢで人々の変化を後押ししています。私にとって最大のギフトの一つは、これによって人生が変わった人達から届けられた、感謝の声、手紙です。

私達は皆、この世界を自分と他の人達のために、より良い場所に創るための能力を持っているのだと、ぜひ知ってください。**自分自身で在ることを厭わず**、そして本来そうであるように、他の人とは違う存在であることを厭わない、ただそれだけです。私達はただ、自分にとってそれはどういうことなのかを見つけ出し、それを選ぶ意思を持てば良いのです。世界があなたを必要としています。あなたは何を待っているのですか？

本来の自分とは誰なのか、何なのかについて、あなたはずっと知らないふりをしたり、知っていることを否定したりしてきたけれど、あなたは本当は何を知っているのですか？

私自身はそれになるまで、自分が何を「知っている」のかを知りませんでした。あなたがただ、「手放し、信頼し、それになる」ことを自分に許したとしたら、あなたは何になれるでしょう？

あなたのエナジーを見つけること

もし誰も「どうすればなれるのか」という方法を教えてくれなかったとしたら、「自分自身で在る」とはどんな風なのか、という気付きへ向かって行くにはどうすれば良いのでしょう?

ひとつ助けになるものとしては、過去に「完全に自分自身であること」を選択した瞬間を思い出すことです。思考もジャッジメントもなく、完全に平和で、存在することに歓びがあり、ポイント・オブ・ビューも持たなかった時のことです。そうです、何かに熱中する感覚、可能性も感じていたかもしれません。その時が、完全にあなた自身であった瞬間です。

私の経験を例としてお知らせしましょう。役に立つかもしれません。

ある年、私はカリフォルニア・エイズ・ライドのボランティアをしていました。一週間をかけて六百マイルを自転車で走るコースで、サンフランシスコからロサンジェルスまで走るというものです。

この素晴らしいイベントにボランティアのライダーとして参加した理由は、その前の年、カイロプラクターになるための大学に在籍していた最終学年の年に、学生カイロプラクターとして、このイベントのライダーをケアするボランティアとして参加したことがあったからです。ライダー達によって集められたお金は全て、HIVやエイズの人達のために使われます。ライダー達が一週間をかけて無事に完走できるように世話をするのが私達でした。カイロプラクティックのボランティアとして最前線にいた私達は、施術を最も必要とするライダー達の手当をしていました。

この一週間のイベントで、私が手当をする幸運に恵まれたライダー達の勇気に、何度も涙を抑えられないことがありました。おばあさん、おじいさん、兄弟、姉妹、恋人、両親、そして友達が、彼らの愛する人がＨＩＶ保持者、またはエイズで死に向かっているという理由でライダーとして参加していたからです。

ＨＩＶ保持者であるライダー達もいました。彼らは自転車に乗ることで、自分たちが闘う病気にこう宣言していたのです。「私を征服することは出来ない。少しずつ私を殺すかもしれないが、それは今日じゃない。闘わずに黙って死にはしない！」彼らの勇気、そしてジャッジメントの無さ、そして皆で共有されたコミュニオンの感覚が、今日の私を鼓舞しています。

そこは私が行ったことのある場所の中でも、かなり多くの人がいるところでしたが、誰も他の人をジャッジしない場でした。そこにいる人達が皆、仲間を助け、援助するためにそこにいる、という関わり合いを経験した初めての場でした。そこには、私が可能だと感じた偉大さが存在し、私は自分にこう言いました。「**私もここに貢献しなくちゃならない。来年はライダーとして絶対参加してやる！**」

十六歳の時以来、自転車には乗っていませんでしたが、自転車を手に入れ、乗り方を再学習するという、強い要求をしました。元自転車レーサーだった、カイロプラクティックの学生をしている仲間から自転車を買いました。最初はゆっくりと始め、数か月をかけて自分でトレーニングを積みました。二千五百ドルの参加費用のために出来ることは何でもやり、私のために驚くほど気前よく寄付してくれる人達のおかげで、この夢を追い続けることが出来ました。

数か月の練習と資金調達、そして自転車の正しい乗り方を再び学んでから、ついに参加することが出来ました！私は六百マイルの距離を走るなんて可能ではないはずの人達と並んで走っていました。彼らはそうすることに大きな意義を見いだしていたからこそ参加していました。その前の年と同様に、この体験は、「人々が共に取り組む時には、何が可能になるのか」という全く新しい気付きを私の存在の中に開いてくれたのでした。

長い坂道では皆「**こんなの無理だよ。先に死んじゃうよ**」といった感じでした。丘を上り、そして下りながら戻る時、道の反対側にいる人々を応援し、そして同じ丘をまた上る時に、また応援し、叫ぶのです。「ライダー達よ！絶対出来るよ！この丘には君達を止めることなんて出来ない！上りきってやれ！頑張れ！」

それは私が大人になって初めて、はっきりと疑いもなく、自分が誰かに貢献しているのが分かった瞬間でした。誰かが一生懸命な声援を投げてくれるほどまでに、自分を気にかけてくれる人がいることを知ると（そのために、この信じられないほど長い坂を二往復してまで）、多くの人は走り続ける勇気を得るのです。

ある女性が私の登録番号と自転車をはっきりと覚えていて、休憩所で近付いて話しかけてきました。私が坂を往復しながら、他のライダー達に声援を送ったことが彼女を鼓舞し、その日の残りを走り続けられたというのです。彼女はもうへとへとで、神に助けを求めていたところ、その二十分後に私が現れ、気のふれた人のように声援を送って行ったそうです。彼女は笑いながら、そして泣きながら、走り続けたそうです。それを聞いて私も涙し、お互いにハグし合いました。そして自分がそうなることを選択しさえすれば、お互いに素晴らしいギフトになれるのだと分かったのです。

こうしてギフトしながらも、同時に私もたくさんの貢献を受け取りました。言葉にするのは簡単なことではありません。ですから、私が伝えたいこのエナジーを感じ取ってもらえたらと思います。これは真に自分自身であり、ジャッジメントもなく、ポイント・オブ・ビューもなく、充足と可能性の感覚にある時、人生はどんな感じがするのかを示す、私が人生の中で感じた一つの例です。

このイベントで二度目の坂を往復していた時、**自分で在るというのはどんな感じなのか、というエナジーを否定することが、もう出来なくなっていました。あなたは、自分自身で在るエナジーがどのようなものかを否定するために、どれだけのエナジーを自分に反して使っていますか？　それら全てを破壊して、アンクリエイト（非創造）して、そして本当は自分がどれほど驚くべき存在なのかを自分のものとして主張し、認識しますか？　Right and Wrong, Good and Bad, POD and POC, All Nine, Shorts, Boys and Beyonds.**™ ありがとう。

その一週間は私の人生の全てを変え、以来、私はそれまでとは全く違う自分になりました。これは、私が本当に死にたいと思っていた時に、生きる勇気を持つことができた理由の一つとなっています。私は、ビーイング（存在）のためのエナジーと可能性がどこかにあることは分かっていました。何故なら、そのエイズ・ライドでの経験の後、それを否定することが全く出来なくなったからです。そこにあることを私は知っていました。ただ、その時までアクセスすることが出来なかっただけでした。

どうして私の経験からこの話をしているのかって？ あなたの人生において、同じような経験を見つけてもらうためです。あなたがダイナミックに、疑いもないほどのあなたであったのはいつ？ 満ち足りて、穏やかで、そしてジャッジメントもない、本当のあなた自身であったのはいつ？

皆がそのエイズ・ライドに参加出来る訳ではないので、少し違う例をご紹介します。私が六歳の時、母は私を祖父母、おじ、おば、そして他の親戚のいるアイダホへ連れて行きました。その当時、アイダホの小さな町で出来る素敵なことの一つが、六歳の子供が一人で地元のお店へ買い物に行けることでした。

それが私のやったことなのです！直近の誕生日にもらったお小遣い（その旅行のために貯めておいたもの）を握りしめてお店に行き、おばあちゃんに小さなリップグロスなど、これから会うおじさん、おばさんのための贈り物を買い、お小遣いを全て使い切りました。

この小さな贈り物を一人一人に手渡しするのは、私にとって大きな歓びでした！彼らにも歓びを届けたことは、明らかでした。彼らはにっこり微笑み、ほとんどが涙ぐみました。

特に母が私に気付かれないように、私が全てのお金を持って一人でお店に行き、皆にあげたいからと贈り物を買ったのだと耳打ちした時には。

これは、自分自身であるとはどんな感じがするのか知りたがっていた時に、過去を振り返って思い出した一つの例です。六歳の少年が持つ気前の良さ、そして、他の人をハッピーにしようとお金を使い切ることを厭わない気持ちに、私は思いを馳せていました。お金について妙な気分がする時や、自分に対するジャッジメントを感じる時は、いつでもこのことを思い出します。どういう訳か、何か他にも選択の余地があることを思い出させてくれるのです。

ここでとても大切な問いかけがあります。他には何を選ぶことが出来るのか…？まだ選択したことがないこと、そして、きっとずっと長い間あなたが選択してきていないことで、今のあなたが選べるものとは？

本来あなたがなれるもの全てになることを許さないものを、今破壊して、アンクリエイト（非創造）しますか？Right and Wrong, Good and Bad, POD and POC, All Nine, Shorts,Boys and Beyonds.™ ありがとう。

自分自身の現実を持つということは、他の誰のことでもなく、誰かのポイント・オブ・ビューも必要とせず、また誰かに頼って手に入れることでもありません。今、手に入れることが出来るのです！（要求すれば、ですが）

このように、より本来のあなたとしての人生が現れることを、今要求したいですか？そしてそれが現れることを許可しないもの全てを今、破壊して、アンクリエイト（非創造）しますか？Right and Wrong, Good and Bad, POD and POC, All Nine, Shorts, Boys and Beyonds.™ ありがとう。

あなたの人生を振り返り、真に自分自身であった三つの場面を、記憶と気付きを呼び起こして詳細に書いてもらえませんか?そういった時というのは、ジャッジメントなしに、完全に平和で、生きていることの歓び、そして恐らく充足感をも覚えたことでしょう。私が挙げた例が参考になると思います。深く考え過ぎずにやってください。最初に頭に浮かんだ三つを書いてください。もし三つ以上あったら、書き続けてください。スペースが足りなければ、他の紙に書いても構いません。

一.

二.

三.

今書き出した三つの例を使えば、真に自分自身で在るとはどんな感じか、という気付きがあるでしょう。ですから、焦点を当てるもの、自分のエナジーとして呼び起こすもの、ユニバースにもっとギフトをお願いすべきものが何なのか分かるでしょう。これらは、真の自分自身である時にどんな感じがするかという例です。その感じ、そのエナジーが、あなたの新しい出発点です。

これから三日間、「自分自身で在ること」について思う度に、あなたが真の自分自身であった時の感覚を呼び起こし、問いかけをしてください。「このようなものが、今以上に姿を現すには?」

もう既に、真のあなた自身を取り戻すための旅が始まっています!これ以上もっと良いことが?

〜〜〜

本当に切望する生活を手に入れること
あなた、ユニバース、そしてエナジー・バブル

何かを創り出すためには、自分の望みを「外側に置く」必要があると、私達のほとんどが言われてきました。私はまさにその逆だと思っています。自分の人生がどんな風になって欲しいのか、それを招き入れることの方がより大きな効果を生むことを発見しました。ちょっとやってみますか？（これは決して視覚化・ビジュアライゼーションではありません。ユニバースにリクエストすることによる創造です。ユニバースの言葉、エナジーを「話す」ことにより、私達が住む、無限にギフトしてくれるユニバースに求め、そこから受け取る方法です。）

何かこれまでとは違うことを始める準備は出来ましたか？

さあ始めましょう。自分の人生に、本当に手に入れたいもののエナジーを呼び起こします。

「もし求めたもの全てを手に入れられたら、それは何でしょう?あなたの世界では時も、お金も、創造的、生産的な能力も、**完全に無制限**だったとしたら、何を求める？」

もしあなたのために何でも叶えてくれる「魔法の杖」を持っていたとしたら、まず何を選ぶ?それらがあなたのために姿を現し、全てを手に入れた時の**感じ**を味わってください。

深く考えないで。何でも構いません。ただ求めてください。

具体的な感覚を伴った、ステキな家を手に入れたいですか？ベッドルームが四つあり、バスルームが三つある絵を思い浮かべろ、と言っているのではありません。**そうではなく、あなたが住みたいと思うところに住んだ時の感覚をつかんで欲しいのです。**

旅行したいですか？心から楽しめる仕事をしたいですか？毎日出掛けてすることは、エキサイティングで、歓びに溢れ、新しく、そしていつも変化し、いつの日もあなた以上のあなたでいさせてくれますか？それはわくわくすることですか？それがどういう感じがするかを掴んでください。

私は例を挙げているだけなので、自分が望むものを自由に追加してください。

その感じを掴み、目の前にエナジーを置きます。エナジーの風船のようなものを置いても構いません。そしてどんなリレーションシップ、そしてあるいは、セックスを手に入れたいですか？もしそこで何でも手に入れられたら、どんな感じですか？そのエナジーと目覚め、あなたの人生にそのエナジーがあり、あなたの傍に、そのエナジーが共にあるのは、どんな感じですか？

家族、友達とはどんな関係になるでしょうか？この惑星や植物とどんな関係に？動物とは？海とは？この地球と、足元の土とは？どのような歓びを手にして、どんな歓びになることを自分に許可しますか？その感じを掴んでください。

もしそれが手に入れられたら、毎日どんな感じがしますか？それも加えてください。

では、ユニバースのあちらこちら全体から、感覚の「エナジー・バブル」にエナジーを引き込んでください。引っ張り続けて…もっと…もっと…

もっと…もっと強く…
ユニバースはとても広く、そしてあなたに贈りたいと願っていますよ…

もっと引いて！

はいそう、そうです！

本当に切望するものの中に、どんどんエナジーを引っ張るにつれ、あなたの心が大きく開いてくるようになるはずです。ユニバースはとてつもなく大きいので、あなたがいる場所で止めないでください。大きなユニバースなのです。ありがとう。

ユニバースの隅々からそこに向けてエナジーを引っ張り、引っ張り続け、引っ張り続け、そしてあなたの心が本当に開くまで引っ張り続けてください。

こうして…しばらくそのエナジーと一緒にいます。そして滴がこぼれ出し、ユニバース全体から、あなたのために現実を創る手助けをしてくれる、あなたがまだ知りもしない人達、もの達に向かいます。

あなたの願いが人生に現れた時の「感じ」に基づいて創った「エナジー・バブル」は、実は感覚だけに基づいているのではありません。求めていたものを実際に手に入れた時に、そこにあるであろうエナジーへの気付きを元にしています。ただそれを説明するには「感じ」と呼ぶのが一番簡単なのです。

ですからその「感じ」を目指してください。あなたが創りたい生活のエナジーをこれから目指すのですから。やっと選択しましたね。創り出しましょう！**そうさせないもの全てを、破壊して、アンクリエイト（非創造）しますか？ Right and Wrong, Good and Bad, POD and POC, All Nine, Shorts, Boys and Beyonds.™**

あなたの生活がそうなることを許可しない、「人生とはこうでなければならない」という全ての投影、期待、分離、ジャッジメント、そして拒絶を全て破壊して、アンクリエイト（非創造）しますか？ Right and Wrong, Good and Bad, POD and POC, All Nine, Shorts, Boys and Beyonds.™

これが、あなたが切望する生き方を生み出すために、従うとよい「エナジー」を手に入れる方法です。もし何かが目の前に現れ、そこに「あのエナジー」があったら（別の言葉で言うと、あのエナジー・バブルの感覚があったら）それを選びましょう。

例えば、二つの別の仕事から一つを決めようとしているとき、一方がよりあのエナジーに近い感覚だったとしたら、その近い方を選びましょう。もしくは、二人の内、どちらとデートするか決めようとしていて、一人の方があのエナジー・バブルにとても近い感覚だったとしたら、その人とデートしましょう。他に食事、車、旅行、家、参加するクラス、購入する本などにも使えます。この方法を使えば、人でもクラスでも本でも、自分が本当に手に入れたい人生に、恩恵を与えてくれるのかどうかが、時間やお金を使う前に分かります。これよりもっといいことが？

ここまでで、あなたの生き方のエナジーにより近付いたことでしょう、或いは、より遠ざかったかもしれません。でもこれはいつでも、自分のために選ぶとはどういう感じかというアウェアネスに成り得るのです。

これは何かを選ぼうとする時の、リトマス試験紙として使えます。

これはあのエナジー・バブルのような感じがする？　これは私が望むものに近付けてくれる？　これは真の私にならせてくれる？　これは真の自分に近付けてくれる？　それとも遠ざける？

すると少なくとも、自分は「知っている」ということが分かるのです！そしてこれからあなたが選ぶ選択の一つ一つに対するガイドラインになるのです。

あなたのエナジー、あなたの生き方のエナジー。

ツール

軽い＝真実。あなたは、ただ「知って」います。

この本の言葉のエナジーで試してみてください。
どのように届きますか？軽く？それとも重く？

「真実は常に軽く感じる」と知っておいてください。偽りは重く感じます。

軽く感じたら、それはあなたにとっての真実です。妙に聞こえるかもしれません。他の人達にとっては真実ではないかもしれません。それでもあなたにとっては真実です。

もう一度言わせてください。

あなたにとっての真実は、常に軽く感じられます。偽りは常に重く感じられます。

はい、もう二回も言いました。でも二回では、私を信じてもらうにはまだ十分でないかもしれません。ほら、この現実のルールでは、ただ「知ることが出来る」ようには想定されていないのです。

そうです、これは最も基本的な能力の一つです。

これは**あなた**にとって「正しい」ことの全て、そして**あなた**にとって「間違っている」ことの全てを知る方法です。でも私達は「ただ、知ることなんて出来ない」と教えられているので、全てを解き明かすことに人生の全体を費やしています。

もしただ「知っている」としたら？その方が考えるよりも**もっと簡単で、もっと素早い**としたら？考えることと知ることではどちらが早い？知ること、ですよね？

もし、あなたにとっての真実とは、ただ、軽く感じられるものだったとしたら？真実でないものは、軽く感じません。あなたにとっての真実、あなたの人生全体にとっての真実について、気付きを得るための簡単な方法を知りたいと思っていませんでしたか？それがあれば、あなたの人生がとっても楽になりませんか？それではもう一度言います。

真実は常に軽く感じられます。嘘は重く感じられます。

ですから、この本を開く前に考えていたこととは正反対のことがここに書いてあったとしても、もし軽く感じたのなら、恐らく、あなたにとっての真実なのでしょう。

もし重く感じたのなら、それは偽りです。もしこの本の中で、重く感じられるところがあったとしたら、それはあなた個人にとっては真実ではないか、あなたが過去に真実だと決めた何かと対立しているのかもしれません。あなたにとって絶対に真実でないなら、**信じてはいけません！**それでも、この本の他の部分や、あなたにとって真実であるところからは受け取ることが出来ます。

そしてこのことで奇妙なのは、私達が創り上げた最大の制限のいくつかは、本当は真実ではないのに、真実だと決め付けてしまったことです。

例えば、母親があなたを憎んでいると決めたとします。もしくは、思いやりや愛がこの世界には欠如していると決めたとします。試してみてください。気分が軽くなりますか?もしそうなら真実でしょう。重く感じさせるなら、それは偽りです。

これを知っておいてください…誰かから拾ってきたポイント・オブ・ビューを信じ込むと、それが彼らにとっては真実であっても、あなたには重く感じられます。あなたにとっては真実ではないからです。美しいあなたよ、それはあなたのポイント・オブ・ビューではないのですよ。

あなたにとっての真実は、常に軽く感じさせます。いつも。重いならそれは偽り、もしくはあなたのポイント・オブ・ビューではありません。本当に。正直に。

この本の中では、自分にとって真実ではないのに、真実だとして鵜呑みにしてきてしまったもの、そしてもうあなたの役には立たないものをたくさんチェックしていきます。今までとは完全に別の選択をする準備は出来ていますか？ここが始まりです。

本を読みながらこのツールを使ってください！何度も何度も、何度でも言います。問いかけてください。**軽い？それとも重い？**

それが何なのか、どんな感じがするか分からなくても、この問いかけをすると（使い方は簡単ですが、ダイナミックなツールなのです）、この軽いか重いかとは一体何なのか、という気付きを得るでしょう。

私のクラスに参加したある女性が、このようなコメントをくれました。

「それが軽いのか、重いのかと問いかけつつも、何も得られていないと思いながらやっていました。そして三週間後のある日、分かったのです。問いかけて、そしてただ、分かったのです！それだけで終わらず、その「分かった／知っていること」がどんどんはっきりしてきました。ええ、時々否定したこともありました。（それは、選択しようとしたことが、自分にはうまくいかないだろうと分かっていた時でしたが）でもこのツールは私の全てを変えました！ありがとう！」

L．H．アメリカ・コロラド州デンバー

このツールのもう一つの使い方です。何かを聞いたり、考えたり、行動したりしていて軽く感じたものというのは大体、もしそれを選んだら、あなたの人生に創り出されるだろう結果のことです。ある行動を想像してもし重く感じたら、大体その行動によって創られるだろう結果のことです。
例えばです。郊外のコーヒーショップであなたがトリプル・カフェ・ファット・クアドロプル・シュガー・キャラメルを調合したコーヒーにダブルホィップクリームを乗せて飲んでいて、とても魅力的な男性と会話を始めたとします。彼はあなたのコーヒーを見て冷笑しますが、自分のノンファット・カフェインレス・ハーブティを砂糖抜きで注文しながら、あなたを誘います。どういう訳か分かりませんが、彼が何か質問する度に、言いようのないような重さを感じます。その重さは、彼の誘いを受けた後に何が起こるかを示しています。どうして?あなたは誘われたらすぐ、イエスと言うかノーと言うかによって、この先何が起こるかを知ることが出来るからです。**あなたは知っています。**これはこのように働くのです。

こんなことまで「知っている」とは、望んでいなかったかもしれません。でも人生を振り返ってみると、いつも「知っていた」のではないですか?自分にとってうまくいかない何かに、いつも気付いていたのではないですか?この例では、これからどうなるかという情報を得るために、デートをしなくてもいいのです。軽く感じるものが、あなたにとってうまくいくことなのです。

この上記のデートの例でいうなら、この魅力的な男性は魅力的であるだけでなく、人の食べ物の嗜好に批判的であると思われます。もしくはただ、全てにおいて批判的なのかもしれません。

まだご存知でない人のために言うと、批判的な人とは一緒にいても楽しくありません。自分が批判されている時は、どんなことでも常に重く感じます。(知っておいた方が良いことです。その人が家族でない限り、批判的な人といたくなければ、一緒にいないことを選択しても良いのです。)

もう一つ。楽しい生活を送りたければ、そのことを考えた時に軽く感じることを選択しなさい。それを選べば、あなたをもっと軽いところへと導いてくれるでしょう。

ジャッジメントを超えて

読者へのメモ

ジャッジメントのキングとクィーン

この惑星では、最も制限された人（了見の狭い人）がいつも勝利を収めるというのはどういうことなのでしょうか？

どうして私達は、いつも自分の現実と気付きを簡単に手放し、最も制限されたポイント・オブ・ビューと最高に批判的な人を前に、引き下がってしまうのでしょうか？

あなたがこう言うのは、どういうことなのでしょう？「あいつらはめちゃくちゃに私を批判している… だからあいつらが正しいんだろうな。」また、「あいつらはすごく意地悪だから、あいつらが正しいんでしょう。」

その人達があなたをめちゃくちゃに批判した、だからと言って、彼らが正しいという意味にはなりませんよ。

彼らはジャッジメントのキングとクィーンである、それだけです。

ジャッジメント＝批判、決めつけ

―第二章―

我あり。故に我は間違っている。でしょ？

あなたのことを一切ジャッジしない人が周囲にいますか？

一人でもいるとしたら、その人の傍にいることが、どれほどの癒し、慈しみであるかに気付いていますか？その人と十分間一緒にいるだけで、あなたの存在全体と体は、どれほどリラックスするでしょうか？

もしその人が、あなただったとしたら？

あなたを一切ジャッジしない人というのが、あなた自身だったら？

もし誰かが、あなたの全てをジャッジすることなく分かろうとしてくれたなら、あなたはどう理解されるでしょう？もしあなたが、あなたの全てをジャッジすることなく分かろうとしたなら、あなたは何を理解するでしょう？

生まれてからずっと、そうあって欲しいと思っていたのではありませんか？

でも私達はいつも条件を付けてしまいます。「もし私が完璧だったら…手に入れられる」「周りの人皆が出来るって分かってることだったら…手に入れられる」「自分でおかしいと決めたところが全部無くなったら…手に入れられる」「両親を（または配偶者を）ついに幸せに出来たら…手に入れられる」と。

そうではなく、こう言ったとしたら？「オーケー、自分をジャッジするのを止めることを選択し、要請する。そして完璧かそうでないか、自分をジャッジすることなく、自分の全てを感知し、知り、なり、受け取るのがどういう感じか、ちょっとやってみよう。」

それらが現れることを阻む全てを、破壊して、アンクリエイト（非創造）しますか？
Right and Wrong, Good and Bad, POD and POC, All Nine, Shorts, Boys and Beyonds.™ ありがとう。

それがもし可能性だったとしたら？もっとそうなれることについて考えてみませんか？

誰もそのやり方を教えてくれなかったとしても？　私にとっては、それこそが、自分自身で在るために大事な要素です。　つまり、自分をジャッジすることなく感知し、知り、なり、そして受け取る、ということです。私にとってこの世界の最大の悲しみは、誰もそれが価値あることだと教えてくれず、そうなる方法を放置してきたことです。

人は、どのように自分自身をこの現実に合わせるのかをあなたに教えます。彼らはジャッジの仕方をあなたに教えます。彼らは他人から自分を切り離すこと、自分のせいにすること、勝つ方法、負けない方法、ここで如何に正しく見せるかを教えます。でも「どう在るべきか」は絶対に教えてくれません。考え方、テストの受け方、運転の仕方、読み方、計算の仕方は教えてくれます。でも「どう在るべきか」は絶対に教えてくれません。

私が話す「存在・在り方」についてのこうした考えは、あなたが習ってきたものとは異なるでしょう。でも「在り方」は選べるのです。大量のアン・ラーニング（学習してきたことを意識的に忘れ、学び直すこと）が必要になることもあるのです。もし「在り方」が、あなたが思ったことと全く違っていたとしたら？

〜〜〜

あなたは全く悪くないとしたら？

小さい子供と一緒にいることが、どれほどの癒しとなり、大切にされる感じがするのかに気付いたことがありますか？それは子供達からジャッジされていないからです。子供はあなたをポイント・オブ・ビュー無しに、「存在」として見ます。すると、あなたもジャッジすること無く、自分自身で在ることを許します。

今の状態よりも、あなたはもっとこうなるべきだ、などというポイント・オブ・ビューは、子供達にはありません。子供達の目には、あなたはダメな存在には見えません。自分は変だ、ダメだ、間違っていると信じることに、人生をどれだけ費やしてきましたか？

オーケー、これは私が知っていることです。

あなたにおかしいところなんてないよ。

あなたはダメな存在ではない。
あなたはユニバース史上、「最も偉大な正しい存在」です。
私達は、人生の中で稀に存在する貴重な瞬間のスペースを除いては、ジャッジメントを通して人生全体を創るよう教えられてきました。人生の九十九・九九九九九九九九九九九九%を、あなたはジャッジメントに基づいて機能しているのです。

何ということでしょう。この上記の文章を読んだ後ですら、あなたはこう言うでしょう。

「**何てことだ！なんていけないことだ！こんなことをするなんて、私はやっぱりなんてダメなんだ！**」

それもね、またジャッジメントなんだよ、自分に向けてのね…

もしあなたにダメなところなどなくて、何もやり直すことがないとしたら、どこから出発する？どこから始める？何を選択する？

間違ったことなど起こしてさえいないのに、人は皆、自分の間違ったところをやり直そうとします。内なる大きな過ちがあるに違いないと思っています。骨の随で感じることが出来るからです。本当にそう確信しています。

そして思うのです。「もし正しい交際相手が見つかるとか、十分なお金を得るとか、地球上で一番可愛らしい子供をもうけるとか、そうしたらこの、自分はダメだ、間違っているという感覚が無くなるだろう。」でもこれら全てを手に入れても、何かがおかしい、ダメだという感覚は消えません。どうしてだか分かりますか？何故ならその「どこかおかしい、ダメだ」という感覚は偽りであり、偽りは真実に変えられないからです。それが偽りだということをただ認識し、嘘を信じるのを止めなさい！

ではちょっとの間、この現実では何に価値があるのかを見てみましょう…この現実で、とても価値のあるものの一つがジャッジメントです。まるでそれが新しい気付きであるかのように、まるでそれが何かを創り出すかのように。

でもあなたはジャッジする度に、そのジャッジした人や物事から自分を切り離します。でも、それをするためには、自分自身からも切り離す必要が出てきませんか？ジャッジメントは自分にとっての現実、かつ真実だという嘘を信じ込むことによって、自分を分離させることを創り出し、実施してきたこと全て、破壊し、アンクリエイト（非創造）しますか？ Beyonds. Right and Wrong, Good and Bad, POD and POC, All Nine, Shorts, Boys and ™ ありがとう。

〜〜〜

これまでの人生を本来の自分で生きて来たという実感はありますか？

この男性には一度、モントリオールのクラスで会いました。十年前その男性は会社を売却することになり、誰もが羨むような額のお金を手にしました。いわゆる「人生での成功」を収めました。何台も車を手に入れ、家も手に入れ、複数の女性も手に入れ、小切手も。それでも彼の頭の中にあるのは「**これだけ？**」でした。

もし十分なお金があり、こんな車、こんな家、こんな感じのリレーションシップがあれば、あなたはハッピーになり、満足感を味わうのだと、この現実は言います。**自分に聞いてみてください。「これは自分にとって、真実？」**

どの分野であろうと、この現実で成功した人生の標準的なものを手に入れたとしても、達成しても、まだ十分ではありません。どうして？**そこにあなたが含まれていないからです。**

私のセッションに来た人が言いました。「**このようなリレーションシップを続けてきましたが、実感がないんです。自分がそこにいないような感じで。**」そこでこう尋ねました。「**では、リレーションシップ以外の面では、実感はありますか？**」**そして彼らは気付きます。**「**あらまぁ、全く。**」

普通で、平均的で、一般的な生活を送っているほとんどの人達にはそれが分かりません。自分のものより他の人のポイント・オブ・ビューを有効にし、何があっても死守するよう教えられてきたこと全てに反していますから。

周りを見渡すと、ほとんどの人達が自分の選択が正しいことを証明し、手に入れなければならないと決めたことの正当性を証明しながらも、自分のユニバースの中では「何か違う」と感じているようです。簡単に言うと、「正しい」と思われているもの全てを、死に物狂いで手に入れようとしながら、一方ではどういうわけか、「恐ろしいほど間違っている」とも感じています。結局、こうしたポイント・オブ・ビューが彼らの人生を操縦しています。彼らには、どうして自分がおかしいのか、それすら分かりません。ただ「おかしい、ダメだ」ということだけ分かっています。

そうすると、理由や正当性が何であれ、自分自身を見つめることから遠ざかります。人生で本当に生み出し、創り出したいものを得ることから遠ざかります。真の穏やかさ、幸福感から遠ざかります。あなたもこうでしたか？　**こんな形である必要はありません。**

十一年前に自殺しようとした理由の大部分を占めていたのは、自分がどこかおかしくて、そしてそれを変えることが出来ないという、人生に染みついた絶え間ない感覚に疲れ切っていたからです。私と、この十一年の間にセッションした何千もの人々は、そんな生き方をする必要はないという生き証人です。変えられるのです！だからこの本を書いています。そしてあなたがずっと願ってきたレベルでの変化が存在すると知るでしょう。

もし、どこか変だとずっと感じていたり、泣きたいほど変えたいのに、変えられないと思い込んできたりしたのなら、ただ、今自分のいる場所がそういうところなのだ、と認めましょう。そのような、自分に対して無防備でいることを厭わない姿勢が、人生の全てを変えていきます。

そして、問いかけてください。

他には何が可能？（これも質問だと気付きましたか？）

デミール氏、クローズアップの準備は出来ていますよ！

自分はただ、人生の中で役割を演じているだけなのだと感じたことが何回ありますか？「**私はどうしてこの役を演じているのだろう？ こんな役は演じたくないのに？ ここで私の選択はどこ？**」人生のどこかの時点で、あなたは自分の演じる役割を決めました。そしてあらゆる状況で見せる性格も衣装も、その役への貢献も選びました。どうして？ただ、あなたがそうしたからです。

一方で、それは誰か他の人の人生や、または他人のポイント・オブ・ビューを生きているような感じがしつつも、まるでそれが完全な自分であり、それしか選択の余地がないように、常に役割を演じる自分に戻り続けます。

ここに女優の役割を選んだ人達がいます。彼女はどこにいても、何をしても女優です。彼女が部屋に一歩入ると、皆が「**うわ～ 女優さんがいる！**」と思います。

それは、どのようにして起こるのでしょう?私達はどのようにそれを知るのでしょう?

彼らが選んだ役割だから、そうなるのです。

その瞬間や状況で、描写するキャラクターが違っていても、それでも彼女は女優です。あなたの役柄は「私はとても感情的な女性」や「私はすごいお金持ち」や「私はセックススター」や「私は哀れな犠牲者」かもしれません。またはは全く違うものかもしれません。あなただけが知っています。

例を挙げてみましょう。「私の役柄は、ガラクタに埋もれたごみ集め人。家族の中ではどうしようかな？　そうだ、家族は皆お金持ちで、私だけお金を稼ぐ術がないことにしよう。そうすれば、私はいつもガラクタの山のような気分でいられる。交際相手とはどうしようかな？　私のことが嫌いで、いつもお前なんて嫌いだという人を選ぼう。職場ではどうしようかな？　そうだ！　マクドナルドで働いて、絶対そこを辞めないんだ！」

役柄を演じながら、皆、録音コレクションの中からセリフを選んで話しているようです。

これは録音テープ番号二十七です。

「調子はどう？　いい映画を見て来たよ。素晴らしかった。バラク・オバマについてどう思う？　本当に変化が起こると思う？　そうは思わないなぁ。ジョン・マケインはどうだい？　彼もよく分からないな。彼もただの政治家だよ、多分。共和党だって聞いたけど。」

あなたはロボットのように従順な妻と、ロボットのように従順な子供と、ロボットのように従順な従業員を手に入れました。彼らの発言はテープ番号二十七、テープ番号四三二、テープ番号三十七です。あ、あなたは今はテープ番号三十、テープ番号三十一、テープ番号三十一ａで返事しました。あなたがテープ番号三十六で発言し、私の回答はテープ番号三十六ａです。

ほとんどの人達のコミュニケーション方法はこうです。ほとんどの人がその瞬間を生きていません。このテープ、次のテープ、そして次のテープとテープを回すだけです。彼らはまるで無意味な会話の渦の中にいるようです。

それはあなたにとって、本当にうまくいっている？

テープ番号三十一が始まった時、人生の全てが嘘のように感じられたでしょうか？

ほとんどの人がどこかでそう感じていると思います。人生の全てをそのように感じている人もいます。人生の九十％をそのように感じている人もいます。八十五％だけがそうだという人は本当に幸せです。

でもどれだけの人がこう思っているのでしょう。「**ねえ、私は、自分と自分の人生が何の関わりもないように感じるんだ。**」そうではなく、こう言い続けます。「**違う、ちゃんとやらなきゃ、ちゃんとやらなきゃ。コントロールさせてよ。ちゃんとやらなきゃならないんだ。コントロールさせてよ。ちゃんとやらなきゃ。コントロールさせてよ。ここ一つだけ変えればいいんだ… そうすれば全部うまくいく…**」自分の人生を見つめて、こう言うのではないのです。「**ねえ、自分はすごくおかしいと思うんだ… 自分がどれだけおかしいか、絶対誰にも知られたくない… 自分自身にも。**」

理解しなければならないところはここです。自分の人生計画から自分だけを抜き出した方が、その瞬間に在るよりも、よりリアルに感じられることが多いのです。

もし、あなたが常に一瞬一瞬を生き、人生に何を求めているかの気付きがあり、その人生からあなたを引き離すことなんて誰にも出来ないとしたら？　何故ならあなたは他人の現実が正当だと認めず、自分の現実に完全に目覚めていて、そんな人生を創る熱望に揺るぎがないからだとしたら？

それらがあなたの人生に起きることを阻むもの全て、破壊して、アンクリエイト（非創造）しますか？ Right and Wrong, Good and Bad, POD and POC, All Nine, Shorts, Boys and Beyonds.™

変な感じがしますよね？

人生をもっとそのようなものにしてみたいですか？人生でうまく行っていないところがあるのは、ただ単にあなたがうまくいかない役割を選択して、演じ続けているからだとしたら？

〜〜〜

もし自分が演じる役柄を選べるとしたら？

何か違うものに挑戦する意欲がありますか？　今のその役割、キャラクターや衣装を捨てろと言っているのではありません。それらに気付き、いつそれを選んだのかに気付いておくようにと言っているのです。

自分はその役割なのだと信じ込むのではなく、役割を選ぶことが出来て、自分にとってリアルに感じられる、真の人生を実際に生み出せるのだとしたら?

必要な時にその役割を演じることは、全く問題ありません。あなたが全ての役を完全に放棄できるだろうと期待するのは狂気の沙汰です。どうして役を演じるのでしょうか?何故なら周りの人達が、あなたに期待している役割があり、演じなければならない役割があるからです。

ただ、役割を演じている時だけは知っておきましょう。必要に応じて演じることを自分は選んでいるのだと。この方法であれば役割に飲まれ、自動操縦の人生を送るのではなく、その役割を所有する本人となり、あなたの人生をより良くするために、その役割を使うことができます。

これらの問いかけは、自分に異なる選択を与え、また次は異なる選択をする可能性を与えるためのものです。

1. 今この状況で私は役柄を演じている?もしこの状況で本当の自分であったとしたら、私は何を選択する?それらが現れるのを阻むもの全てを今、破壊して、アンクリエイト(非創造)しますか?Right and Wrong, Good and Bad, POD and POC, All Nine, Shorts, Boys and Beyonds.™

2. 今この役柄を選択しなかったら、代わりに何を選択する?それらが現れるのを阻むもの全てを今、手放しますか?Right and Wrong, Good and Bad, POD and POC, All Nine, Shorts, Boys and Beyonds.™

3．過去に考えたことよりも、もっといいオプションがあるとしたら、何を選択する？それらが現れるのを阻むものの全てを今、破壊して、アンクリエイト（非創造）しますか？ Right and Wrong, Good and Bad, POD and POC, All Nine, Shorts, Boys and Beyonds.TM.

4．ここで欲しいものなら何でも選択出来るとしたら、何を選択する？それらが現れるのを阻むもの全てを今、破壊して、アンクリエイト（非創造）しますか？ Right and Wrong, Good and Bad, POD and POC, All Nine, Shorts, Boys and Beyonds.TM

5．もし魔法の杖があり、これを何でも欲しいものに変えられるとしたら、それは、どのように現れる？ではその魔法の杖を使いなさい！そのように現れることを阻むもの全てを、ＰＯＤ＆ＰＯＣしなさい！ Right and Wrong, Good and Bad, POD and POC, All Nine, Shorts, Boys and Beyonds.TM.

〜〜〜

自分はこの惑星の住民だと感じられないあなたへ

ちょっと変な話になります。読み飛ばしても構いません。ただ、読み飛ばすことが軽く感じられるかどうかだけ、まずはチェックしてください…

この惑星には二種類の人達がいるようです。ほとんど違う種と言ってもいいでしょう。愛を込めて、違う名称で呼びますが、まずは「牛人間」と「馬人間」として始めましょう。

牛人間、これは自分が正しいと知っている人です。牛はただ草原にいて草を食むのを好み、ハンバーガーになるのを待っていて、それでいいと思っているのはお分かりですね？素早く動くことを好みません。何も変えたくないし、一定の場所に座り込み、動かず、多くのことをせず、そして何も変えません…

そして牛人間は、自分がいつも正しいことを知っています。彼らはいつも正しく、あなたはいつも間違っています。彼らは問いかけません。そんな必要などないのです。彼らは正しいからです。

彼らはこの惑星をものすごい勢いで消費しています。何も疑わず、地球が食べつくされる前に、誰かに取られる前に、自分の分を手に入れようとします。

牛人間の言い分はこうです。

「ねえ、あんた、そんな変なことするの今すぐ止めた方がいいよ。どうしていつも変なものを探し求め、変なことしてるの？もう諦めたら？ソファーに座って、テレビのリモコンいじって、ビール飲んでたら、しまいにはハッピーになれるんじゃない？ところでね、地球温暖化は事実じゃないって。」これが牛人間のポイント・オブ・ビューです。

一方、別のタイプの人間「馬人間」は、常に「**他には何が出来る？**」と問いかけています。

馬がどれほど走り、ジャンプし、遊び、セックスし、食べ、そして走り、ジャンプし、遊び、セックスし、食べ、そして走り、ジャンプし、遊び、セックスし、食べるのが好きかご存知でしょう。そして、

「他には何が出来るかな？　これを飛び越えられるかな？　おっ、出来たぞ！　見た？　見た？　ここに来て一緒に飛び越えようよ！　すっごい楽しいよ！　他に飛べるところはないかな？　どこか他に行けるところはないかな？　他には何が出来るかな？」

これが馬人間のポイント・オブ・ビューです。

もし人生のほとんどの時間を、何か違うものを探すために使ってきた人だとしたら、あなたは馬人間です。

あなたをヒューマノイドと呼びましょう。

馬人間：ヒューマノイド

牛人間：ヒューマン

あなたがどちらでも構いません。

まだこの本を窓から投げ捨てていないところを見ると、恐らくあなたはヒューマノイドでしょう。

分かっておいてください。あなたをますますイライラさせるでしょう。
ますますね！

〜〜〜

本来のあなたと同じぐらい、人と違った自分でいたいですか？

ほとんどのヒューマノイドは、自分をジャッジする人生を送ります。自分はどうして人に合わせられないのか？　二十年同じ仕事で部品をいじり続け、プラスチックの時計を手に入れ、引退して死ぬことをハッピーだと思えないのはなぜだろう、と疑問に思っています。一度でも「**皆はうまくやれてるのに、どうして私はダメなんだろう？**」と疑問に思ったことがあるなら、あなたはヒューマノイドです。

ヒューマンは変化を切望しないということを分かっておかなければなりません。ヒューマノイド達（あなた）が、「自分は人とは違っていて、そのことに価値があるのだ」と分かるまで、ヒューマンは絶対に変化を望みません。するとヒューマンは、それまでとは違う可能性を選択し始めます。何故ならヒューマンは、他の人達と同じでいたいからです。それが彼らのポイント・オブ・ビューです。今は、皆が批判的で、意地悪で、不親切で、皆と分裂し、何もかも消費しようとしています。それがこの惑星の多数派です。

想像してみてください。あなたが他の人達と違っていること、それは批判せず、親切で、思いやりがあり、歓び、平和、繋がり、そして違う可能性への気付きがあるところ、そこに足を一歩踏み出すその時まで、ヒューマンにはそうするための動機が全く無いのです。

ヒューマノイドはヒューマンよりも良いとか、ヒューマンは悪で、劣等だなどと言っているのではありません。彼らは違うと言いたいのです。**あなたは違うのです！**

どこにも属していないと感じたことが、何度ありますか？

どうしてそう思うのですか？それはあなたが違うタイプの人間だからです。多分違う「種」でしょう。現状維持を好む世界に合わず、もし合わせると、狂ったように抵抗、反発します。何故なら、何かに合わせることが大嫌いだからです。合わせたいように演じていますが。

そうでしょ？

止めて！

不快になってきた人もいるでしょう。「この人は、ヒューマンを批判している。**私と一緒に育って、その街にそのまま住んでいて、高校を卒業してからずっと同じ職についている人達をジャッジしているんだ。**」と思っているかもしれません。

あなたが一つだけ絶対にしないことがあります。「人をジャッジ（批判）すること。」もちろんあなたは、自分をジャッジして完璧に幸せですからね。あなたは自分がジャッジしない人達から、ジャッジされることを完全に許容しています。ノンストップで四六時中そうしています。でもあなたは誰もジャッジしたくない。何故なら、それは良いことではないからです。

もしこの話そのものが、ヒューマンをジャッジすることではないとしたら？　もしこれが、人とは違っているという理由で自分をジャッジすることから、あなたを抜け出させる目的だったとしたら？　どのような機能の仕方を選択するのかは人それぞれであり、ただその違いを認識することだとしたら？全てはそれを集約しているのです。

もし「**自分でいてもオーケーなんだ。自分はただ、他の人とは違うだけなんだ。だから何？**」と、ただ認識出来たとしたら？

〜〜〜

テストしてみましょう。あなたは本当にジャッジしがち？

今までの人生で、またこの本を読んでいる間にも、もしかしたら自分はとってもジャッジしがちな人間かもしれないと密かに思ったことがどれくらいありますか？強烈、かつ最悪なジャッジ人間だと。

ちょっと言わせてください。（そして脳に刻み込んでください）

一度でも自分はジャッジしがちな人間だと思ってしまったことがあるなら、あなたは違います。

ジャッジ人間は、自分がジャッジ人間だとは夢にも思いません。彼らはただ、自分が正しいことを知っています。

あなたがジャッジしたことがある人間はただ一人、あなただけだったのに、自分はジャッジ人間だという嘘を鵜呑みにしてきたところ全てを破壊し、アンクリエイト（非創造）し、自分のジャッジから抜け出しますか？ Right and Wrong, Good and Bad, POD and POC, All Nine, Shorts, Boys and Beyonds.™ ありがとう。

では例えば、自分の体にジャッジメントを持つ誰かとすれ違ったとしましょう。あなたは彼らの体を見て、「その人が自分の体に下しているジャッジメント」を全部感知してしまいました。それは彼らが自分の体に持っているものなのに、あなたは自分のジャッジメントと勘違いしてしまいます。何故なら、それを感知出来たからです。そして、その時点であなたはこう言うのです。「あぁ、**私はなんて人の体に対して批判的な人間なんだろう。信じられない、私が人の体をこんな風にジャッジするなんて！**」

あなたは本当にその人の体をジャッジしたのでしょうか？　もしくはその人が自分の体に持っているジャッジメントや、他の人がその人の体に向けたジャッジメントの投影に気付いただけでしょうか？それはあなたがジャッジ人間だという意味になりますか？それとも気付きがあっただけでしょうか？アローアンス（許容）の練習に入る準備をしましょう。でっぷり太った誰かとすれ違って、その人の体のサイズをジャッジしたことがありますか？その後、そんなジャッジをしてしまった自分をジャッジしませんでしたか？

普通は思いもしないようなことをもう一つ。とってもセクシーで、是非一緒にいたいと思った人に会ったことはありますか?もちろんイエス、ですよね?「それは私のポイント・オブ・ビュー?それとも『私は（皆から）こう思って欲しい』という彼らの投影をただ拾っちゃっただけ?」と自分に問いかけたことはありますか?

試してみてください。多くの人が、「自分と体について、このように思って欲しい」と投影していることに気付いて驚くでしょう。

ある女性が私にこう言いました。「人のことをとても気にかける時、どうしてこれほど私はジャッジ人間になれるんだろうと思っていました。でもこの質問をし始めて、自分がジャッジ人間とは程遠いことが分かりました。ただ敏感に気付きがあっただけです。」

でもあなたにとっては、恐らく真実ではないかもしれません。自分が思っている通り、ジャッジ人間かもしれません。

（これを読んで気分が軽くなりましたか?重くなりましたか?この軽い／重いツールがどう使えるか分かってきましたね?）

他の人達が機能させている制限を感知し、それを「自分はジャッジ人間だ」と信じるためにしてきたこと全てを、今すぐ手放し、いつも完全なる自分の人生を手にしますか?例えば「**あの人は偉そうだなぁ。この人はわがままだ。**

この人は親切じゃない。」と、見て気付くことがあります。**そして思うのです。「あぁ神様。ジャッジしちゃいました！」**

いいえ、ほとんどの場合、それはジャッジメントではありません。あなたはただ、その人達が人生をどう機能させようとしているかに「気付いた」だけです。

こう聞かれたことがあります。「もしそれが、私が知りたいことだったからだとしたら？だから気分が軽く感じたのだとしたら？」それでは、別の例をあげてみましょう。

数年前、友人のギャリーのお母さんが入院中で、もうそれほど長くはないと言われていました。ある日の昼食時、ギャリーは何とも言えない妙な感覚を覚え、彼は恐らく母親が亡くなったのだろうと分かったそうです。時計を見ると午後一時四〇分でした。頭の中で母親が亡くなったのかと聞いてみると、軽く「イエス」と感じました。

数時間後、お姉さんから電話があり、午後一時四〇分に母親が亡くなったと、まさに昼食時の、あの妙な感じがした時でした。それは彼にとって必ずしも知りたいことではありませんでしたが、母親が亡くなったのかと問いかけた時、気分は軽くなったのです。

これがジャッジメントを超えた時に、あなたが得られる気付きの度合いです。ギャリーは母親が亡くなったことが良い、悪いとジャッジする必要はなく、負荷もなく、彼女は穏やかであったという気付きを得ることが出来ました。

〜〜〜

間違っている——新しい正しさ？

あなたから自分に与えられる素敵なギフトの一つが、そのことで自分をジャッジせずに、間違うこと／悪者であることを厭わないということ。すると、四六時中自分は正しくなければならない、完璧なのだと、無駄に証明することを止められます。

さぁ、ちょっとやってみましょう。これはギャリーに教えてもらったツールです。大きな声で十回言ってください。

あなたが正しい。私が悪い。
あなたが正しい。私が悪い。
あなたが正しい。私が悪い。
あなたが正しい。私が悪い。
あなたが正しい。私が悪い。
あなたが正しい。私が悪い。
あなたが正しい。私が悪い。
あなたが正しい。私が悪い。
あなたが正しい。私が悪い。
あなたが正しい。私が悪い。

軽く感じましたか？重く感じましたか？私が聞いたなかでは、九十九％の人が軽く感じていました。どうして？悪いことを受け入れられる方が格好いいし、いつも自分が正しいと証明しなくてもいいからです。

アクセスを実践していたある女性が、母親の家を訪れました。この親子の間では、彼女が正しい行為を（教会に行く、結婚する、子供を産むなど）しないことについて、母親が絶え間なく棘のある言葉でジャッジし続けるのが日常茶飯事でした。そこで彼女はギャリーに電話し、どうしたらいいか相談しました。ギャリーの言葉はこうでした。「お母さんにこう言いなさい。あなたが正しいわ、ママ。私が悪いの。こう三回言いなさい。」

その女性は、何も悪いことはしていないのだから、そんなことは言えないと答えました。ギャリーは言いました。「君が何も悪いことをしてないのは分かってるよ。ただ三回言って、何が起こるか見てごらん。」

女性は実行し、得意げにギャリーに電話してきました。彼女はギャリーの言った通りにしてみました。三回目に言った時、母親は彼女を近くに引き寄せて、こう言ったのです。「私のかわいい娘、あなたは何も悪くないわ。ちょっと失敗しちゃったのよね。」

彼女にとってこの十年間でこれほど快適な帰省は初めてだっただけでなく、帰り際に母親から五千ドルの小切手をもらったそうです！間違った自分でいることを厭わないことのパワーがこれです。

この素敵なツールは、リレーションシップを変えるためにも使えます。大切な人を怒らせてしまった時「あなたが正しい。私が悪かった。どう埋め合わせしたらいい?」と言います。全く無防備に、地に足をつけて、心から言えれば、これがあなたのリレーションシップに完全に違う可能性を創り出す触媒となり、お互いに感じた「悪いこと」が全て取り消されます。

ほとんどの人は、今の選択がもしかしたら間違っているかもしれないと思う場合にだけ、変えたいと願うのです。自分が悪いことは既に分かっているので、自分が悪くないことを証明するのにたいそう忙しいのです。だから、何も変えようとしません。もし何かを変えてしまえば、自分が過去に選択したことが間違いだったと認めることになるからです。しかし、自分は間違っているのではないかと常に思っているにも関わらず、自分が間違っているとは思いたくないのです。

気違いじみているように聞こえますか?

ユニバースに「正しい」も「悪い」もありません。ただ受け取ること、ギフトすることの流れがあるだけです。この現実ではそうではありません。この現実はあなたの素晴らしさの全てを、悪い、間違っているとジャッジさせようとするので、あなたはそれに合わせ、「普通」以上にはなれないのです。

もし、**あなたが隠そうとしている一つひとつの「間違い/おかしいところ」の陰に、あなたで在ることの素晴らしさが隠されているとしたら?**

もし、あなたが思う自分の「間違い／おかしいところ」が、本当は「間違い／おかしいところ」ではないとしたら？実はそれが、この現実には合わないあなたの素晴らしい能力であって、ただ今まで誰もあなたに知らせることが出来なかっただけだとしたら？

例え、他の人にとって真実と思えるものとは違っているかもしれなくても、あなたにとっての真実全てを自分に見せるよう、要求しますか？それがどんなものだったとしても？

何が何でも？　出来るのはあなただけです。

他とは違った存在でいることは妙な感じです。でも、もしそれが楽しかったとしたら？


間違っているのではなく、ただ違っているだけだとしたら？

その違いのために、地球があなたをここに来させたとしたら？

その違いのために、ここに連れて来られたとしたら？

その違いのために、自分をここに連れて来たのだとしたら？

あなたの全部が間違っていて、そして同時に何も間違っていないとしたら？

自分について間違っていると思うところ全ては、この現実を超えたいというあなたのスペースと可能性だとしたら？

もしそれが本当は、あなたという親切、思いやり、優しさ、愛らしさ、歓びであり、何か別のものへのアウェアネスなのに、他に誰も得ていないという理由で、そうであるはずがない、存在するはずがない、どうでもいい、この制限された現実にだけにしか存在しないものだと決めつけていたとしたら？

もし今、全く違う存在になり始めるとしたら？あなた自身という存在になることで？

それらが現れることを阻む全てのことを、破壊して、アンクリエイト（非創造）しますか？ Right and Wrong, Good and Bad, POD and POC, All Nine, Shorts, Boys and Beyonds.™

過去に選んだものが間違っていることを意味してしまうので、あえて選択することを避けてきたあらゆる変化を全て、破壊して、アンクリエイト（非創造）しますか？そして今楽にその変化が現れることを許可しますか？ Right and Wrong, Good and Bad, POD and POC, All Nine, Shorts, Boys and Beyonds.™ ありがとう。

読者へのメモ

どのようにして分かるの？

ジャッジしているのか、ただ気付いただけなのか、どのように分かるのですか？

百万ドルの質問ですよね？

この文章を見てください。**彼はとても魅力的だ。**

これはジャッジメントかもしれませんね？それともアウェアネス？

彼女は意地悪だ。

これもジャッジメントかもしれませんね？それともアウェアネス？

それで、何が違うの？

これは何？

何か「ネガティブ」な感じがすると、ジャッジしていると思いがちです。「ポジティブ」な感じがすると、ジャッジしていないと思います。実際にジャッジメントとアウェアネスの違いは、そこにエナジーの負荷があるかどうかの違いです。あなたのポイント・オブ・ビューのバイブレーションの違いです。

あなたを正しい／間違っている、の極性に留まらせ、その結論に留まらせ、質問や変化を嫌がらせるものが、ジャッジメントのエナジーの負荷です。

アウェアネスであれば、エナジーに負荷がかかっていません！

いつでもポイント・オブ・ビューを変えることを厭わず、それを守ることも、保持することも、説明することも必要ではありません。

どんな方法でも。

ただその十秒の間に、あなたに何かの気付きがあっただけです。**それ以上もっといいことが？**

ツール

これは誰のもの？

他者の中にある「悪い／間違っている」ことを感知したことが何度ありますか？その人達は自分が悪いと信じ、自分が悪いと感知し、自分の悪いところだけを受け取ることが出来、疑いもなく自分が悪いと知っている、そういったことを感知した経験はありますか？

その「悪い／間違っている」を感知して、自分のものだと信じたことが何度ありますか？実際にはそれは周りの世界のもので、あなたはただそれに気付いただけなのに？

それでは、真実よ、それはあなたのものですか？誰か他の人のものですか？そうでなければ、誰か他の人が「沢山」持っているものですか？

それは、自分のもののように感じられるでしょう。胃袋は騒ぎ始め、「おかしいと感じる自分が正しい、この人が間違っている」という、正しさのボタンが作動し始め、それが自分のものかのように感じられるのです。

この問いかけをする時が来ました。

これは誰のもの？

これは私のもの？それとも誰か他の人のもの？突然軽く感じたら、それはあなたのものではありません。あなたのものではありませんよ！送り主に返しましょう。

そうです！ただ返せばいいのです。飛ばしてしまいましょう。ほら、誰かのジャッジメントは飛んで行ってしまいました。

特記：他の人の問題には対処出来ません。あなたのものではない思考、感覚、感情は変えることが出来ません。でも、もっと簡単に出来ることがあります。ただその持ち主に返せばいいのです。それが誰かが分からなくても。

あなたは何もする必要がありません。ただそれを創った人に返すだけです。**それが誰なのか知らなくてもいいのです。**ただ送り主に返すのです。

もしそれがあなたのものでないのなら、返しましょう…コンシャスネスを添えて。

「あぁ神様、まるで自分の気持ちのようです…」と思っているでしょう。

知っていますか?自分の気持ちのように感じます。それはあなたのアウェアネスがそれほどまでに輝かしく、激しく、そして素晴らしいからです。**常に自分のもののように感じます。**そうでなかったなら、他の人から拾って来たりしないでしょう!

知っておいてください。九十八%の感覚、感情、そして思考はあなたのものではありません! 誰か他の人のものです。それでもあなたは自分のもののように感じてしまっているのです。

それを見分ける唯一の方法は、問いかけてみることです。

これは誰のもの?

こう聞いてみて、少しでも気分が軽くなったら、それはあなたのものではありません。あなた自身という存在は、軽やかです。

誰かになろうとしているあなたは、重くなります。

あなたの**体**を超えて

読者へのメモ

これを試してみたいですか？

ただ、顔に手を当ててください。
そして目を閉じてください。

顔に、手を感じてください。
手の中に顔を感じ、顔に当てている手を感じてください。

深く息を吸い込んでください。

あなたの体と、毎瞬、共にあるのはどんな感じがしたでしょう。

あなたの体と繋がり、こう言ってみてください。
「ありがとう、ボディ。私達は今日、どれくらい楽しめるかな？」

―第三章―

あなたの体は知っている

もしあなたが無限の存在だとしたら?全てを感知し、知り、なり、そして受け取れる能力を持つ存在だとしたら?

軽く感じましたか?

私もです。

以前、スピリチュアルな世界にいる人達が「あなたは無限の存在だ」などと言うのを聞くとイライラしたものでした。まるでそれが、私が抱えていた全ての問題に対しての解決策であるかのように言うのです。イライラしました!「もし自分が無限の存在なら、どうしてちゃんとしたものを手に入れられないんだ?もし無限なら…どうして毎月の家賃の支払いにまで困るんだよ?」そう思っていました。

それはただ、正しいツールをまだ手に入れていないからだったとしたら?

私達が皆、うまくいかないこの現実に、同調させられてきたのだとしたら?

もしこれが、自分自身を獲得し、認める最初のチャンスだとしたら？

あなた本来の姿である無限の存在として。

そうありたいですか？

今そうなることを阻むもの、全て破壊して、アンクリエイト（非創造）しますか？

Right and Wrong, Good and Bad, POD and POC, All Nine, Shorts, Boys and Beyonds.™

〜〜〜

大海の中の小石

ダイナミックに、強烈に、激しく衝撃を受ける時、あなたは十分なスペースを確保していません。何かを真剣に考えようとする時、私達は自分の体にとても接近します。近過ぎるぐらいに。

全ての思考、感覚、感情を分かろうとするために、自分の体近くに留まるのではなく、全方向、十万〜二十万マイル先まで広がってそこに存在し続けたとしたら、自分の思考などは大海の中の小石のようなものになるでしょう。

小石なんて、海にとってはちっぽけな影響でしかないですよね？でも指ぬきの中に小石を落としたら、それは大変な衝撃でしょう。残念ながら、あなたは「海」になることを選べたのに選ばず、エナジー的に自分を「指ぬき」にしてきました。

これが、私達が自分を絶え間なく制限するためにしている、最も偉大なことの一つです。私達は自分がちっぽけなように振る舞います。本当はとっても、本当に大きいのに。ここで、キッパリとクリアリングしていきましょう。

あなたはあなたの体ではありません。
あなたは無限の存在であり、体ではありません。
あなたはその体よりもっとずっと大きいのです。

お見せしましょうか？

ちょっと目を閉じてみてください。体から抜け出して、自分の「端・外枠」に触れてみてください。

あなたの体の端ではありません。
あなたという存在の、です。

そこから百ヤード全方向に広がってください。

あなたもそこにいますか？

そこから百マイル全方向に広がってください。

あなたもそこにいますか？

そこから千マイル全方向に広がってください。

あなたもそこにいますか？

そこから十万マイル全方向に広がってください。

あなたもそこにいますか？

気付きましたか？私がどこに行ってくださいと言っても、あなたはそこにいたことを？

こんなに大きな存在が、あなたの小さい体に収まっていられますか？

ヒント：ノー！

さぁ、全然別の可能性について考えてみませんか？

あなたは体ではありません。無限の存在です。あなたの体はあなたの体です。あなたはあなたです。体との繋がり（実際には素敵な繋がり）を持つべきです。しかしあなたと体は一つでもないし、同じでもありません。

もしこれほど大きなビーイング（存在）を、その小さな体に押し込めようとしたら、痛みを伴うでしょう。ビーイング（存在）を体に押し込めようとするがために、自分は体と同じ大きさだと信じているために、あなたは痛みや苦痛を体に創っているのですか？そして自分はこれだけの大きさしかないという、他人の現実を実証しようとしているのですか？

今それらを全て破壊して、アンクリエイト（非創造）しますか？ Right and Wrong, Good and Bad, POD and POC, All Nine, Shorts, Boys and Beyonds.™

〜〜〜

もし今までとは全く違う方法で、体と付き合っていく方法があったとしたら？

体には体のポイント・オブ・ビューがあります。
あなたにはあなたのポイント・オブ・ビューがあります。

また変な話になりますが、あなたの体は、それ自体のコンシャスネスを持っています。科学は、一つひとつの分子と原子にはコンシャスネスがあると言っています。それが集まって体の形をとっても、そこにはコンシャスネスがあります。

あなたが邪魔しようとしまいと関係なく、あなたの体にはそれ自体のポイント・オブ・ビュー、コンシャスネス、アウェアネス、物事を変える能力を持っているという事実を、あなたが完全に否定し無視するためにしてきたあらゆることを、全て諦め、破壊して、アンクリエイト（非創造）しますか？ Right and Wrong, Good and Bad, POD and POC, All Nine, Shorts, Boys and Beyonds.™

自分の体と、これまでとは違う可能性を築いていく最初の一歩は、体とコミュニケーションを取ることです。気になることを全て体に質問していくのです。

お互いに口もきかずに無視しあうようなお付き合いをしたことがありますか？楽しかったですか？もし誰かが来て何か頼み事をしたら、してあげたいですか？それともしてあげたくない？

体にも同じことが言えます！

さぁ、体と良い関係を築いていくことを自分に許可しませんか?·どのようにして?·気になること全てを体に聞くことから始めましょう。体が必要とするものを与えると、とても安らいで穏やかな感じがします。そうすることで、体もあなたが欲しいものを返してくれるのです。本当です。

何かを変えたいと思うのなら、体に聞いてください。これを変えるには?「信じられない！私のお尻はなんて大きいの！」と言う代わりに「**ねえ、引き締まって、可愛らしくて、きれいな小さいお尻が欲しいんだけど、そうなるには？これを変えるために、一緒に何が出来るかな?·**」と尋ねてください。

体は応えてくれます。もちろん、変化を阻むものを破壊して、アンクリエイトすることも出来ますが、この方がもっと簡単です。既にたくさんの人達が実際にこの方法を試しており、成功したというレポートが届いています。

気になることを全て体に聞いてください。

ボディ、何が食べたい？

ボディ、誰と一緒に食べたい？

ボディ、どんな動きがしたい？

ボディ、どんな服が着たい？

ボディ、どんな人とセックスしたら楽しい？

〜〜〜

コンシャスな食べ方

最初の質問を見てみましょう：ボディ、何が食べたい？

レストランで目を閉じ、メニューを開き、顔をメニューに向けてから目を開きます。最初に目に入ったものが、体が欲しがっているものです。どうすれば、正しいものを注文したと分かる？注文した時に気分が軽く感じ、それを食べた時にオーガズミックな気分になるので分かります。

そして最初の三口で、お皿の上の食事を完全にコンシャスな状態で頂きます。

言い方を変えると、舌が感じる全ての味覚が、どの部分で、どのように活性化するのか、完全にアウェアネスがある状態にして頂きます。

ちょっと時間をかけ、口に入れ、本当にオーガズミックだと感じるものだけを食べます。

体はこのような食べ方が好きなのです。

一度この方法を試してみれば分かります。そして体が好きではないものを食べることが、難しくなってきます。

「正しく」食べることが分からず、何度も何度も失敗するかもしれません。大いにありうることです！もしそれでもオーケーだとしたら？

〜〜〜

体の囁きを聞く

体のコミュニケーション方法を理解することは、少し時間のかかることです。練習が必要となります。新しいエナジー的言語を、まさに学んでいるのです。あなたの天性の性格上、それが分からないのは自分のせいだ、自分が悪い、とジャッジしがちです。ですから、小さな成功を認めていくことから始めてみましょう。

これはアクセスのクラスに参加し始めた頃に実行してみたことです。昼食時、体に何を食べたいのか聞いてみました。サラダを注文したところ、ウェイトレスがドレッシングはサウザンアイランド、ランチ、ブルーチーズ、ハニーマスタードかイタリアンからお選びくださいと言いました。

私の体はハニーマスタードのところで「美味しそう」と反応しました。体が「美味しそう」と言ったことを、どう表現したらいいか分かりませんが…そこで少し穏やかな感じがしたのです。しかし私のポイント・オブ・ビューは「ランチドレッシング」だったので、ランチドレッシングを注文しました。

来たサラダには、ハニーマスタード・ドレッシングがかかっていました。明らかに私の体は私を飛び越えて、ウェイトレスの体に直接自分が欲しいものを注文していました。私はそれをつまんで、口に入れ…それは今まで食べたものの中で、最高に美味しいものの一つだったのです。素晴らしくオーガズミックでした！ハニーマスタード・ドレッシングだって？！ハニーマスタード・ドレッシングなんて嫌いだったのに！まるで私の体が「**私はこれが好きなの！食べてるのは私なの！**」と言っているようでした。

理解しなければならないのは、食べているのはあなたの体、セックスするのはあなたの体、運動するのはあなたの体、服を着るのはあなたの体、ということです。**あなたではありません。**

〜〜〜

この美しいあなたの肉体に感謝すること

あなたはどれほど頻繁に体に優しく、親切に、そして心地よくすることを選んでいますか？

この問題点は、繰り返しになりますが、肉体を持つこと（エンボディメント）に関する他人の現実を、自分の現実よりも有効にしてしまうことにあり、自分の体を無視し、蚊帳の外に出し、そして準備が出来たら戻ってきて拾い上げる、ということです。でも準備が整わなければ、あなたは体を無視し、話すことさえしないのです。

あなたの体が今の姿であることに感謝したとしたら？どうでしょう？もし体について、何かを変えたいなら、こう言ってみましょう。「ボディ、あなたに感謝するということが、どういうことなのか、分からなかったんだ。ごめんね。そして今このスペースから、少し変えたいんだ。出来るかな？」

何か違いを感じましたか？ほとんどの人達が自分の体と持っている関係とは、全く違う種類の関係ですよね？

この惑星に住む人達のうち、自分の体にハッピーな人はどれくらいいるのでしょう？窓から（窓があれば）外を眺めて見てください。そこにいる人達の中で、自分の体を楽しんでいる人達が何人いるでしょう？それほど多くはありません、残念ながら。

〜〜〜

自分の体をジャッジしていますか？ちょっとだけ？

朝起きて、鏡の中の自分に嫌になるほどジャッジして、一日を始めますか？認めたくないのは分かりますが、あなたは全てがコンシャスで、気付きがあり、スピリチュアルな存在で…。でも、そのようにしたことがありますか？チェックしているだけです。「良くない」とジャッジしたこと以上のものを、体は受け取っています。

「たるんできたわ、信じられない、ここにもあるわ、白髪が出てきた。ここは小さ過ぎ、こっちはたるみ始めてる…あぁ、これについて語るなんて、もう止めよう！」

さて、「普通」の体を持っている人はどれぐらいいますか？普通の体なんてあるのですか？本当に？

百年前と今とでは、普通、そして望ましい体の基準が違っています。長い間、ふくよかな体つきに最も価値があるとされていました。これは健康を意味していました。十分な食べ物があったという意味です。あなたは、十分な食べ物がなかったせいで「今にも死にそうで、レールのように痩せっぽっちで、風が吹いたら飛ばされるようなうちの一人」ではなかったのです。基準は時間と共に変わっていきます。基準とは何でしょう？

ジャッジメント - 終わらないジャッジメント

体はどのように見えるべきなのかについて、他人の現実を承認することを止めたいですか？自分自身のポイント・オブ・ビューを尊重する意欲がありますか？そうなることを許さないもの全て、破壊して、アンクリエイト（非創造）しますか？ Right and Wrong, Good and Bad, POD and POC, All Nine, Shorts, Boys and Beyonds.™ ありがとう

一日のスタートの恒例にしていた、自分の体への嫌になるほどのジャッジメントを創るためにしてきた全て、破壊して、アンクリエイト（非創造）しますか？ Right and Wrong, Good and Bad, POD and POC, All Nine, Shorts, Boys and Beyonds.™ ありがとう

〜〜〜

体はどのように見られたがっている？

体は「このように見られたい」というポイント・オブ・ビューを持っています。もし、あなたの決めつけとジャッジメントに基づいた何かを体に押し付けようとしたら、あなたと体の思惑が交わることはありますか？体が「こう見られたい」と、その方向に進もうとするときに、あなたは違う風に見せたくて、体を別の方向に向かわせようとすると、この二つの間に何が起こるでしょうか？それが、ジャッジメントの発生するスペースなのです。

もし、自分のポイント・オブ・ビューを捨て去り、ただあるがままの体に感謝出来たとしたら？そこから他に、何が可能になるでしょうか？生きていることに対する、より大きな感謝の源になりませんか？あなたにとって？あなたの可愛い体にとって？

それらが現れることを阻む全てのものを、今破壊して、アンクリエイト（非創造）しますか？
Right and Wrong, Good and Bad, POD and POC, All Nine, Shorts, Boys and Beyonds.TM ありがとう

〜〜〜

ジャッジメントの雪の玉

数年前のタイム誌の表紙です。

「あなたの体を決定づけるものがＤＮＡではない理由は？」

ちょっと待って！ＤＮＡが全てを決定するとずっと言ってきたじゃないですか？そうではないとしたら？もしそれが本当じゃないとしたら？もしそれが、実際には全然違うものだったとしたら？

「変えることが出来ない」のではなく、もしエナジー的に違う形で機能することで、体を実際に変えられたとしたら？

あなたとあなたの体は、本来エナジー的なものなのです。

どういう意味かって？

あなたがジャッジメントすることで一日を始めてしまった、ある日を見てみましょう。言っている意味はわかりますね？自分の頭が北極の最南端にいる象につながれていて、その象が自分の頭の上に乗っているような気分で目覚めた時のことです。

あなたはジャッジメントを開始し、それはまるで大きな黒い雪玉のように、どんどんどんどん大きくなり、そのせいで頭もどんどんどんどん重くなっていった…それはそういうエナジーです。お分かりですね？

さてもう一方で、目覚めた時に全てが美しく、驚くほど、言葉に表せないほど素晴らしく、全くジャッジメントをせずに始まった一日もありましたね？問いかけや可能性を頭に思い浮かべ始めましたね？　その問いかけとは「**あぁ、これ以上もっといいことが、どうしたらあるかしら？**」や「**他には何が可能？**」などです。ジャッジメントを加える代わりに、可能性を加えることで一日を始めました。

最初の例とは全然違うエナジーですか？　もちろんです。

私達は事実、自分と体にジャッジメントを強制することを学びます。もし私達が朝目覚め、自分の人生を生き、自分の体を創る時に、最初のエナジーではなく、もっと二番目のエナジーから創れたとしたら？もし、そういう可能性があったとしたら？そこから機能出来ると、今まで誰も教えてくれなかっただけだとしたら？それを選んだら、あなたの体は違った感じがする？あなたの生活は？どちらを選びたい？

あなたの人生と生活をこの二番目のエナジー（投影、期待、分離、ジャッジメントと拒絶が、そこでは不可能となるエナジー）で生み出し、創り出すことを阻むあらゆるものを、全て破壊して、アンクリエイト（非創造）しますか？
Right and Wrong, Good and Bad, POD and POC, All Nine, Shorts, Boys and Beyonds.™ ありがとう

～～～

科学でさえ、このことを知っています

これもまた、科学が随分前から知っていた興味深い事実です。**あなたが分子や原子を見るたび、あなたはそれを変えます。**あなたのコンシャスネスと、原子や分子、亜原子粒子のコンシャスネスが相互に作用し、変えるのです。

もし、自分の体を変えられないという考えが、あなたに押し付けられた、ただの嘘だったとしたら?もしそれが随分前に誰かから信じ込まされた嘘で、もうそんなものを持っている必要などないとしたら?もし原子一つを変えられるなら、もっとそれ以上、例えば体の中の複数の原子も変えられるはずではないですか?

もしあなたが本当に無限の存在なら、あなたに関することは全て、制限のようなものは全て嘘に基づいているからです。制限がないのが無限です。逆に言えば、全ての制限は有限です。わかります?

〜〜〜

痛みは本物?

体があなたの注意を引くための最後の手段が、痛みの創造です。これはあなたが耳を傾けてくれることの一つだと、体は知っています。体の挑戦はまず囁きから始まり、羽のように撫で、そして顔全体をブラシでこすり…

ついに体はこう言います。「ちょっと！ 他のやり方では、聞いてもらうことが出来なかったんだよ。君は歓びには耳を傾けなかった。だって、歓びが存在するなんてもう信じてないから。何かが起きていることを君に知らせようと、とっても素敵な感覚を与えたのに、それでも聞いてくれなかった。だから今度は、痛みだよ。避けようとしてごらん！ 愚かな存在よ… もっとコンシャスにしていれば良かったのに… この愚か者！」

ほら、このように体とは感覚的、扇情的、知覚的な生物で、常時あなたに情報を与えるようデザインされています。それを届けることが出来ないと体は叫び始め、あなたはそれを痛みとして解釈します。それがあなたの体の「話し方」です。体はあなたに聞いてもらえないことをたくさん抱えています。始まった日から、ずっと体は情報を与えようとし続け、それをあなたはいつも「あぁ、神様！この感じは…痛いよ！」と解釈しています。

問いかけの内容

「ねぇボディ、あなたが伝えたいのに、私が分かっていないことは何？ 簡単に分かるような方法で教えてくれる？ 私、鈍いから。」

あらゆる感覚とは、あなたが持ちたがらない「アウェアネス（気付き）」です。

「違う！ これは感覚！ 絶対！ 強烈だもん！」

もちろんそうです。正解です。確実に本物です。もしそれがアウェアネスの強さだったとしたら?あなたが本当に強烈に気付いてしまった「アウェアネス」の激しさ故だったとしたら?その可能性は？

ただやってみてください。**軽く感じますか？**

〜〜〜

しっかり椅子につかまって！ちょっと混乱させますよ！

あなたに問いかけを要求する、他の可能性がいくつかあります。

もうそろそろ気付くべきです。常に他の可能性と、たくさんの問いかけるべき質問があります。これ以上、どうしたらもっといいことがある？

（どうか、壁に向かって本を投げつけたりしないでください…。可愛い本です。ただ叫んでみてください。その方がまだマシです。）

九十八％のあなたの思考、感覚、感情はあなたのものではないと、前もって言っておきました。

今度はこれです。五十〜百％の割合で、あなたの体に起きていることも、あなたのものではありません！

問いかけ「これは私のもの？誰かのもの？何かのもの？」

これらのうちのどれかが軽く感じるでしょう。これがあなたの探していた「答え」への気付きです。次に別の問いかけへと移りましょう。

1.「私のもの？」に軽く感じたら、問いかけましょう。

私がここで持とうとしていない「アウェアネス（気付き）」は何？
そこで止まって、耳を傾けます。
とても大事なことです。**止まって、耳を傾ける。**
あなたに伝えさせるチャンスを体に与えます。
あなたが持とうとしていないアウェアネスは何でしたか？

2.「誰かのもの？」に軽く感じたら、送り主に返しましょう！

ただ「送り主に返して」と頼み、自分のものとして拾ってきてしまったところ、全てを手放すことを要求します。そしてPOD&POCします。（POD&POCはRight and Wrong, Good and Bad, POD and POC, All Nine, Shorts, Boys and Beyonds.™の短縮形です。）

どうして?それは誰か他の人のものだからです。あなたはそれに対して何もすることが出来ません。

周りの全ての体で起きていることを、あなたの体はあなたに伝えます。常に、です。

例えば肩が痛み始めたとしたら、あなたがすることは「**何が起きているの、ボディ？これは私のもの？誰かのもの？何かのもの？**」

いくつか例を挙げましょう。

職場で

ある女性が仕事中、ドーナツを食べたくなる度、「これは誰のもの?」そして「私のもの?」と問いかけしました。六週間で二十ポンド体重が落ちました。彼女は職場の他の人のためにドーナツを食べていたからです。この質問一つで、他の人のためにドーナツを食べることを止め、ドーナツへの欲望と、二十ポンドを消滅させました。

私の経験

二〇〇〇年代の初め、私が初めてこのツールに出会った時、これが私の人生を変え、私のカイロプラクティックの仕事をも変えました。このツールによって、以前は変えることが出来なかった患者の問題を、五十~九十%も変えることが出来るようになったのです。本当にこのツールは私の仕事に無くてはならないものになり、九十五%のセッションに使っていることに気付きました。これは全く驚くべき結果を創ってきました。

ある女性が、左膝に耐えがたい痛みがあると言って、私の元を訪れました。右膝は既に手術しており、左膝も同じように怪我してしまったので、痛みを軽くして欲しいとやってきたのです。

基本的に「この痛みは誰のもの？」を使った二十分の施術の後、彼女の痛みは八十％まで減りました。更に四十分の施術後、九十九％の痛みが消えたと報告してくれました。そして再発していないそうです！

全ての膝の痛みがこれだとは言いませんが、このケースではそうでした。このツール、そしてこのツールを使う意欲が、この女性を大変な痛みから救ったのです。そして、こうでなければならない（膝の痛みと共に生きること）という彼女の世界観に、痛みは必要ではないという気付きを創り出しました。

スーパーマーケットで

アクセスのクラスを受け、この情報を得たある男性が、スーパーマーケットの中を歩いていました。お年寄りの女性の脇を通りかかると、彼女は背中が痛むので、屈んで下のトイレットペーパーのパックを取ってくれないかと頼んできました。何も考えずにその男性は「その痛みは誰のもの？」と聞くと、女性は「私の夫の！」と言いました。そして瞬時に屈んでトイレットペーパーのパックを掴みました。おかしな話ですが、事実です。

ジムで

自分の体にひどくジャッジメントがあったので、私はいつもジムに行って鍛えていました。長時間のトレーニングをしていました。当時は今より二十五ポンドも重く、体脂肪は三％少なく、私は「巨大」でした。どれだけワークアウトしようとも、自分の体には嫌な思いがありました。

アクセスを始めたある日、ジムに行きました。その日は自分の体、自分自身に対して素晴らしい気分でいました。ところがジムの玄関に入った途端、頭の中にたくさんのポイント・オブ・ビューが入り込んできました。「あぁ神様、**俺の体は最悪だ。力こぶが小さすぎる、まだ足りないんだ。もっと良いものを食べないと。脂肪を断たなきゃ。ビッグマック®とコーラ®は止めないと。**」そして私は言ったのです。「**あぁ、自分は最悪だ…**」。

ですから、この問いかけをしたのです。

「**これは誰のもの？私のもの？**」

すると、この思いは吹き飛んで行ってしまいました。即座に。私のものではありません。実を言うと、私もすごく変だなと思ったのです。そして、なんて簡単なんだろうとも思いました。事実、ただ効くのです。本当にびっくりしました。

あなたは大きなサイキック受信機です。周りの人達の、思考のごみを常に拾っています。その人達も、他の人からのごみを拾っては、シェアし合っています。

もし、地球上で考えているのはただ一人だけで、他の人達はただそれを拾ってきているだけだとしたら？

自分のものだと思っている体の痛みや苦痛のうち、実はあなたのものではないものはどれくらいですか？そうではなく、他人の痛み、苦痛とジャッジメントへの気付きを、体があなたに気付きとして与えているのではないですか？

今、それを見つめる意欲がありますか？こう問いかけてみてくれますか。

「これは私のもの？ 誰かのもの？ それとも何かのもの？」

さて、三番目に行きましょう。

3．「何かのもの？」に軽く感じたら、それは地球のものです！

地球はあなたからの支援を求めています。そしてちょうど体と同じように、あなたの注意を惹きつけるために地球が知っている唯一の方法は、痛みを与えることなのです。

あなたには（そう、あなたです！）地球を力づける能力があり、あなたの体にも地球を力づける能力があります。

地球が頼んできた時にその能力を使わないと、体が痛み始めます。

例として、二〇一一年福島での地震の後、放射性物質の流出が続き、たくさんの人が胸の痛みを訴えていました。咳を減らし始めることの出来た唯一の方法が、この問いかけをすること、そしてこの体は、地球と海、そして放射性物質の被害を受けている人達に起きている問題に変化を与えよう、貢献しようとしているのだと認識することでした。

はい、今その白いコートを着た小さな男の人（医者）を呼びましょう。ばかばかしい、頭がおかしくなったと言っても構いません。この情報を得て、人々の症状に変化を起こすことが出来た時、私も本当に驚きました。プラシーボ効果だ、巧妙な誤魔化しだという人達がたくさんいることも知っています。

一方、恐らく今これを読んでいる人の多くが「**あぁ神様、私は狂ってなかったんだ！随分前からもう「知っていた」ことを、誰かがここに書いてくれているよ！**」と認めているかもしれません。この本が書かれたのは、そんなあなたのためです。考え方の狭い人達には、世界を変えることが出来ません。彼らはただ、制限をそのままにするもの全てを、実行し続けます。世界中の牛人間は、私達が間違っていると長い間決めつけ、蚊帳の外に放っておきました。

私のポイント・オブ・ビューは、あなたのように世界を本気で変えたいと願うドリーマー達が、ツールを使ってそうする時が来たということです。最初はどれほどそれが、奇妙に思われたとしても。

実際に地球、そして地球上の人達があなたに支援を要求、要請している、痛み、固さ、そして死を現在体にいくつ抱えていますか？そこに留まることを許しているもの全てを今、破壊して、アンクリエイト（非創造）し、手放しますか？Right and Wrong, Good and Bad, POD and POC, All Nine, Shorts, Boys and Beyonds.™

地球は私達に何千年も贈り続けてきました。今が受け取り始める時？

そして贈り返す時？

ツール

体で練習する

体が本当に欲しいものを知るのには、練習が必要です。

体に尋ねることを覚えているのも、練習が必要です。

そして問いかけることを見つけるにも、練習が必要です。

食べたものを消化するだけでも、たいへんなエナジーが必要だと知っていますか?食べ物からエナジーを得ているというのは、ちょっと偽りが入っています。あなたとあなたの体は、実は教えられてきたよりも、もっと少ない量の食べ物で足りるのです。

これから数日、空腹を感じたら、正しい答えを得られるかどうかは悩まず、問いかけてみるというゲームをしてみたいですか?

イエスとノーで答える質問から始めます。その方が簡単です。軽く感じた答えが、あなたの体にとって真実だと知っておいてください。例を挙げます。

ボディ…

何か欲しい？イエス／ノー
あなたの体の？他の体の？

何か食べたい？イエス／ノー
あなたの体の？他の体の？

何か飲みたい？イエス／ノー
あなたの体の？他の体の？

冷蔵庫に何か欲しいものはある？イエス／ノー
あなたの体の？他の体の？

ブロッコリーが（他、何でも）食べたい？イエス／ノー
あなたの体の？他の体の？

他に何か欲しい?イエス／ノー
あなたの体の?他の体の?

動きたい?イエス／ノー
あなたの体の?他の体の?

触れられたい?イエス／ノー
あなたの体の?他の体の?

セックスしたい?イエス／ノー
あなたの体の?他の体の?

知っておいてください。私達は本来の姿であるスペース、本来の姿である「軽さ」を避けるために食事することがあります。その「スペース」を自分だと認識しないので、それを良くないことと感知し、慣れ親しんだ重さに戻るために何でもしようとします。この場合、食べることです。

でも、もしあなたという存在がスペースであり、「軽さ」であるとしたら?

自分がスペースであることを避けるために、また自分のスペースを埋めるため、または他の理由で、食べるために

してきた全てのことを、破壊して、アンクリエイト（非創造）しますか？ Right and Wrong, Good and Bad, POD and POC, All Nine, Shorts, Boys and Beyonds.™ ありがとう。

受け取り始める

読者へのメモ

椅子に頼む

ちょっとお見せしたいものがあるので、お時間を頂けますか…

あなたが今座っている椅子のコンシャスネスに、もっとあなたの体に快適になるようにお願いしたらどんな感じでしょう？

頼んでみてください。
座り心地はより快適になりました？
ほとんどの人達にとって、そうなります。

おかしいですか？
それとも、何？もっと前に言って欲しかった？

コンシャスネスとは全てに存在します。そんなことは知りたくないとしても、あなたも実際は、あらゆるものと共に、ワンネスです。

あなたは体の分子（と原子）の間のスペースです。固形に見える原子の一部は、原子全体のたった〇・〇〇〇一％です。

残りはスペースと可能性とコンシャスネスです…あなたは…

もしあなたの体の分子とコンシャスネスの間のスペースが、椅子の分子の間のスペースと同じだとしたら？

空気の分子の間のスペースと同じ。

壁の分子の間のスペースと同じ。

建物の分子の間のスペースと同じ。

道路、あなたの周りの地球、そして全ての太陽系、全ての銀河、ユニバース全体と分子の間のスペースと同じ。

これは何を意味している？

あなたはとても大きく、より繋がっていて、あらゆるものとよりコネクションとコミュニオンがあり、自分が認識しているより、たくさんのオプションを持っているということです。思った以上に。

思っている以上に。

あなたがそれを許せば、その繋がりとコミュニオンは、想像を超えた安らぎへと導いてくれます。

─第四章─

求めよ、されば与えられん

この世界に対するあなたのポイント・オブ・ビューとはどんなものですか?皆に行き渡るほど十分にある?十分な食べ物?十分なお金?十分な愛?十分な空間?十分な歓び?それとも量が決まっていて、例えばあなたが愛を得てしまったら、誰かは愛を得られない?

ちょっとここを見てもらってもいいですか?

あなたのポイント・オブ・ビューが、あなたの現実を創ります。現実はあなたのポイント・オブ・ビューを創りません。もしあなたが、「私達は欠乏と不足のユニバースにいる」というポイント・オブ・ビューを持っていたら、あなたが創っている現実はどんなものでしょう?

私のポイント・オブ・ビューと私が「知っていること」は、「私達は完全に豊かなユニバースに住んでいる」です。聖書に一つ正しいことが書いてあります。「**求めよ、されば与えられん**」おかしくないですか?ただ求めるだけで、受け取れるなんて?

でもどうやって?その方法があるとすれば、ただ、人生の瞬間瞬間を生きること、そして、別の可能性のエナジーを受け取る意欲を持つこと、です。完全に受け取る状態である時、あなたはバリアを全て下げ、何でも受け取ります。排除しません。安らぎ、歓びそして豊かさの中にあり、良いこと、悪いこと、そして醜いことも受け取ります。

さて、ここでちょっと、私達の多くにとって難しいことが…

例えば、あなたが今日百万ドルを求めたのに、翌日それが現れなかったとします。するとあなたはこう言うでしょう。
「ユニバースが働いてくれない。私のせいだ。私が間違ったことをしてしまったのだ。」

でも、あなたが求めたものを得られるよう、ユニバースがそれ自体を再調整しなければならない、これが起きなければいけないことです。これがあなたが頼んだその瞬間から、ユニバースが行っていることです。でも何が起きているかと言うと、まだそれが姿を現さないうちに私達は、**「叶わないじゃないか!」**と言ってしまい、当然流れが止まります。私達が「叶わない」と決めつけ、結論付けてしまったからです。そのポイント・オブ・ビューが現実を創り、形として現れます。

私達がユニバースに向かって「叶わないじゃないか!」と結論を叫んだので、ユニバースはそれを聞き、優しく、丁寧に従います。

代わりにこのような問いかけが出来ます。(またこの馬鹿げたような問いかけです)

「私がこれまで想像してきたものとは、全然違う形で実際に現れますか？ どうしたらこれよりもっといいことがある？」

これを心に留めておいてくださいね、美しい友よ…

あなたが「こうなるだろう」と思ったのとは、常に違う形になります。常に、です！

あなたの「こうなるだろう」という考え方は「こうなるべきだ」というジャッジメントが基になっており、「こうなりうる」というアウェアネスを元にはしていませんでした。何故なら「こうなるべきだ」というジャッジメントが、「こうなるかもしれないな」と気付きを広げることを妨げていたからです。そしてその「こうなるべきだ」というポイント・オブ・ビューこそ、今まで実現させられなかった理由なのです。

ついて来れてる？もう一度読む？

〜〜〜

あなたが受け取り始めてみては？ ええ、あなたが

何を心から望んできましたか？見てもらえること？聞いてもらうこと？完全に受け入れてもらうこと？オー、イエス！あなた達の声が聞こえるようです！

「もちろんだよ、愚問だな。もし君がただ私を受け取ってくれたら、全てうまくいく。私は評価され、価値を持てる。すると私は本当にここに存在することが出来る。」

さて、私から質問です。最初に小さい声で囁いてみますね。

受け取ることは、どう？　もっと大きな声で？

受け取ることについては、どうなのですか？

「はい、受け取ります」こう言ってください。「もちろん、受け取ります。つまり、受け取ることに問題なんてありません。もし誰かが私に何かを与えたいのなら、ええ、もちろん受け取ります。ええ、受け取るのは大好きですよ。ええ、ええ、受け取ることには全く問題ありません。」

ちょっと重く感じる人はいますか？この惑星では、ほとんどの人がそれほど受け取りません。気付いていました？信じられないかもしれませんが、今この本を読んでいる人もほとんどそうですよ。

これをちょっと見てください。

あなたは周囲の人の中で、いつも最も「出来る人」で、そして自分は「出来る人」ではないと証明しようとしていました。でも、あなたほどの「出来る人」が他にいないこともいつも知っていたので、いつも自分で何でもやろうとして、他の人が必要と思う時ですら、助けは借りずに来ました。

そんな風では、多くの受け取りを自分に許していません。許可しているのは、物事を形にしようとするための、多くのコントロールと努力です。

受け取ることとは、それとは完全に別のことなのです。

例を挙げましょう。あなたはヨーロッパ北部の小さな国に住んでいるとします。一年の半分は真っ暗で、恐ろしく寒い。じゃあ、スウェーデンとしましょう。例えばね。

今目覚めたばかりです。スウェーデンの**春の最初の日**です。

どんな感じですか？

半年の暗闇の後、凍りついたユニバースから抜け出して、やっと生きた心地がしたはずです。

「**あぁ、太陽だ… 太陽だ！！！**」

零度の戸外に出て、カプチーノを飲みながら、寒々とした太陽を眺め、微笑みます。とっても寒いです。吐く息が白い…それがどうした?冬を乗り越えました!この感情が「**あぁ神様!生きています!やった!やっとだよ!生きてるよ!**」

では、対照的に**冬のまっただ中の朝**。

目覚めてあなたは思うでしょう。「**どうしてここにいなきゃならないんだろう?あと二十七回、目覚ましをスヌーズにしてもいいかな?仮病使ってもいい?ダメだ、オーナーは私が嘘をついているって分かるだろう…**」

そして一歩外に出ても、誰にも見られたくないし、話かけられたくもありません。髪型が決まらなかった日。

世界に存在する在り方が、全く違うのが分かりますか?どちらをより多く得たいですか?

最初のケースは「無限の受け取り」です。最初のエナジーであれば、お金も、人も、愛も、セックスも、人間関係も、望んだものを全て受け取ることが出来ます。

でも私達が、より頻繁に選びがちなのが後者です。そのポイント・オブ・ビューは、「**いや、誰からも何も受け取らないよ。私は小さな泡の中に住んでいて、そういうもんなんだ。ずっとここにいて、バリアを張って、ほらこっちにも、体も顔も伏せて。これで安全なんだ。**」

この現実では「受け取ること」はほとんど行われていません。実際、この現実ではそれを、完全に排除することに専念しています。「**これをあげたら、私は何がもらえる?**」そして「**これを受け取ったら、何をあなたに返さないといけない?**」ここでは全てがこの考えに基づいています。

別のやり方があります。あなた本来の姿である「無限の存在」として、何でも受け取ることが出来ます。何でも、です！気分は軽く感じましたか?ただそれを**選ばなければなりません**。

選ばせないものを、今全て破壊して、アンクリエイト(非創造)しますか? Right and Wrong, Good and Bad, POD and POC, All Nine, Shorts, Boys and Beyonds.™

あ、ところで、「お金の問題」なんてものはありません。全てのお金に関する「問題」は、あなたのその「受け取ろうとしない」ことによって創られています。

〜〜〜

私の偉大な教師

この現実では、受け取る選択をすることを、自分に思い出させ続けなければなりません。受け取ることを教えられてこなかったので、そうしないのです。

ちょっとした話を聞いてください。私は馬を飼っていますが、その馬はこれまで出会った中でも想像を遥かに超えた存在の一つです。名前をプレーボーイと言います。

彼は私の友人、ギャリーに飼われていた元競走馬です。それほど乗馬が得意でない時に、ギャリー（とプレーボーイ）に出会いました。まさかその馬に乗ろうとは思ったことはありません。でもその馬は馬場を走っていて、私の前で止まり、お辞儀しました。その後少し走って、私のところに戻ってきて、そしてまたお辞儀したのです…私の真ん前で。

ギャリーはその馬を売ろうとしていましたが、ことごとく失敗しました。ある日馬場にいる時、ついに私は聞きました。「ギャリー、あの馬に乗ってもいい？」

私達は都会からずっと離れた田舎の小道にいました。プレーボーイは誰が乗ろうとしても逃げ出しました。私が乗馬初心者なことから、ギャリーは私を彼に乗せる許可を出すことに少し躊躇していました。いや、実はとても躊躇していたのですが、ついに折れてイエスと言ってくれました。

私は馬によじ登りました。手綱を地面に落としてしまったので、全く馬の口をコントロールできる状態ではありません。

プレーボーイは「**友よ**」と私を見上げ、私は彼を見下ろして「**私の馬だ**」と思いました。

駆け足になりました。ぱっかぱっかぱっかぱっか…穏やかで心地よく、滑らかな、完全に私への思いやりを込めた駆け足でした。一度、曲がり角で、鞍からずり落ちそうになりました。プレーボーイはお尻で私を支え、落としませんでした。何という馬、何という存在なのでしょう。

私はと言うと、彼に乗っている間中、涙が止まりませんでした。過去に経験した何にも例えられない、何と言葉で表現したらいいか分からない感じでした。

想像してみてください。魂を見透かされたように完全に信頼できる誰か、あなたの存在の全ての領域を完全に認めてくれる誰かがいることを。そこにはジャッジメントも投影も、違和感もありません。完全に愛され、完全に大切に扱われ、完全に認められ、全てのジャッジメントが私の世界の外で爆発してしまったかのように、全くジャッジのない世界でした。全ての思考が消え失せました。全ての必要性も消え失せました。

あの日、ビーイング（＝存在）の経験をしたのだと今分かっています。全てが存在し、何もジャッジされない、ワンネスを経験したのです。でもそれは、ただの涙とスペースではありません。楽しかった！強烈に楽しかった！

それはまるで、「ノン‐ジャッジメント」のロケットに乗り、シンプルで、力強く、広々として、全く批判的でない、楽しいビーイングのユニバースに向かっているようでした。あれがどのように起きたのかは分かりません。（どうでもいいことです）ただ**それが**起きたことは知っています。

私達の命と、ユニバースが私達に贈りたいものとが繋がることは可能だ、私はこれを知りました。そのために要求されるのは、私達がそれを選択すること、**受け取る意思を持つこと。**そして、現れるのを許可することです。

あなたのためにそれが現れるのを許さないもの、さぁ、今始めて！ 全て破壊して、アンクリエイト（非創造）しますか？ Right and Wrong, Good and Bad, POD and POC, All Nine, Shorts, Boys and Beyonds.™ ありがとう

プレーボーイとの間にあった、そしてまだ「ある」コミュニオンを持ってしても、ずっと長いこと彼から、完全には受け取ろうとしていませんでした。私の中の何かがいつも、まるでそうすることでだけ、自分が自分でいられるかのように、自分を切り離していました。あなたはまさか、自分の人生でそんなことしていませんよね？

数年前、プレーボーイはガンになりました。私の海外出張の予定、そして私が彼からの受け取りを拒絶していたせいで、彼はその命を生きることよりも、そこから出て行くことを選びました。

彼は誰も乗せようとしません。彼は私の馬で、私は彼の友達です。それだけです。私の馬になってから一度、きちんとした乗り方を見せるために、プレーボーイはギャリーを乗せました。彼はギャリーを乗せて三回周り、そして止まりました。まるでギャリーに向かって**「もう降りて。次はデーンの番だよ」**と言っているようでした。

プレーボーイがガンになった時、私と数人が**「私達に何か出来ることはある？」**と彼に尋ねました。プレーボーイは**「週に一度はデーンに乗って欲しいな。でももしデーンが月に一度乗ってくれるのなら、トレーナーを週に一度乗せてあげるよ」**。**「分かった。」**私は言いました。

彼はまた**「あ、もう一つ。僕から受け取り始めないといけないよ。じゃないと僕はいっちゃうよ。」**その時は、彼が何を言おうとしているのか分かりませんでした。そこで、アクセスのツールの一つを使いました。**「彼が何を意味しているのか」見せてくれるよう頼みました。手掛かりが無かったからです。**

そのすぐ後、私はヨーロッパへ旅立ちました。セッションの後セッションをし、会議の後セッションをし、セッションの後セッションをし、クラスの後、クラスの後、セッションの後セッションと…体の声を聞かず、体調を崩し始めました。いつもなら太陽、六歳児、元気なうさちゃんを全部、独特のやり方でごちゃ混ぜにした感じで生きているのですが。

ただそう出来るからといって、それはあなたの最高のオプションだという意味ではありません。

私の体ははっきりと、大声で、何が要求されているかを伝えていました。受け取り始めなければなりませんでした。バリアを全て下げ、私の馬、地球、周りの人々や物など、私の体と私に与えたいと思っているもの達から受け取りを始めました。

ベッドに横たわり、体に手を乗せて私の馬と話し始めました。それがすごくおかしく聞こえることは知っています。そして「**オーケー、プレーボーイ。僕に何か絶対に贈りたい物があるんだね？　今まで僕が受け取りを拒否していた、それって何だろう？**」そしてそれが何であろうと、自分が受け取ることを許可させないもの全てをＰＯＣ＆ＰＯＤしました。

この存在と、瞬間に在ること、優しさと、思いやりと、柔らかさと、体を持つことの歓びのエナジーが私の体を満たし、私は思わず「**うわっ！　これが八年間も俺が拒絶してきたもの？**」

拒絶。

この十年間は、自分が行う全てにおいて「受け取ること」に継続的に取り組んできました。もっと受け取ること、もっと知ること、もっと「存在する」こと、もっと感知すること。

それなのに、まだ自分がこれほど受け取りを拒絶していたとは気付きませんでした。

あなたにはまだ、受け取りを拒否しているものがいくつか（いえ、多分たくさん）ありそうですか？

拒絶することを止めたいですか？今すぐ？

ユニバースから？
あなたの周りで、心からあなたに贈りたいと思っている全てから？
私から？

それがどんなものか、そして、それには何が必要かが分からなかったとしても？

それを阻むもの全て、破壊して、アンクリエイト（非創造）しますか？
Right and Wrong, Good and Bad, POD and POC, All Nine, Shorts, Boys and Beyonds.™ ありがとう

ツール

ユニバースは味方でいてくれている

毎朝、問いかけることから始めたいですか？

今日私は誰で、どんなに壮大で輝かしい冒険をして、何を受け取ることが出来る？

人生に望むものを得るには？答えは探さないでください。**ただそのエナジーを受け取ってください。**そして今度は、あなたが望むものを得るために、受け取らなくてはならないものを受け取る意欲があるかどうか、あらかじめ考えることなく自分に尋ねてみてください。

それはどんな形でなければならないか、どうでなければならないかという投影、期待、分離、結論、ジャッジメント、拒絶、答えなしに、受け取る意欲がありますか？

そうさせない全てを、破壊して、アンクリエイト（非創造）しますか？ Right and Wrong, Good and Bad, POD and POC, All Nine, Shorts, Boys and Beyonds.™ ありがとう。

すると、あなたにとって本当に可能なものとは何ですか？ユニバースが自分の味方だと知っていたら、あなたは何を変えるでしょう？

そうなのです。**ユニバースは完全にあなたの味方です。**あなたを支えています。

あなたは自分の深いところで、それを知っています。ずっと「知って」いました。（例えそれがあなたの中のどこか曖昧な、ほとんど行ったことがなく、目印もなく、終わらない廊下のように深く奥まったところにあったとしても）

今その「自分の内で既に知っている」エナジーを受け取り始める意欲がありますか？

そうさせないものを全て破壊して、アンクリエイト（非創造）しますか？

1、2、3！ Right and Wrong, Good and Bad, POD and POC, All Nine, Shorts, Boys and Beyonds.™

ユニバースはあなたの味方です。あなたに贈りたいと願っています。あなたに。

読者へのメモ

もしあなたが選択してきたあらゆることに、正しさがあったとしたら?

今このまま読むのを止めようかどうか、じっと考えていることでしょう。

もしそれが自分で選んだことなら、是非、そうしてください!

あなたが選択してきたあらゆることに、正しさがあったとしたら?

もし今ここで読むのを止めることが、あなたにとって全く正しいことだとしたら?

私はそれに関して何のポイント・オブ・ビューもありません。

あなたは、あると思っているでしょう。でも無いんです。

この良いところは、いつ、どこからでも読み始めることを選べることです。もしかすると十年後、もしくは明日にでも。

これよりもっといいことが?

この本をシュレッダーにかけたとしても、人生でその時が来たら、この本のエナジーを拾うことを選べるのです。

さぁ今、これ以上他にもっと変なことが？

思いやりの力

読者へのメモ

もし私達が皆、眠れる巨人だったとしたら？

もし、私達にはびっくりするような力と秘められた能力があり、ただそれが、私達がこうだろうと思うものとは全く違うだけだったとしたら？

もし、あなたの最大の秘められた力が、他の人に対する強制や意地悪、怒りではないとしたら？

もし、あなたの最大の秘められた力が、あなた本来の優しさ、親切、思いやり、そして無限の許容のスペースだとしたら？

そうなることを選べば、もうジャッジメントなど存在させないことに気付いていましたか？

その方がもっとあなたらしいですか？

私達が皆、実は眠れる巨人だったとしたら？　**ええ、あなたも。**

毎日この問いかけをしてください。

もし自分と世界に本当の思いやりを持てたなら、私は今すぐ何を選択する？

人生が変わります。

―第五章―

もし思いやりが、あなたの軸だったとしたら？

さぁ、私の手を取って下さい。懐かしいところへご案内しましょう。あなたはティーンエージャーです…体はまだ中途半端です…言葉遣いもまだ幼い…そして絶え間ない感覚と感情の沸騰…この完全な至福、安らぎ、そして歓びの輝かしい時を、私達はみな過ごして来ました…

この言葉を覚えていますか？「どうでもいい。」

この言葉を自分、友達、両親、先生、可愛い男の子、可愛い女の子に伝えて、そして自分をまた否定した時のことを一つピックアップして…

どうでもいい、というのは真実ですか？いいえ、もちろん違います。

自分が認める以上にずっと思いやりをもっていました。自分に対しても。

ティーンエージャーとはそういうものです。皆知っています。

今もなお、それが真実だとしたら?

自分が知りたいと望んでいたレベルよりも、もっと遥かに思いやりを持っていたとしたら?もし誰かに(自分も含めて)認めてもらいたいと望んでいたレベルよりも、ずっと思いやりがあったとしたら?そして、トラブルの原因はこの想いだと、どれほど決めつけてきましたか?あなたを弱くするのは、その想いの強さ?あなたの傷と痛みは、そのせい?

ねえ、その傷と痛みは、あなたの想いの強さのせいではありませんよ。あなたが自分とその人への思いやりを切り捨ててしまったところが、傷と痛みを起こしたのですよ…

誰かが自分を傷つけようとしていると思う時、まず切り捨てようとするのは、常に他人への想いです。

誰かをジャッジし、その人がどれほど悪いことをしたかと考えることの方が、楽に感じられます。(すると彼らに近寄らないことを正当化出来る)バリアを下げ、こう言うよりは。

「ねえ、本当に言い辛いんだけど、あなたが大好きなんだ。とっても好きだから、私があなたの近くにいたいと思うほど、あなたが一緒にいたいと思ってくれないことにとても傷ついているんだ。これが本当のこと。だからあなたを批判して、あなたのせいにして、距離を置こうとしているんだ。」

こんな風に伝えようとしたことがありますか？　何が起こるでしょう？　相手の回路はショートし、まるであなたを他の惑星から来たエイリアンのように見つめるでしょう。そして恐らく、これほど安全なところはないと思われる、そのずっと体験したいと思っていた、何の憂いもない優しさの中に溶けてしまうでしょう。

残念ながら、ここではこういう風にする人は誰もいません。出来ないのではなく、そうしないよう学んできたからです。受け取ろうとしない人達に想いは向けられないと感じています。問題は、あなたがその想いをもう止められないことです。「もう別にどうでもいいよ、気にしてないよ。」こう思う時、あなたは嘘を信じ込んでいます。

こうする時、誰を殺してしまっていますか？あなたです。皆への思いやりを断ち切れるという嘘を信じることで、自分への思いやりも止めてしまいました。彼らへの思いやりを断ち切るには、唯一、皆への思いやりを断ち切ることでしか、それが出来ません。皆とは、「**あなた**」も含んでいます。いずれにせよ、それではうまくいきません！

もし、そうしなかったとしたら？もしあなたのポイント・オブ・ビューが「**何があっても、私は自分への思いやりを忘れない。そして周りの人達が何を選択しようとも、私は自分への思いやりを忘れない。**」だったとしたら？　これは、あなたの現実に歓びを得ることを自分に許す唯一の方法です。本来のあなたが持てるだけ、自分への思いやりを実際にありったけ持ち、そして他の人が例え何を選択しようとも、決して断ち切らないことで。

それが本当の自分への思いやりです。

どうでもいい、と自分に証明するためにしてきた全てのこと、そして、どれほど大切にしているのかを認めないためにしてきた全てのこと、自分を傷つけた人達のことさえも大切にしてきたこと、それら全てを破壊して、アンクリエイト（非創造）しますか？ Right and Wrong, Good and Bad, POD and POC, All Nine, Shorts, Boys and Beyonds.™

〜〜〜

私達はワンネスの存在です

「どうでもいい」というこの嘘を、どこかの時点で乗り越えなければなりません。どうでもいい、と思っていたあなたが悪く、あなたに落ち度があったという訳ではありません。とても幼い頃から、学んできたことがそれだった、ただそれだけのことです。ただ多くの人が選んできたことなので、それが本来の自分の姿とはどれほどかけ離れているのか、そうあって欲しい世界とはどれほど違うのかを見つめる必要がなかったのです。

この、たった一つの理由を基に、たくさんの人が自分の人生から抜け出してしまっています。**認めたくないから…どれだけ自分が大切に想っているか、そしてここにいる人達がどれだけのギフトと、思いやりを、受け取らずに拒んでいるのかを認めたくないからです。**

どれだけの思いやりを受け取ることを拒否してきましたか？
どれだけ思いやりになることを拒否してきましたか？
それを認めますか？
それは本当のあなたではないと認めますか？
そして、それはあなたにとっての真実ではないと？

あなたは、何かこれまでとは違うものを切望しています。

そうでなければこの本を読んでいないでしょう。自分の思いやりを断ち切る以外の何かを求めているので、「この現実」に留まることができています。他にもっと素晴らしい可能性があることを、あなたは知っています。

それを認めますか？何が必要になろうとも。今、認めますか？

そうさせないもの全てを破壊して、アンクリエイト（非創造）しますか？ Right and Wrong, Good and Bad, POD and POC, All Nine, Shorts, Boys and Beyonds.™

ところで、自分への思いやりと歓びは、関連し合っています。自分、そして他の人への思いやりを断ち切ることはうまくいきません。

うまくいきません!
思いやりを断ち切り、歓びを維持することは出来ません。思いやりを断ち切り、豊かさは手に入れられません。思いやりを断ち切り、繋がりを持つことは出来ません。思いやりを断ち切り、可能性を創り出すことは出来ません。思いやりはこの現実の中で失われている、最も素晴らしいことの一つです。思いやり。もしこの惑星に住む人達が、今すぐ自分自身と互いへの思いやりを持ったなら、この惑星は今のように機能しますか?今のように感じるでしょうか?大虐殺や戦争が起きますか?

もし何が起ころうとも、あなたの思いやりが自分のために、完璧な姿で現れることを要求したら、それはどんな感じでしょう?それまでに千年かかろうとも、一週間であっても、要求してください。あるいは、それが今すぐ実現したとしたら?

今すぐ。

生きるための歓びとなる、あなたの真実の思いやりを受け取り、思いやりになることを阻むこと、全てを破壊して、アンクリエイト(非創造)しますか? Right and Wrong, Good and Bad, POD and POC, All Nine, Shorts, Boys and Beyonds.™

〜〜〜

人に怒りを覚えることを学んだ？

いいですか、あなたはワンネス（あらゆるものが存在し、何もジャッジされないところ）です。あなたがワンネスです。あなたが、あなたの存在を分離させる時、あなたとして存在することを止めます。

一つ言わせてください。私はまだこの件について取り組んでいます。こう思っている人のために言っておきますが、私はコンシャスネスの広告塔ではありません。

とても馬鹿げた例を挙げましょう、特にワンネスの話をする時には…

友達とお茶をする約束をしていました。でも彼女から電話は来ませんでした。時間を割いて計画を立てていたのに、彼女は電話をかけてきませんでした。ところが翌朝、彼女から電話があり「**昨夜電話しなくてごめんね。残業で疲れちゃって。**」

そこでまず、私が言いたかったのは、

「**ふざけんな!!　俺の貴重な時間をどうしてくれる？**」

まずそうしたかった。でもそれでは気分が良くなかったので、問いかけをしました。「この状況での、私の本当のポイント・オブ・ビューはどんなものだろう？」（ヒント‐あなたにとっての真実を選択している時は、【良い】もしくは【軽い】感じがします。あなたにとっての真実を選択していない時は、気分が【重く】感じます。）しばらくして気付きました。「これは私じゃない。他の人が自分のしたいことを選択するのなら、それに私が関わっているかどうかにかかわらず、私はハッピーだ。」

変ですね。自分の実際のポイント・オブ・ビューに驚きました。そして過去を遡り、子供の頃からずっとこのポイント・オブ・ビューを持ち続けていたことに気付きました。そしてそのせいで、「お前は自分を十分大切にしていない」と言われたのです。

お前は人に気持ちを踏みにじられているのだ、と言われ、それを鵜呑みにして信じ込んでいました。

人々はお前を利用しているのだ、と教えられてきました。**だから他人に怒りを覚えることを学びました。その方が自分にとって都合がいいからと言って、いつも人に親切にしてはいられないと学びました。**状況によっては、イライラしなくてはならないと学んだのです。

あなたもそう学びましたか？

本当に？

これで気分が軽くなりますか？
これでもっと自分と繋がった感じがしますか？

これで誰かに近付いたような感じがしますか?

もしこれらの質問へのあなたの答えが全て「いいえ」だった場合、以下の問いかけをしてみるといいかもしれません。

批判が思いやりであるかのように、批判することを教えられてきた?
思いやるより、批判するよう教えられた?
他人から離れ、彼らのせいにすることが、自分を思いやることだと教えられた?
私が選択してきたものより、軽く、ハッピーになれる他の選択はある?

実は自分自身に思いやりを持つことを含んだ、他の選択が可能です。ただそれを選ぶ意欲を持つだけです。それを選ぶ意欲を持てば、そうすれば見つけることが出来ます。

〜〜〜

それらの選択が何であるかを知ること、そして実際に選べること、そうさせないもの全てを破壊して、アンクリエイト（非創造）しますか?
Right and Wrong, Good and Bad, POD and POC, All Nine, Shorts, Boys and Beyonds.™

あなたへもう一つ - 脅迫者を最も脅すものは何か知っていますか？

それは、あなたが怒り、憤怒、憎悪、批判と分離に操られない時です。あなたを脅す人達にとって、最も彼らを脅かすことの一つは、何があっても彼らから分離せずにいることです。彼らを怖がらせます。

すると、彼らはあなたの操り方が分からなくなり、あなたのスイッチをどのように押すかも分からなくなります。

さて、友達が前の晩に私をすっぽかしたところに戻りましょう。教えられてきたこと全てに基づき、私は怒るところでしたが、違う選択をしました。自分自身であることを選択しました。（ところで、その間十秒）本来の私はこう言いました。「やぁ、調子はどう？」

「いい感じよ。昨夜は行けなくて本当にごめんなさい。私もほんとに会いたかったのよ。」彼女はこう答えました。

私の存在全てが緩和しました。それこそが問題だったからです。傷ついたのは、彼女が私に会いたくないと思ったからでした。傷ついたので、怒りでそれを隠せば、私に価値がなく、求められてもいないと感じていることを誰にも気付かれないでしょう。

それほど自分に無防備になれたこと、違う選択が出来たことにとても感謝しました。そして、怒ることは私に合わないことが分かりました。彼女に怒ってもしょうがないから、怒りを避けたのは、彼女に通用しないから、とか、彼女に悪いからではありません。私にも、そうありたい私にも、怒りは合わなかったのです。

そう選択するように、と教えられてきたために選んできたものの、実はあなたに合わない選択がいくつありますか？全て破壊して、アンクリエイト（非創造）しますか？ Right and Wrong, Good and Bad, POD and POC, All Nine, Shorts, Boys and Beyonds.™ ありがとう

〜〜〜

もっと興味深いポイント・オブ・ビュー：彼らがあなたを受け入れないから傷つく

誰かがあなたに意地悪な時とても傷つくのは、その人があなたを受け入れないから、あなたの思いやりを受け取らないから、そして彼ら自身をすら受け入れないから、だから辛いのだということに気付いてください。

その人達はあなたを傷つけようとしているのではありません。あなたにとって、どうでもいいことでした。あなたは世界中から感知した、痛みと苦痛を取り去りたいのです。誰かがあなたに何をしても、あなたは想い続けます。例えそれが嫌がらせや虐待や批判や不親切や無礼など、それが何かだとしても、あなたは想い続けます。

そうするべきではないと思っていますね。

「あの人達がこんなひどいことをするなら、もう彼らを気にかけなくてもいい！」人生をかけて、思いやりなんて持つもんかと頑張りますが、それでもあなたはまだ想っています。

思いやりを止められないのに、誰かへの思いやりを止められる、と鵜呑みに信じ込もうとして行ったこと全てを、今、手放しますか？ Right and Wrong, Good and Bad, POD and POC, All Nine, Shorts, Boys and Beyonds. TM **ありがとう**

ジャッジメントに入り込まない意思をどうか持って欲しいと思います。全てはただ興味深いポイント・オブ・ビューなのですから。これは許容としても知られていて、誰もが（あなたも）何を選択しても、それはただ興味深いポイント・オブ・ビューということです。そしてあなたは物事に変化を起こすことを許す、他とは違うものになれます。

何かを除外するには、あなたの思いやりはあまりに深く、あなたの存在はあまりに大きいのです！

誰かを切り捨て、気にかけていないふりをする時、あなたは、自分自身をも排除しています。**だから嫌な感じがするのです。**

自分を優しく思いやりたいですか？そして、思いやりの強さとスペースという、今までにはない存在になり、それが可能だと世界に見せたいですか？

それ程の思いやりの強さと感謝を持ち、**それ自体になったらとしたら**、どんな感じでしょう？どの瞬間にも、自分の人生と生き方に感謝と思いやりを持ちたいと思うことは可能ですか？その瞬間にもたらされるもの、あなたがいるところどこでも、そしてあなたと一緒にいる誰にでも感謝出来たとしたら？

それは、人生の中でずっと探し求めて来たものではないですか？

私達は、無防備にならないよう、教えられてきました。
気にするな、気にかけるな、と教えられてきました。
瞬間、瞬間を生きないようにと教えられてきました。
無償で贈るなと教えられてきました。

誰からも、何からも自分を遮断し、周囲の世界をコントロールし、他の人に取られる前に自分の分を取っておくよう教えられてきました。**そしてこの本を読んでいる九十九%の人達には、そのやり方は通じませんでした。**

もし、そのやり方がうまくいかなかったのであれば、今、何か違うことを選びたくないですか？

もし、あなた自身で在ることが、思いやり、感謝、ギフトすること、この瞬間、瞬間を生きること、無防備であること、そして世界が求めている「違い」だとしたら？

考えてみてください…

〜〜〜

もしあなた自身で在ることが、思いやり、感謝、ギフトすること、この瞬間にいること、無防備であることだとしたら？

〜〜〜

あなたには軽く感じましたか？
あなたにとっての真実ですか？
あなたの「知っていること」は何ですか？
あなたは何を選びたいですか？

〜〜〜

そうなる方法を知りたいですか？

方法はありません。

知っています。イライラしますね。

ただ、要求し、そうなり、問いかけしなければならないだけです。（はい、また【問いかけ】です）

まず、要求

「何があっても自分を思いやり、自分に感謝することを要求します。それを手に入れたと思うまで、どれだけ時間がかかったとしても、それがどんなものであっても、それが起きることを要求します。そして、「今」始めます。

そして、問いかけ

「ねぇユニバース、何が必要かな？ 感謝と思いやりとスペースに常にいるには、何が必要なのか分からないんだ。だってそんな生き方をしている人を見たことがないし、誰もどうしたらそうなれるのかを教えてくれなかったんだもん。」

手掛かりがないから、ユニバースに問いかけるのです。本当に、手掛かりを探すのはあなたの仕事ではないのですよ。あなたがすることは、ただ心から、そうなることを要求し、問いかけをするだけです。

そしてそれらが現れることを許さない全てをPOD&POC。それらが現れることを阻む全てを破壊して、アンクリエイト（非創造）しますか？ Right and Wrong, Good and Bad, POD and POC, All Nine, Shorts, Boys and Beyonds.™

すると、ユニバースはそれを聞き、こう言うでしょう。

「やった！ 少なくとも、君は問いかけてくれたね！ わーい！ これは楽しくなるぞ！ 一緒に楽しもう！ オーケー、どうしたらいいか分からないんだね。じゃあ、こうしてみよう。本当に簡単なステップをいくつか教えるからね。オーケー？」

楽な日もあれば、この惑星から飛び降りたくなるほど辛い日もあるでしょう。でも今、あなたはその過程の途中にあるのです…

諦めないで…
今がその時…
ただ問いかけ続けて…
そして選択し続けて…
そして前に進み続けて…
そうすれば求めたものが現れるから…
(お願い、お願いだから、何があったとしても、勇気を奮い立たせて、やり続けて…もう何もあなたを止められない…少し歩みが遅くなったように感じることがあっても、もう二度とあなたを完全に止めることなど出来ないのだから…)

あなたへの願いが一つ。そしてあなたへの贈り物が一つあります。あなたが本当に創り、手に入れ、そしてその一部になりたかった人生、そして世界を創り上げることを、誰も、そして何ももう二度と止めることは出来ません。それが願いであり、贈り物です。

それらが現れることを阻むものを全て、そしてあなたが受け取ることを邪魔するもの全てを破壊して、アンクリエイト（非創造）しますか？ Right and Wrong, Good and Bad, POD and POC, All Nine, Shorts, Boys and Beyonds.

TM

読者へのメモ

重要視しない

本当に、どうでもいいと思った時のことを、ちょっと思い出してみましょう。

私の質問は、本当にどうでもいいのか、それとも、それを「**重要視しない**」ほど、あなたは賢いのか？

もし、自分が認める以上に、もっと気付いているとしたら？

あなたが重要視するもの、重要視する人は、何でも、誰でも、あなたから離れません。良いか悪いか、正しいか間違っているか、留まるか行くか、与えるか奪うか、をジャッジしなければなりません。

何という歓び！

誰かを深く、深く想い、でもなおその人を重要視しないことは可能です。

「思いやり」と「必要」は同義ではありません。「重要」も同義ではありません。

真の思いやりは、完全な自由です。

ツール

真実よ？と聞く

これはアクセスの、最も簡単なツールの一つです。

私もクラスで、ビジネスの管理、人間関係にも毎日使っています。

さぁ、いきますよ。

周りの人が言っている嘘が分かるようになりたい？

その人達自身も、嘘を言っていると分からないような時でさえ？

ただ質問する前に「Truth（真実よ）？」と付け加えるだけです。

声に出しても、心の中で言ってもどちらでも構いません。関係ありません。

あなたもそこにいる人達も皆、その人が嘘を言っているかどうかが分かります。

あなたへの嘘、そしてその人自身への嘘が。

これは、とても簡単で、便利なツールです。

世界を変えるのに、かなりの貢献をしているツールです。

もしこれを使ってみようとしたら、良くないでしょうね。あなたの周り、そして人生には何が起きているのか、確実にアウェアネスが増えてしまいます。

そんなのは欲しくないでしょ?笑

リレーションシップ？

信じられないほどの？

読者へのメモ

大事なことの一つ…

…私達は皆、自分の変化を止めてしまいます。そうすれば、他の人との繋がりを失わないで済むから。

これは、私達が自らに課している、最も大きい制限の一つです。
ただそこに意識を向けてください。

変化を選択することで、変化を願っている周囲の人達への誘いになることに、あなたはもう気付いているかもしれません。

それが彼らとの繋がりを変えたとしても。

私は【変化】と言いました。**違ったものになります。**
変化とは、その人達を失うということかもしれないし、そうでないかもしれません。
変化を望まない人達は、大抵、あなたの元をただ去って行くでしょう。もしくは、あなたを非難し、離れていくでしょう。

本当に変化を願う人達は、絶対にあなたのせいにしません。彼らはこう言うでしょう。「あれ、どんなことをしているの？　前と全然違うよ。私にもそんな変化が得られるかな？」

あぁ、そしてあなたは、じっくりこう考えるでしょう。

誰と一緒に戯れ、誰のために時間とエナジーを使い、気配りしたい？

それは、あなたの変化に抵抗している人達ですか？　それともあなたの変化に刺激を受けている人達ですか？

―第六章―

ステキな関係を持てるほど、人と大きく違った自分でありたいですか？

この惑星において、人は、愛とリレーションシップ（関係／交際）にたくさんの、**本当にたくさんの**時間とエナジーを費やしています。私達はこの惑星に住む、愛らしく美しい存在です。

真実の愛とは何であり、そうでないのか、について、私達はたくさんのジャッジメント、結論そしてポイント・オブ・ビューを持っています。私達のほぼ全員が、完璧なリレーションシップを探し求めてなどいないフリをしながら、探し求めています。

それでも私が思うに、互いに在る、という在り方には、実に様々な可能性があります！実にたくさん。

私達はただ、そうしたものを受け入れるようにとは、教えられていないのです。これらの可能性は、この現実の一部ではありません。

もし、リレーションシップのパラダイムを、全て変えることが出来たとしたら？ 私達皆にとって、本当にうまくいくような、違う何かに変えられたとしたら？リレーションシップとは、もはや、コントロールや嫉妬、羨望や正しさ、間違いなどではないとしたら？リレーションシップとは、私達が互いにとってのギフトになれる、ということだとしたら？

分かってください。あなたを勘違いさせようとしているのではありません。

絶対に。

私のただ一つの意図は、あなたを全く違った「在り方」へと案内することです。

それが軽く感じるかどうかは、あなただけが知っています。

それがあなたにとっての真実かどうかは、あなただけが知っています。

〜〜〜

リレーションシップにおける、全く違う見方

私は個人的に、リレーションシップのハウツーについては、本当によく分かっています。それゆえに、この分野については、他には何が可能なのか?と、かなりダイナミックに見つめてこなければなりませんでした。

リレーションシップの、これまでとは違う定義から始めましょう。それが違うことは知っています。皆さんが恐らく私を変な目で見るであろうことも分かっています。まぁ、始めましょう。

私は、リレーションシップを「二つのものの間にある距離（あるいは分離）の度合い」と定義します。

どうして？　二つのものがお互いに関連しあうには、離れていなければならないからです。そうでなければ、その二つがワンネスにあり、すると、それはもうリレーションシップにあるとは言えません。その二つが離れていないからです。分かりますか？

何が素敵なリレーションシップを創り上げるのか、散々見つめてきたところ、素晴らしいリレーションシップを創るものとして私が考えていたものは、実は全くそうではなかったことがわかりました。この分野に関して気付いたのは、人は自分が成し遂げようと努めている理想らしきものとは、別のことをやっている、ということです。それゆえに、リレーションシップという言葉の私の定義も違うのです。

説明させてください…

リレーションシップにあるには、私達は独立した、別個の存在でなければなりません。ですから、あなたが分離し、あなたではないところに何かを創造しなければならないとしたら、それを維持するために分離を創り出さなければならなくはないでしょうか？

もう一つ変なことを言います。この現実におけるリレーションシップという概念そのものによって、あなたは**ただ一人とだけ**リレーションシップを持とうとします。それには、自分自身を排除する必要があります。何故なら、リレーションシップには常に二人の人間がいるからです。あなたは相手に与えて、与えて、与え続けて疲れ果てて、もう無理だと分かるまで、そのリレーションシップから相手を絶対に排除しません。

何を意味しているか分かりますか？あなたはリレーションシップから、相手ではなく自分を排除しがちです。通常、以下に述べたようなことが起こります。

第一に；
自分のパートナーになると思われる人と出会います。十秒でお互いの素晴らしさに惹かれあいます。やった〜！

第二に；

十秒後、あなたは自分に対するジャッジメントを始め、相手のジャッジメント（相手がこう判断するであろうと想定して）に合わない自分の各部分を切り捨て、分離しようとします。

第三に；

相手のジャッジメントに合わせようと、自分自身からどんどんどんどんどんかけ離れていき、どんどんどんどんどん自分を切り捨てていきます。相手もあなたのジャッジメントに合わせようと、同じようにどんどんどんどん自分自身とかけ離れ、どんどんどんどん自分を切り捨てていきます。そして思うのです。どうしてうまくいかなくなってきたのだろう？と。関係が崩壊した理由は、リレーションシップを始めた頃の二人が、もう、二人ともそこには存在しないからです！

大体のリレーションシップは、こんな感じです。

私もこれまでとは違うものを見出したいです。ですから、特にこの分野においては、これまでと違うやり方で見つめる方法をお伝えした訳です。

私は知っています、何かこれまでとは別なものを創る選択が出来ることを！

でも、そうさせるためには、今何があって、今何を創っているのかを受け止めなければなりません。自分達が今どこにいるのかを認識しなくてはなりません。例えそれが、困難で苦痛に満ち、変えられないように思えたとしても、です。もし、これまでとは違うところへと絶対にたどり着きたいのであれば。

〜〜〜

真の思いやりと、素晴らしいリレーションシップを持っている人を誰か知っていますか？

真実よ、少し考えてみてください。あなたはそうですか？そうなら、あなたはラッキーです。誰とも付き合わないで一人でいるより、うまくいっていなくても誰かとお付き合いすることを選ぶ人が、九割もいると知っていますか？(もしあなたがその素晴らしいリレーションシップを持っている少数派だとしたら、この話はあなたには適用されません。)

それはリレーションシップを持つと、周囲に、なじめるからです。この現実では、皆ほとんどが周りに合わせたり、何か利益をあてにしたり、勝とうとしたり、負けないようにしたりすることばかりを見つめています。

この素晴らしい現実では、リレーションシップを持つと、溶け込めるのです。あなたを負け犬と思わない人々から利益を受け取ります。誰かセックスする相手がいるなら、あなたは勝者です。勝者です！実際にセックスするかどうかは無関係なのがおかしいところですが…

セックスする相手、性行為の相手がいれば、この現実では勝者と認定されます。誰だって勝者になりたいですよね？それは、一緒にいる人が必ずしも必要ではないのに、誰かと付き合おうと努力する理由の一つになっていませんか???

ですからこの分野に関しては、正直さがほとんど存在しません。何故なら人は、自分は負けていないと証明したいからです。誰とでも合わせることが出来る、自分は勝者だと証明したいのです…偉大な作戦ですね。本当は何が起きているのかについて、自分にも、他人にも嘘をつき続ける大部分を占めるのは、こうしたことなのです。

もし、もうそんなことを相手にしなくてもいいとしたら? 他にはどんな可能性があなたに開かれる?私達皆にはどんな可能性が?あなたの人生の貢献にはならなかったのに、独り者の汚名をただ晴らすためだけに選んだリレーションシップがいくつありましたか?

ところで、「もう独り者じゃない」。ちなみにこれこそが、九割もの人がシングルでいるより、うまくいかないリレーションシップを保ち続けるもう一つの理由です。

狂ってますよね?

皆、誰の現実を承認しながら生きているのでしょうか?ねえ、誰の人生を生きているの?

最初に思い切って言ってくれるのは誰でしょう?「はーい、違うものを選ぶよ。私が選ぶのはワタシ!」ここが一番妙なところでしょうね。それ(私)を選んだ人達は、大体、**自分にとってうまくいく**リレーションシップを最終的には創り出せています。例えそれが、他人のポイント・オブ・ビューによって、これを選ぶべきだろうと言われたものとはかけ離れていたとしても。

興味深かったでしょうか？もしそうなら、それらが現れることを阻む全てのものを、破壊して、アンクリエイト（非創造）しますか？ Right and Wrong, Good and Bad, POD and POC, All Nine, Shorts, Boys and Beyonds.™

誰かに合わせ、利益を得て、他人に勝ち、そしてもう敗者ではないと感じるために、「リレーションシップとセックスを保持する必要性」を信じてきたところ全てを破壊して、アンクリエイト（非創造）しますか？ Right and Wrong, Good and Bad, POD and POC, All Nine, Shorts, Boys and Beyonds.™ ありがとう。（今日から一日三十回、三十日間これを繰り返してください。とても効果的です）

〜〜〜

愛よりも偉大なものがある？

もし、愛を懸命に求める代わりに、感謝と思いやりとジャッジしないことを得る意志を持ったとしたら？ 代わりにそれを選択しようとするなら、愛という名のプログラムに添えられた、全てのジャッジメントから抜け出せるでしょう。

何て言ったかって?

愛という名のプログラムから抜け出しなさい!!(神への冒涜?・)

多くの皆さんにとっては、これが最たる基本信念に反することは分かっています。


愛は美。

愛は神である。

愛は私達を救うもの。

愛は私達という存在の、中核にあるものだ。


そうですね?


でも、愛の定義は一体いくつありますか?・愛という言葉の定義は、他の単語と比べても格段に多いことに気付いていますか?

私が「**愛してる**」と言ったら、それはあなたにとってどういう意味でしょう?・こんな感じですか?

「あなただけを愛しています。他の誰も要りません。他の誰のことも絶対考えたりしません。他の誰からも何も受け取りたくないし、誰に何も与えたくありません。あなたは私のもの、私だけのものです! 愛しています! ところで、

私に対しても同じように期待しますけどね。」

さて…私の定義と同じかどうか…？　…全然…

人によって意味合いが違うのです。

それでも、誰かに「**愛している**」という時、相手も自分と同じように解釈するだろうと私達は期待します。あり得ません！彼らは、あなたとは全く違う人生、全く違う成長過程、全く違う経験をしてきているのですから。

これが大混乱の元なのです。私達は無条件の愛という理想を探し求めることに忙しく、そこに気付いていないのです！

もし、「愛」とは社会的なプログラムであり、あなたが「無条件の愛（正しい、間違っている、良い、悪いなどの何のジャッジメントも無い愛）」として可能なはずだと知っているものを、その愛という社会的プログラムが、絶対に姿を現させないようにしているとしたら？

この世界のどこに無条件の愛がありますか？この世界で無条件の愛を選択している人がどこにいますか？　**あなたの他に！！**

あなたは常にそうしようとしていて、一度も成功せず、いつも自分をジャッジしています。

「どうして自分には出来ないのだろう？ どうしてこの世界の変化に影響を与えられないのだろう？ それを起こせないのは、どうしてなのだろう？ これが可能だと知っているのは、どうして私一人だけなのだろう？」

そんなことがどうして分かるのかって？ 私もそんな一人だったからです。

それは可能なはずだと**知っていました**。そして、それを創造出来なかったところ全てに対し、いつも自分をジャッジしていました。（あなた達は、こんなことしたことがないでしょうが…）

愛とはこうである、という理想を堅持しようとあなたは頑張り続けていますが、一方で、周りではそれを選ぶ人など誰一人としていません。その時点で、あなたは「愛」から抜け出したくなり、何が可能かを見ようともしないその人達を、全員殺してしまいたくなります。可愛らしい友よ、それは必ずしも賢い選択ではありません。

「愛」を「究極の可能性」として見るようにプログラムされてきましたか？愛は究極の可能性ですか？それとも**あなたが究極の可能性**ですか？愛とはあなたを「外側にある何か」に向かわせるようデザインされたものであり、実際、その場所から「愛が創造すると思われるもの」を創ることは不可能です。ただ、あなた自身でいることで、それは可能になります。

もし、愛の代わりに、感謝と思いやりを持ち、ジャッジしないことを選んだとしたら…？

あなたのために…？

もしそれを選ぶ意志を持てば、愛という名のプログラムに添えられた、全てのジャッジメントから抜け出すことが出来るでしょう。そして実際に、感謝すること、思いやりを持つこと、ジャッジしないことのそれぞれは、手に入れることも、あなたがそれらになることも可能です！それらは、見つけることが不可能な何かを、あなたの外部に求めることもありません。自分自身のために、感謝、思いやり、ジャッジしない状態を手に入れたいと願えば、他の人達にとってもまるで魔法のように可能となるでしょう。

そして、「感謝」「思いやり」「ジャッジしないこと」の組み合わせは、あなたが愛から得ようとしていたエナジーにより近いでしょうか？

もしそうだとしたら、愛が与えてくれるだろうと思っていたものを、あなたはついに今、創造出来るのだと気付いたかもしれませんね。

〜〜〜

友よ、君は自分がサイキックだと知っているかい？

誰かと交際したことはありますか？それに近いものは？一度はあったかと思います。

パートナーに電話をするとします。相手が電話に出る前に、相手が怒っているか、悲しんでいるか、電話を待っていたか、話し相手を必要としていたかなどが分かりましたか？

あなたは毎回分かっていました。（あなたがそれを認めようが、認めまいが、それには関わらず）賭けてもいいでしょう。そもそも、相手に電話しようと思ったのは、相手が落ち込んでいた、またはあなたを必要としていたことをあなたが知っていたからです。私の言うことを鵜呑みにせず、ただ人生を振り返ってみてください。

どのようにして、それを「知った」のでしょう？　**あなたがサイキックだからです！　あなたがそれらのエナジーに気付いていたからです！**

あなたは人生の中でずっと、気付いていました。ちょっと言っておきますが、私がサイキックという場合、マダム・ロシンカの手相見や、ミス・クロエのカード占いのことを指しているのではありません。エナジーに敏感な人のことを指しています。その能力を磨く意思を持っていれば、それを使ってどんなことでも出来るようになります。

でも今は、周りのエナジー（例えば、大切にしている人の思考、感覚、感情など）に気付いていた誰か（あなた）のことをお話しします。

お腹の中に宿った瞬間から、あなたは周りの人の思考、感覚、感情とセクシャルなポイント・オブ・ビューを拾い続けてきています。初めは、この現実をどうしたらいいものかと思いを巡らせていました。

ママはこの現実で、どうするのかな？
パパはこの現実で、どうするのかな？
お兄ちゃん、お姉ちゃんはこの現実で、どうするのかな？
おじちゃん、おばちゃんはこの現実で、どうするのかな？
友達はこの現実で、どうするのかな？

あなたはこれら全てを吸い込み、この現実とは何かについて、皆のポイント・オブ・ビューの伝道者になります…その中のどれ一つとしてあなたのものは含まれていないのに。「この現実をどうしたい？」と問いかけしなかったからです。**「この変な惑星で、皆どうしているの？ここにどう合わせたらいい？正しくするにはどうしたらいいかな？ここにいる皆のようになるにはどうしたらいいかな？ここで負けずに勝つにはどうしたらいいかな？」**こう問いかけていました。

そして歩き回り、まるでそうとしか出来ないかのように、皆と同じようにやってきました。リレーションシップをどうまくいかせるか、この素晴らしいアイディアこそ、あなたが信じ込まされてきたことの一部です。友よ、そうする理由は、本来のあなたがサイキックだから、というだけなのです。他人の望みや夢、現実や狂気すら拾うことが出来たからなのです。

あなたが、聞きたくないことは分かっています！

でもし、現在進行中のリレーションシップが、過去のリレーションシップのように同じ下降線を辿っているとしたら、その道を選択したのは「**あなたでしかない**」ことに気付いていますか？

面白くないですか？だって今までのリレーションシップが、全部同じように下降線を辿ったとしたら、そのリレーションシップに共通している人って？あなたです！

何か別のことを選べる、たった一人の人は誰？あなたです！

私と同じように、あなたも誰かを、何か違ったもの、あなたの心を奪う誰か…あなたが真実に違いないと決めたことを、全て実現してくれる誰か見つけることを恐らく夢見てきたのですよね？でもそれはね、あなたが誰のポイント・オブ・ビューも気にせず、誰に何を言われても、自分にとってうまくいくことだけを選ぶと要求した時にだけ起きるのです。

この現実を、自分の現実の基盤として選んでも、絶対にうまくいきません。そこには「あなた」が含まれていないからです。そこには制限、間違い、そしてジャッジメントばかりが転がっていて、可能性が見当たらないからです。

ですから、本当は何を選びたいのかというアウェアネスを抑え込んで、この現実を選ぶためにしてきてしまったことを全て、破壊して、アンクリエイト（非創造）しますか？ Right and Wrong, Good and Bad, POD and POC, All Nine, Shorts, Boys and Beyonds.™ ありがとう

いずれにせよ、その腕も足も必要なかったのでは？

〜〜〜

ほとんどのリレーションシップにおいて、自分の大部分を手放すことが要求されていると気付いていましたか？ここに私のお気に入りの例え話があります。

あなたが家にいると、本当に可愛い友達が車でやってきました。ミニクーパーのようにとても小さい車に乗っています。クラクションを鳴らして「**何してるの？おいでよ！私と付き合わない？**」そこであなたは答えます。「**うわっ！ほんとに？！可愛いなぁ。小さくて可愛い車に乗ってるんだねぇ準備は出来てるよ。付き合おう！**」

そして出かけます。もちろん彼女は運転席にいます、彼女の人生ですから。そしてあなたは彼女と付き合うことにします。そして助手席に乗り込みます。

まず足から乗り込もうとしますが、その車は小さ過ぎてあなたの足が収まりません。そこであなたは自分の足を切り取り、車の外に放り出します。それほど必要ではないからです。とにかく人生というドライブに行きたいからですよね？ただ偶然この車が小さ過ぎただけだし…オーケー！

そしてドアを閉めようとします。「**準備は出来たよ。足がないから車（君の人生）にちゃんと収まるよ。問題なし！さぁ行こう！**」そしてドアを閉めようとしますが、気付いてしまいます。「**あぁ、僕の肩と腕が大き過ぎて入らないよ！**」そこであなたは片腕を切り落とし、もう一方は噛み切って、顎でドアを閉めます。さぁ、もう出発出来るよ！

あなたは足も腕も失って、ついに彼女の人生に乗り込むことが出来ます。そのリレーションシップで、小さい車の助手席で！　なんて素敵なんだ！　楽しい時を過ごそう！　さぁ、行こう！

これは私達、可愛らしくて美しい生き物が、リレーションシップの中でいつもしていることです。これよりもっといいことが？

取り違えないでください。友よ、私はこうしたことのエキスパートです。ですから、あなたも同じことをしてきたからといって、責めている訳ではありません。ただ、これが一番賢い選択ではないはずだと言いたいのです。

〜〜〜

変化を起こし始める、たったひとつの小さな質問

もし誰かに興味を持って、リレーションシップが始まるかもしれないという時、こう問いかけてみてください。

この人は、私の人生と生活への貢献となる？

そして黙って、あなたが「知っていること」に耳を傾けます。質問が終わる前に気付きがあるかもしれません。

気分が軽くなりましたか？それはイエスという意味です。

重く感じた？重い感覚に深入りしないで！もう一つ問いかけてみましょう。

私の人生と生活にとって、貢献となる誰かに出会うには？

〜〜〜

そして、他には何が可能？

誰かのために、自分自身と分離させないでいる人を一人でも知っていますか？

面白いのは、他の人がその人のことをどう見ているかということ。例えば多くがこう言うとしましょう。「うわっ、あんな女最低！」もちろん、あなたはそんな最低女になりたくないので、自分の「最低女」の部分から確実に分離します。そうすれば、誰もあなたをそういう風には見ないからです。

しかし、他の人達は、彼女本来の姿である、リーダーを彼女に見ているのかもしれません。私のポイント・オブ・ビューでは、真のリーダーとは自分の進む道を知っており、追従者を必要とせず、誰が行こうが行くまいが、行く必要のあるところへ行く意欲がある人です。

自分自身と真に分離しないでいられる人達は、この世界のリーダーになれる人です。最低でも、自分の人生の追従者ではなく、リーダーになれる人達です。

リーダーの二人がリレーションシップにあると、お互いが真に自分本来の姿であることを喜んで許容するので、とてもうまくいきます。彼らは相手が成長し、人生により広がりを持つことを望み、相手の成長に脅かされたり、威圧させられたりはしません。それどころか、相手の姿に刺激を受けて、より自分を磨こうとします。

現在、または直近のリレーションシップを創り上げるために、自分の何パーセントを分離させましたか？　百％以上？　それ以下？　もしくは百％以上どころじゃない？　ほとんどの人は百％以上のようです。自分と分離するためにしてきた全てのことを、今破壊してアンクリエイト（非創造）しますか？　そして切り捨てなければならないと思ったあなたの一部を、回収しますか？　Right and Wrong, Good and Bad, POD and POC, All Nine, Shorts, Boys and Beyonds.™ ありがとう。

もしリレーションシップの中で一番のギフトが、あなただったとしたら？　他の人達とは違い、本来のあなた自身として鮮やかに、美しく、驚くほど、異様に、奇妙で、強烈に、そして楽しくあることを願い、少しも自分自身と分離しないでいるとしたら？楽にそうなることを選ばせない全てを、破壊して、アンクリエイト（非創造）しますか？Right and Wrong, Good and Bad, POD and POC, All Nine, Shorts, Boys and Beyonds.™ ありがとう。

最高のリレーションシップを手に入れている人達は、実際に自分自身の人生を生きています。

この人達は、自分を実証してくれる誰かを探したり、また自分を完成させてくれるための誰かを探したりしていません。自分の人生と生活を、自分で完成させることを知っています。そして他の人を自分の人生と生活に喜んで加え、人生への貢献として（その人を自分の人生に置き換えるのではなく）迎えます。

もし、あなたもそれを喜んで手にするとしたら？それらが現れることを阻むもの全てを破壊して、アンクリエイト（非創造）しますか？Right and Wrong, Good and Bad, POD and POC, All Nine, Shorts, Boys and Beyonds.™ ありがとう。

〜〜〜

あらゆる人、あらゆるものと関わるための新しい方法を試してみたい？

あなたがコミュニオンかワンネスにある時、そこにインティマシー（親密さ）と呼ばれるものがあります。そこでは、あらゆるものが存在し、何もジャッジされません。ワンネスの状態では、私はあなたになり、あなたは私になりえます。

真の親密さには、五つの要素があります。

敬意、信頼、許容、無防備であること、そして感謝です。

この中にコピュレーション（性行為）がないことに気付きましたか？驚いた？

親密さとは、あなたが望みさえすれば、誰とでも持てるものです。性的な行為は全く要求されません。

本当に変な話ではあるのですが、ここに、大きな違いを創り出す人が一人います。もしあなたが「その人」と親密になる意欲を持てば、人生に現れるあらゆる人との間に、あなたにとって機能する親密さや、あなたの望む親密さを持つ選択が得られます。

それは、あなた自身と親密になることによって可能なのです。

さぁ、五つの要素を見てみましょう。

＃1 敬意を払うこと

自分自身とパートナーに敬意を払うことです。敬意を払うとは、尊敬の念を持って接することです。全てにおいて、いつも、です。

例えばあなたが誰かに魅了されたり、もしくはあなたのセクシャルネスで誰かを魅了したりしたことがありますか?そしてあなたが交際中だったら「**あぁ！ 誰とも気軽に遊んだり出来ない。私のパートナーに無礼を働くことになるもの！**」と決めてしまいます。

もしそれが、パートナーへの無礼ではなかったとしたら？ 最初からそれが、あなたを愛した理由の一つだったとしたら?もしその部分を切り捨てること自体、パートナーにも、自分にも無礼なことだとしたら?誰かと気軽に遊ぶということは、その人と一緒に家に行くことではありません、絶対に。気軽に遊ぶということは、ただ浮ついているということです！そしてそれは、より楽しく生きているということかもしれません！

より人生を楽しんでいるということかもしれません！ パートナーが愛しさを感じているかもしれない、自分のその一部を消去してしまう前に、パートナーにどう思うか聞いてみても良いかもしれません。

普通とは違う「敬意」の表し方だというのは知っています。

私の質問は、**軽く感じますか？**

この情報の一部は、九十五歳のマリーという女性から頂いたものです。私の友人のギャリーが、彼女にこんな質問をしました。彼女の夫、出張の多い営業マンだったビルは、出先でマリーを裏切るようなことをしたことがあっただろうかと。その答えは私達二人を大変驚かせたのです。

彼女は「分からないわ。もし彼自身に敬意を払うために、そうする必要があったとしても、私にも、二人の関係にも不名誉となるようなことは、家に帰ってきて私に言ったり絶対にしなかったでしょう。あなた達若い人は、汚い下着をパートナーの顔に乗せて、それでも愛していると言ってもらうことを要求する。全く狂っているわ。」

どうですか?彼女の回答を聞いた後、ギャリーと私は「真の敬意」について、長時間語り合ったものでした。彼女がこのポイント・オブ・ビューをシェアしてくれたことによって、私達二人に素晴らしいギフトが送られたことに気付きました。これはビクトリア朝時代のおばあさんに育てられた女性からですよ!その日から「誰かに敬意を払う」ことの意味は、私がそうだと思っていたこととは全く違うのだと認識しました。

自分に敬意を払うこと、そしてパートナーに敬意を払うこととは、あなたにとってどんな意味なのでしょう?既に与えられた定義からではなく、自分にとってうまくいくやり方とは何なのか、考えてみると良いかもしれません。例えそれが、既存のものとは随分違っていたとしても。

あなたとパートナーへ真に敬意を払うこととは何か、それに気付き、そして実際に選択させない全てを破壊して、アンクリエイト(非創造)しますか?Right and Wrong, Good and Bad, POD and POC, All Nine, Shorts, Boys and Beyonds.™

＃2 信頼

多くの人が、信頼とは盲目的信念だと思っていますが、そうではありません。リレーションシップにあるほとんどの人が、こうした考えを持っています。「**私に会う前からこの人はアルコール中毒だった。でも今は私といて、私がこんなに愛しているのを知ったのだから、この人が飲むのを止めると信じる。**」いいえ、その人は飲むのを止めません。**あなたが信頼しなければならないのは、その人は出会った瞬間と寸分違わず、そのままでいるだろうということです。**

その人があなたをとても愛しているから変わってくれると信じてしまったら、そのリレーションシップの中で、自分を底知れない陰鬱な過ちの中に閉じ込めることになるでしょう。それが盲目的な信念であり、うまくいかないのです。わかりますか？

あなたのパートナーはずっとその人であり、長所も短所も含めて、明日もまた今日のその人のままだということを信頼するのです。どうしてって？それがあなたの人生を楽にしてくれるからです。相手の人生も楽になるでしょう。より素晴らしい関係性のための可能性を創るでしょう。もし、相手が「いい方に」変わったとしたら、それはお互いにとっての嬉しい驚きで、リレーションシップを良くするものになるでしょう。期待していなかったので、相手を完璧な相棒とすることが出来るでしょう。

そして信頼のもう一つの側面は、自分を信頼することです。自分を信頼するとは、自分が知っていることを知りたいと思い、自分は、自分にとってのベストな選択をするだろうと知っていることです。

それらが現れること阻む全てを破壊して、アンクリエイト（非創造）しますか？ Right and Wrong, Good and Bad, POD and POC, All Nine, Shorts, Boys and Beyonds.™

#3 許容

許容とは、他の人が（誰であれ）選択することは全て、ただの興味深いポイント・オブ・ビューである、として見ることです。それはただの選択で、ただの興味深いポイント・オブ・ビューなのです。

私たちの多くは、差し出された全てのポイント・オブ・ビューに対し迎合し、同意し、または抵抗し、反発するように学んできました。迎合し、同意することは、そのポイント・オブ・ビューが正しく、正確で、事実である、とジャッジすることであり、抵抗し、反発することは、何か間違っている、避けるべきもの、もしくは全力で逃げ出すもの、とジャッジすることです。

ジャッジメントに入った瞬間、人は許容と親密さから足を踏み外します。親密さかジャッジメント、どちらかを選べます。あなたの選択です。

ジャッジメントとは敬意を払わないことだと気付きましたか？感謝を寄せることでも、信頼を生み出すことでも、無防備さを許すことでも、許容でもありません。

許容の状態である時、全ては興味深いポイント・オブ・ビューです。あなたや他の人が何を選んでも、それはただの興味深いポイント・オブ・ビューです。もしあなたのポイント・オブ・ビューが、全てただの興味深いポイント・オブ・ビューだったとしたら？あなたもパートナーも、もっと気が楽ではありませんか？もっと自由ではありませんか？ジャッジメントも減りませんか？事実、これはあなたの生活からジャッジメントを減らし、それを乗り超えていく鍵の一つなのです。

あなたにとっての現実に完全な許容をもたらすことを阻むものを、全て破壊して、アンクリエイト（非創造）しますか？ Right and Wrong, Good and Bad, POD and POC, All Nine, Shorts, Boys and Beyonds.™

＃4　無防備であること

次の要素は「無防備であること」です。

無防備であることとは、開いた傷口のようなものです。他の人が何をしようと、自分がすること何にでも完全にバリアを下げ、自分が何者であるかについて何も証明する必要がない状態のことです。ただそこに、自分として在るだけです。

体の傷が開いたままで、そこに風が吹いただけでアイタタタ…ということがありましたよね。それが無防備であることです。どうしてそれが良いことなのでしょう？

この現実で、無防備であることは悪いことだと言われてきました。「あぁ、このリレーションシップにすごく傷つけられた。もうこんなことが起きないよう、バリアを張っておこう」一度バリアを張って壁を作ってしまったら、その壁の陰に囚われるのは誰ですか？

あなたです。自分で張り巡らせたバリアのせいで。

これ以上無防備にならないよう、いくつのバリアを張り巡らせてきましたか？

あなたを絶え間なく傷つけ、あなたとパートナーをジャッジし続けるのに、自分はもう二度と傷つかないと信じさせるものは何ですか？　それらを全て破壊し、アンクリエイト（非創造）しますか？　Right and Wrong, Good and Bad, POD and POC, All Nine, Shorts, Boys and Beyonds.™

あなたが張り巡らせているバリアの一つ一つのために、自分は正しく出来ているかどうか、そのバリアが機能しているかどうか、排除したい邪悪なものから、そのバリアが自分を守ってくれているかどうかという、ジャッジメントの状態にあなたを常に置き、大量のエナジーを消費しています。

もし、バリアなしで誰かと接することを厭わなければ、それまでとは全く別の可能性を創ります。あなたの内に柔軟さを創り、あらゆるものが受け取れるようになり、同時に他の人達へ可能性を示すことも出来るのです。

無防備であることは、あなたが教えられてきたことの対極にあり、弱さではありません。むしろ、無防備さとは真実の力（パワー）と能力（ポテンシー）を表します。どうしてでしょうか？バリアもジャッジメントもなければ、何に対しても気付くことが出来ます。何故なら、締め出すものが何もないために、完全な力（パワー）と能力（ポテンシー）が発揮出来るからです。

真実の無防備さである能力（ポテンシー）をあなた自身のために持つことを阻むもの全てを破壊して、アンクリエイト（非創造）しますか？Right and Wrong, Good and Bad, POD and POC, All Nine, Shorts, Boys and Beyonds.TM

#5 感謝

あなたの愛する人を思い浮かべてください。そのエナジーを感じてください。そこで今、その人に感謝を感じようとしてみてください。**軽く感じましたか？**

愛とジャッジメントを、全く同時に感じられると気付いたことがありますか？事実、あなたは自分をジャッジしています。

自分がどれだけその人を愛しているか、その人が自分をどのように愛しているか、愛していないか、それに自分がどのように応えているか、応えていないか…を知るためにジャッジします。

究極に親密な愛とは何でしょう?究極に親密な愛とは、たった一人と一緒にいるために、人生から他の全員を全て切り捨てる時です。多くの人が、リレーションシップを始めてから、友達付き合いが悪くなってしまうのはこれが理由です。こうするにはどれだけのジャッジメントを要するでしょうか?本当に、この現実では、愛とジャッジメントが共存しています。

もし誰かと十秒以上一緒にいれば、既にその人をジャッジしています。誰かと一緒にいる時間が長くなればなるほど、その人がどんどん遠く離れていくように感じるのはそのためです。あなたは自分の周囲にジャッジメントの壁を張り巡らせ、彼らも自分の周りにジャッジメントの壁を張り巡らせ、そして、ジャッジメントの壁の向こうへは近付けません。

完全な思いやり、感謝、そして受け取ることから自分を切り離す、ジャッジメントの壁を張り巡らすためにしてきたこと全て、破壊して、アンクリエイト(非創造)しますか? Right and Wrong, Good and Bad, POD and POC, All Nine, Shorts, Boys and Beyonds.™ ありがとうこれは大きな悲しみです。でもこれが受け継がれたリレーションシップの枠組みなのです。

もし感謝が新しい枠組みだとしたら？

感謝とジャッジメントは同時に持つことが出来ません。感謝しながらジャッジすることも出来ません。これらは共存出来ないのです。どちらを選びたいですか？

ここの素晴らしい部分は、誰かがあなたをジャッジしたとしても、その相手に対して感謝することが出来、そのジャッジメントに対して感謝することも出来る点です。すごくいいと思いません？どうしてかって？あなたはもう、誰からも分離する必要がないからです。あなただけではありません。あなたのパートナーが選んだあらゆるものに、感謝する可能性を創ります。

それが、あなたにとっての現実になることを阻むもの全て、破壊して、アンクリエイト（非創造）しますか？

Right and Wrong, Good and Bad, POD and POC, All Nine, Shorts, Boys and Beyonds.™ ありがとう

〜〜〜

LOVE：パート2

自分との親密さを選びたいですか？

もし、あなたのリレーションシップ（男性、女性、友達、両親、子供との関係性）に、これらの五つの要素を持ったとしたら、新しい可能性があなたのために開かれるでしょうか？

あなたが愛を語った時、本当に欲しかったものを見てみると、それはこの感謝、敬意、信頼、許容、そして無防備さのようなものでしょうか？そして、もしそこに、思いやり、慈しみ、親切、ジャッジメントしないこと、を加えたとしたら？

真実よ？それは他人のために求めているものですか？

自分のために求めていますか？

自分自身にも親密さを持ちたいですか？それが愛であろうと、なかろうと、選びたいですか？

自分自身と親密だからと言って、誰か他の人を人生に迎えることは選ばない、という意味ではありません。それは分かってください。皆から離れ、独りぼっちにならなければいけない、ということではないのです…

逆に、あなたを見下し制限する人を選ぶのではなく、確実にあなたの人生に貢献してくれる人を選ぶことを意味します。自分を完全に満たすために誰かが必要だ、彼らのジャッジメントが正しい、などとは、もう思わなくなるでしょう。

それを完全に楽に選択させない全てを、破壊して、アンクリエイト（非創造）しますか? Right and Wrong, Good and Bad, POD and POC, All Nine, Shorts, Boys and Beyonds.™ ありがとう

私のポイント・オブ・ビューとはこういうものです。もしリレーションシップを手に入れたいのなら、それは偉大で素晴らしいものであるべきです！

私のポイント・オブ・ビューではこうです。「他の人にとって価値がある、この制限された世界に自分を合わせる」というニーズを満たすための誰かと、どうして一緒にならなければならないの?というものです。リレーションシップとは、あなたの人生の貢献となるからこそ素晴らしいのです。

それを可能性として、また創造する方法として感知し、知り、なり、受け取らせないもの全てを手放し、全て破壊して、アンクリエイト（非創造）しますか? Right and Wrong, Good and Bad, POD and POC, All Nine, Shorts, Boys and Beyonds.™ ありがとう

それが可能性だと、あなたはもう知っています。

ただ「**分かった！ それを選ぶよ！**」と言うだけです。

それらが現れることを阻むものを全て、破壊して、アンクリエイト（非創造）しますか？ Right and Wrong, Good and Bad, POD and POC, All Nine, Shorts, Boys and Beyonds.™ ありがとう

ツール

リレーションシップを毎日、破壊する

また変なツールの登場です。あなたの人生の流れを変えるものです。

人は互いに縛りあい、身動き出来ずにいます。

私達は、期待、予想、幻想、妄想、記憶、役割を互いに共有し合い、そこにはまり込んでいます。

これらの重荷を互いに持たずにいられたら、何が可能になるでしょう?

あなたのパートナー、母親、父親、子供、同僚との付き合い方に、違いが出るでしょうか?

もし毎朝、全てのリレーションシップをアンクリエイト（非創造）して、破壊し始めたとしたら? これまでのこと、そして、これからやって来ることに、完全な感謝の気持ちを持ったとしたら?何のために?これによって、過去の重荷を運び続けるのではなく、彼らとのリレーションシップを継続的に創り、生み出せるのです。

また、私が定義するリレーションシップの別の意味にも目を向けて下さい。その真意は『ワンネスではない』こと。関係を持つ人達に対して、「許容、ワンネス、ジャッジしない」という状態ではいられなかったところ、それら全てを破壊すると感じる人もいるでしょう。

どうやるかって?簡単です。こんな感じです。

今私は（パートナー）とのリレーションシップをアンクリエイト（非創造）して、破壊します。Right and Wrong, Good and Bad, POD and POC, All Nine, Shorts, Boys and Beyonds.™ ありがとう。

今私は家族とのリレーションシップをアンクリエイト（非創造）して、破壊します。Right and Wrong, Good and Bad, POD and POC, All Nine, Shorts, Boys and Beyonds.™

今私は仕事と職場の人達のリレーションシップをアンクリエイト（非創造）して、破壊します。Right and Wrong, Good and Bad, POD and POC, All Nine, Shorts, Boys and Beyonds.™ ありがとう。

今私は私とのリレーションシップをアンクリエイト（非創造）して、破壊します。Right and Wrong, Good and Bad, POD and POC, All Nine, Shorts, Boys and Beyonds.™ ありがとう。

（もし言葉遊びが好きでしたら、上のプロセスに下の言葉を付け加えてみてください。好きでもなければ、ここは

無視してください)

今私は（　　）とのリレーションシップをアンクリエイト（非創造）して、破壊し、過去、現在、そして未来において、お互いに対して、このリレーションシップに対して持っている全ての投影、期待、分離、ジャッジメントと拒絶を全て破壊して、アンクリエイト（非創造）します。Right and Wrong, Good and Bad, POD and POC, All Nine, Shorts, Boys and Beyonds.™ありがとう。

さぁ、真に「新しい一日」を始めましょう。

過去からの荷物が少なくなればなるほど、より多くの未来の可能性が現れます。

ツール

変化への新しいパラダイム

あなたの人生を何でも変えてしまう、5つのステップです。例えばリレーションシップ。恋人、上司、パートナー…ユニバース、誰とでも！

①要求する

「ねえ！これが変わっていって、そして何が別なものが現れるよ！」

あなたがリレーションシップにある時、こう気付いたことがありますか？何かが変わる必要があると知っているのに、でも変わるように要求はしたくなくて、でも必要なのは知っていて、でもその要求は本当にしたくなくて、でも必要なのは知っていて、最終的にこんなところにまで至ってしまいます。「これが必要なのは十分知ってる。変わっていくよ。自分が死んでもいい。彼らが死んだっていい。関係ない。世界の終わりが来ても構わない。今、変えなくては！」

どれだけ素早く変わるか、覚えていますか？ **それが要求です。**

②次に、問いかける

あなたの問いかけることは全て、完全に違う可能性（ポッシビリティ）と、新しい可能性（ポテンシャル）へのドアを開きます。

要求して、それから問いかけます。「**ねえ！ これが違う形で現れるには？**」突然、それまでは見たこともないようなドアが開き始め、廊下から覗いてみれば、様々な違う道があり、どの道も進んでいくことが出来ます。

要求して問いかけるまで、その道を見つけることは出来ません。

③魔法の杖を振る

それが出来るだけ早く形になって現れることを阻む、あなたが創ってしまったもの、拾ってきたものなどを全て、破壊して、アンクリエイト（非創造）します。そして、クリアリング・ステイトメントをランします。**Right and Wrong, Good and Bad, POD and POC, All Nine, Shorts, Boys and Beyonds.**™

（あるいは、「それら全てをＰＯＤ＆ＰＯＣ」だけでもオーケー！）

④選択する（そして行動する！）

あなたの選択が、それが起きるかどうかの発展性（ポテンシャル）を決定します。

言い替えれば、要求し、問いかけ、制限を手放し、そして未来のための異なる発展性（ポテンシャル）を実際に創り出すのは、あなたの選択です。選ばなくてはなりません。（そして行動する！）

現実というものは、物事を創り出すために、しばしば行動が要求されます。言い方を変えれば、ただ黙って座って、変化が起きるのを期待しているだけではダメなのです！ただ求めれば与えられると信じている人達から、私たちはひどい不親切を信じ込まされてきました。この現実では、まだ「**行動も起こす**」必要があるのです！必要な時に行動することを拒否し、実現出来ることを制限したりしないでください。問いかけることは、ここではとても大事なプロセスですが、それで終わりではないのです。

どんな行動を取ったらいいのか知りたければ、毎日こう問いかけてください。「**今すぐこれが姿を現すのを許すために、私は今日何が出来る？**」

ビーイング（存在）としてのあなたが持つ素晴らしい能力の一つは、選択することです。私達が陥りがちなのは、一つを選択し、それを一生守り続けることです。（私はこれをロード・オブ・ザ・リング・チョイスと呼んでいます。一つの選択を守り続けるのだ！）私達は、悪い（間違った）ことではなく、良い（正しい）ものだけを選ぶべきだと思っています。でもそれには、自分に対する**大量**のジャッジメントが必要です。

もし「**これはいい！**」や「**それはダメだよ**」というジャッジメントが、無かったとしたら？もしただ「**わぉ、私はあんな選択をしたんだ**」だとしたら？そして、それがうまくいったら、それ以上を選ぶのです。もし、うまくいかなかったら、もう一度選ぶだけだとしたら？

これがあなたの持つマジックの、もう一つの側面です。常に選択し直す能力です。

さあ。

〜〜

もう一度

〜〜

さあもう一度。

これによって、これら全部によって、もし求めるものが見えてきたら、その方向へ今日進む意思がありますか?今すぐです。変化を要求し、問いかけし、自分の制限を手放すことを厭わず、何か違うものを選び、そして行動します!

⑤最後に、全てを受け取る

うまくことを進めるため、物事に変化を起こすために、形を現してきたものをジャッジも排除もすることなく、全てを喜んで受け取らなくてはなりません。ユニバースを信頼しなさい。

何かが現れてきたり、明らかにそう見えたりしても、あなたがコントロールしているのではない、と知っておいてください。ユニバースがコントロールしているのです。ユニバースは**無限**の可能性に気付いています。

可能性とは、あなたの持っている、例えば完璧な…リレーションシップとは、という幻想をずっと、ずーっと超えた遥か彼方にあるのです。

何故なら、この世界にいるのはあなた一人だけではないので、ユニバースは世界中の主要な変化を創るために、他の多くの人々のユニバースを再構築しなければならないのです。今日願ったことを受け取るのは、今から十年後、または十秒後かもしれません。だから願ったことが明日現れなかったとしても、あなたのせいでは**ありません**。

それは起こります。あなたがもう始めています！

今すぐ…これを読んで…

そして、あなたが想像していたものとは、恐らく全然違った形で現れるかもしれないことを知っておいてください。

セクシャルネス

読者へのメモ

知っておいてください…

この世界で最も魅惑的なことの一つは、誰かから、全くのジャッジメントなしで見つめられること。

その時に起きるのは、あなたという存在全体が「**一人にしないで、行かないで。ここにいて…**」と言い始める、ということ。

そう在りたいですか？

あなた自身のために、そう在りたいですか？

―第七章―
ベイビー、セックスについて話そうか…

私達が自分の体をジャッジし、繋がりを感じず、分離していると感じる理由は、優しさや思いやりを、体で一度も受け取ったことがないからです。

これは人生における最大のパロディの一つです。この現実における最大の悲しみの一つです。自分の体がただ慈しみを受け、大切にされる場もスペースも、私達には無いのです。

私達は、その経験からセックスを不名誉で思いやりの無いものとして、しばしば切り捨てようとします。二つの体で可能となりうる美しさ、感覚、歓び、楽しみ、軽やかさ、そして可能性に目を向けようとしません。そしてセックスを切り捨てるための欲望の中で、**私達の体の全体の間で起こりうる**、ギフティングとレシービングのエナジーをも切り捨てます。

そうする代わりに、**セクシャルネス**を受け入れることを考えてみませんか？

セクシャルネスに含まれるもの。

癒し、思いやり、慈しみ、歓び、生産的、創造的、広がりのあるオーガズミックなエナジー。

セクシャルネスの素晴らしいエナジーが、あなたのための現実となることを許さない全てを、破壊して、アンクリエイト（非創造）しますか？ Right and Wrong, Good and Bad, POD&POC, All Nine, Shorts, Boys and Beyonds.™

人生の中で、私達が台無しにしてしまっているエナジーの一つが、セクシャルネスのエナジーです。注意してください。セクシャリティではありません。セクシャルネスです。**この二つの意味は全く違います。**

この二つは全く違う概念なので、ここでもう一度書いておきます。セクシャルネスは癒し、思いやり、慈しみ、歓び、生産的、創造的、広がりのあるオーガズミックなエナジーです。

これがセクシャルネスのエナジーです。

そしてセクシャルネスとは、体の部分を結合させることではありません。ビーイング（存在）と私達の体が実際に持っているエナジーです。子犬が寄り添い合って寝ているような状態です。私たちも、この子犬のような抱擁をもっと使えないものでしょうか?使えるはずです!私達の体がこのセクシャルネスから機能すると、スイッチが入ります。電源スイッチがオンになるようなものです。スイッチが入り、「イエーイ!生きてるぞ!」という風になります。

はい、そのような状態からの性行為（セックス）は楽しいものですが、実は必ずしも必要ではありません。セクシャルネスは、それだけのことよりも、もっと意味のあるものです。

セクシャルネスとは、「**生きるためのエナジー**」で、子供の頃からオフにするよう教えられて来たものです。もう一度言います。性行為ではありません。性行為とは、体の一部を結合させることです。そして常に選択であるべきものです。

もう一度…

セクシャルネス

癒し、思いやり、慈しみ、広がりのある、歓び、生産的、創造的、存在のオーガズミックなエナジー

コピュレーション（性行為）

体の一部を結合させること

あなたの体との、今までとは違うパラダイムが始まります。そして、あなたの世界の中で完全に受け取り、皆にギフトし、この現実で起きている冷酷さや思いやりのなさを、実際に変えていきます。

それはあなたにとって、軽く感じられるどうかを確認してみてください…

二つの例を挙げます。最初の例は私が以前に使ったものです。

〜〜〜

ハグ

愛情のこもったハグをされていると想像して。あなたが相手の腕の中で溶け、またその人も、あなたの腕の中で溶けてしまうような…そしてあなたのユニバースと、その人のユニバースが、ずっとずっとずっと続いて行くような…

そこに性行為はありませんが、完全なセクシャルネスがあります。（セクシャルネスの要素をもう一度見てみると、その要素は全て、愛情深く、世界が広がるようなハグに含まれています。）そしてそこにはセクシャリティがないことにも気付いてください。何を受け取らないとか、何かを証明しなければならないとか、変だとか、そんなジャッジメントは必要ないからです。

結局のところ、ただのハグなのです。

〜〜〜

私からの問いかけです。もし、性行為が、素晴らしいハグよりと同じくらい愛情深く、雄大で、更にもっと楽しいものだったとしたら？

カイロプラクティックの医師として

カイロプラクティックの大学に通っていた時、裁判で訴えられないように、全てのセクシャル・エナジーを断ち切るようにと言われました。言い方を変えると、セクシャルネスのエナジーになるな、と言われたのです。

癒しや慈しみ、思いやりを相手に向けるためのエナジーを断ち切りつつ、その人に触れ、その人の体と人生に癒しと変化を起こすように、ということなのです。

私に言わせれば、狂っています。

どうでしょう。例え、ほんの少しでも、ジャッジしてしまいましたか？そうなってしまうのは、セクシャルネスとセクシャリティは違うという気付きが与えられていないからです！違いは存在します。その違いは、根本的な違いなのです！

思い返してみると、「彼ら」が私に消せと言ったのはセクシャリティであり、あの奇妙で、強引で、批判的で、思いやりのないエナジー、性行為をしたい人が相手に押し付けるエナジーだったのでしょう。しかし「彼ら」はそれを区別しませんでした。それは恐らく「彼ら」が、そこに違いがあるとは分からなかったからなのでしょう。そして、私は何故だか、自分を含む「全て」を断ち切るべきなのだろうと信じました。（というのも、セクシャルネスは他の皆と同じく、あなた自身も含むからです。セクシャルネスは包摂し、セクシャリティは排除します。）

そういった理由から、この違いを明確にしているのです。ですから、あなたはもう、セクシャルネスを断ち切る必要はありません。というのも、あなたが奇妙で、批判的で、異様で、思いやりがなく、慈しみがないセクシャリティのエナジー（これらはあなたの一部でさえもないかもしれません）を他者に押し付けたくない人だからです。

もう一度言います。この二つは別物なのです！（奇妙に感じる人もいるでしょうが）

セクシャリティ：常にジャッジメントを伴い、受け取ることなく「私がどんなにセクシーか見て。」と証明しようとし、不適切で間違ったような奇妙な感覚を呼び起こすことが多いもの。

セクシャルネス：批判／判断をせず、癒し、思いやり、慈しみ、歓び、生産的、広がり、創造的でオーガズミックなエナジー。それだけで体と生命を癒すことが出来るだけではなく、世界の様相を変えることも出来る。

どちらを選びたいですか？セクシャルネスのエナジーを断ち切るようにと、あなたも幼少の頃から教えられてきましたか？不幸にも、ほとんどの人がそうなのです。

あなたがセクシャルネスをオフにして、ジャッジして、自分の中でジャッジさせてきた全て、そして、もしあなたが実際にそれほどのセクシャルネスを持てば、あばずれのような悪い人間になるかのように自分をジャッジしてきたところ全てを、破壊して、アンクリエイト（非創造）しますか？ Right and Wrong, Good and Bad, POD&POC,

All Nine, shorts, boys and beyonds.™

そして、本来のあなたの姿である癒し、思いやり、慈しみ、歓び、生産的、広がり、創造的でオーガズミックなエナジーを安らぎと共に現したいですか？ Right and Wrong, Good and Bad, POD&POC, All Nine, shorts, boys and beyonds.™

〜〜〜

オーガズミックな感謝？（オーガズミチュード？？？）

自分に対して、完全に感謝する自分を想像してみてください。あなたという存在全てに、あなたの各部分に対して。どんな感じがしますか?癒しになりますか?思いやりと慈しみですか?そうです、もし自分に感謝すれば、感謝とジャッジメントは同居出来ないために、自分をジャッジすることが出来ないのです。それは歓びに溢れることでしょうか?はい、本当の歓びとは平和的な感覚だからです。そして、自分に対するジャッジメントを超えた時に、人は本当の平和を味わいます。それは、慈しみとなりますか?はい、自分をジャッジしないこととは、あなた自身に出来る最大の慈しみだからです。

それは生産的ですか?創造的ですか?言い換えるならば、そのために、何か今までと違うことを、この存在と現実に持ち込み、現すことが出来ますか？ハイ！

そして、それはオーガズミックですか？

自分自身への感謝と完全なセクシャルネスは、密接に関連しています。感謝とジャッジメントは同居出来ませんし、セクシャルネスとジャッジメントも同居出来ません。ジャッジメントは常にセクシャルネスを除去します。

セクシャルネスで在るという選択は、ジャッジメントによって押し付けられた制限を超越します。（もし意味が分からなければ、ページを戻り、セクシャルネスの要素をもう一度読んでください）

本当に、もし完全なセクシャルネスと完全な感謝を同時に持つことが、どれほど素晴らしいことか分かれば、どうして他のものを選べるというのでしょう？どうして自分をジャッジすることを再び選べるというのでしょう？そして、今すぐそれを選ばないのは、どんな理由から？

セクシャリティの必要性の強要、そしてセクシャルネスの破壊を創り出し、自分に課してきた全ての投影、期待、分離、批判、拒絶全てを破壊して、アンクリエイト（非創造）しますか？ Right and Wrong, Good and Bad, POD&POC, All Nine, shorts, boys and beyonds.™ ありがとう

あなたとあなたの体に、完全なセクシャルネスと完全な感謝（それによってもたらされる歓び）を持つことをあなたに選ばせない全て破壊して、アンクリエイト（非創造）しますか？ Right and Wrong, Good and Bad,

POD&POC, All Nine, shorts, boys and beyonds.™ ありがとう
〜〜〜

誘う存在となる

あなたがセクシャルネスで在る時、他の人達を誘います。彼らが人生に持ちあわせていない癒しの可能性、思いやりの可能性があなたです。彼らが人生に持ちあわせていない慈しみ、彼らが人生に持ちあわせていない歓び、彼らが人生に持ちあわせていない生み出す能力、彼らが人生に持ちあわせていない創り出す能力、人生に広がりを持つこと、オーガズミックに生きる可能性、それがあなたです。そんな存在になるために、その人達と性行為する必要は絶対にありません。

一方、セクシャリティは「私達の関わりといえば、性行為を通してあなたから得られる関わりのみ。それが手段であり、終点でありゴール。あなたに与えたい、あなたとセックスしたい。セックスしないのなら、互いの関わり合いが何もない」というものです。

では、セクシャルネスのエナジーを持つことは、実際に、人生と生きることの歓びを表現したものである、という可能性について考えてみませんか？　それらが現れることを許さないもの全てを破壊して、アンクリエイト（非創造）しますか？・Right and Wrong, Good and Bad, POD&POC, All Nine, Shorts, Boys and Beyonds.™ ありがとう。

数分前これを読むまで、その存在すら知らなかった、あなた本来の姿である「セクシャルネス」をもっと取り入れたいですか？あなたには全く似つかわしくない、セクシャリティに関する先入観とジャッジメントを全て破壊して、アンクリエイト（非創造）しますか？ Right and Wrong, Good and Bad, POD&POC, All Nine, Shorts, Boys and Beyonds.™ ありがとう。

分かってください。私のポイント・オブ・ビューを、あなたに押し付けようとしているのではありません。本当に。私がしようとしているのは、生きることに関する、これまでとは全く別の可能性へとあなたを誘うことです。そして、ここに書かれていることで、自分には適さないと思ったところは、無理に信じ込もうとしないでください。でも、少なくとも試してみてください。

十一年前にこの二つの違いとツールを誰かが教えていてくれたなら、私はもっと幸せだったと思います。

私が落ち込んでいた理由の一つは、世界中で起きていることと、皆が現実だと思っていることが、私がこうなれるはずだと「自分の内で既に知っていた」ことと、とにかく違っていたからでした。価値や歓び、生きる理由だと私が考えていたものに対して、ほとんど誰も価値を見出していませんでした。それは、親切、思いやり、癒し、慈しみ、歓び、生産的、広がること、創造的、オーガズミックなエナジー、そしてジャッジメントのないことです。それは、私が世界にあって欲しいと願うものの全てであり、これらが姿を現すことなどあるのだろうかと私は疑い始めていました。もし、そうならないのであれば、私のポイント・オブ・ビューでは、生きる価値など無い、と思っていました。

今はそうなっています。そして、人生とは生きる価値のあるものです！

〜〜〜

オーガズミックで、止められない？

セクシャルネスのエナジーを持っているとしたら、あなたは止められる？止められない？

止められません。

セクシャルネスのエナジーを持ちながら、他人のジャッジメントに従って、それをねじ曲げたり、放棄したりすることを選びますか？　セクシャルネスを持つことはとても楽しいのに、他人のジャッジメントから来る重さのために、ねじ曲げるのを選ぶのはどうしてですか？　あなたはジャッジされない存在になるので、彼らのジャッジメントなどには何の影響も受けません。それ故、あなたはもう止められないし、制限もされないし、誰からもコントロールされません。

そう、自分自身にも、他の人達にも、あなたは本当に楽しく、もっと優しい人となり、たくさんのエナジーに溢れることでしょう。それによって、完全にすくんでしまう人が周りにどれくらい存在するでしょうか？ほとんどの人がそうでしょう―あなたのようにオーガズミックになりたいと願う人達以外は。

もっと楽しいことを迎えて、楽しくなる意欲がありますか？
誰にも止めることが出来ない人になる意欲がありますか？
もっとオーガズミックになる意欲がありますか？（オーガズムは生命を創るエナジーだからです）

それらが現れることを阻む全てを破壊して、アンクリエイト（非創造）しますか？ Right and Wrong, Good and Bad, POD&POC, All Nine, Shorts, Boys and Beyonds.™ ありがとう

ところで、そのためにセックスする必要はありません。全然。

あなたが求める時にはいつでも、この素晴らしいオーガズミックなエナジーを持てるとしたら？

実際にオーガズミックな生活をするには？

「オーガズミックな、何？！」あなたはそう言うかもしれません。
オーガズミックな生き方です！そこから人生と経験を選ぶのです。何故ならそれは、楽しくて、歓びに溢れ、力強く、素晴らしく、広がりがあるから。

そうなるには？

一つ必要となるのは、まず、自分で選ぶこと、です。普通で、平均的で、現実的で、他の人と同じようになれるようにと、なりふり構わず努力するのではなく、価値があるものとして、オーガズミックな生活をする意欲を持たなければなりません。

それを悪いこととして見るのではなく、自分の人生への貢献として、それを手にしたいと思わなければなりません。

全く違うポイント・オブ・ビューを持ちたいですか？

お願いしてもいいですか？オーガズムを感じるためには、セックスしなければならないという考えを手放してもらえますか？そうではなく、オーガズムというものが、喜びに溢れた可能性と、あなたの人生と生活全体に流れる生成のエナジーだとしてもらえますか？

絶えることなく。

（オーガズムからセックスの必要性は省きましたが、セックスからオーガズムは省かないでくださいね！）

どういう意味かって？　食べ物を一口噛んだ時、それがとてもこの世のものとは思えないほど美味で、美味しくて、旨くて、その最上級の味覚が、体の各細胞にまで染み渡る感覚を覚えたことはないですか？それはオーガズミックでしょうか?そうです!(その経験がない人は…今がその時です!)

スキーを下っていてものすごい速さで、楽しすぎて大笑いして、もう少しで漏らしそうになったことはないですか?それはオーガズミックでしょうか? **そうです!**

砂浜、もしくは山の中に腰を下ろしていて、太陽があなたの肌を撫で、生きていることにとても感謝し、周りと一体化したことはないですか? それはオーガズミックでしょうか? **そうです!**

湯気の立つ熱いお風呂に入り、その強い感覚に体がざわざわとしたことはないですか?それはオーガズミックでしょうか? **これもそうです!**

これらがオーガズミックに生きることの体験です。実現可能な、無限の可能性のほんの一部です。どれ一つとしてセックスと関係ないことがお分かりですか? **変ですか?** このようなことが生活の中にどんどん現れることが、あなたにとってもっと価値のあるものだったとしたら? もっと楽しくなると思いませんか?

じゃあ何を待っているのですか? もうツールは渡されています。それが姿を現す変化を創り出しなさい!それが今日起こるためのドアを、ほんの少し開けたところかもしれません。でも、そこを開かなければ、そのドアは一生閉まったままです。今、それを開けば、ドアはずっと開いたままです。あなたの選択です。

オーガズミックな生き方か、あるいは、普通で、平均的で、現実的で、あなたの知っているつまらない誰かと同じようになるか、どちらを選びたいですか？　面白いのは、それはただの選択だということです！

そして、あなたが持っているツールとは一体何でしょう？少し復習してみましょう。

①　**要求する**　物事の現れ方が今変わるよう、何か違うものが現れるよう要求する。

②　**問いかける**　「これが姿を現すには？」「これが現れるためには、何を変えて、選び、貢献し、そして受け取れる？」

③　**POD&POC**　今すぐにそれが現れること阻む全てを破壊して、アンクリエイト（非創造）するよう頼む。そしてクリアリング・ステイトメントをランする。Right and Wrong, Good and Bad, POD&POC, All Nine, Shorts, Boys and Beyonds.™

④　**選択し、行動する**　あなたの選択が、起こりうる潜在性を決定する。言葉を変えれば、あなたの要求、質問、制限の解放、そして選択、そして行動。それが実際に未来のための別な潜在性を創り出します。選択しなければなりません！

⑤　**全て受け取る**　何か変化が起きる時、それが正確にどうなるか、あなたはコントロールしません。ユニバー

スが執り行います。そうなるためには、変化させためには、何でも現れてくるものは全て受け取る意欲を持たなければならず、そこでジャッジメントや排除はしません。

何でも変えられる短縮形の要約を手に入れましたね。

奇妙過ぎる？いいのです。いずれにしても、それほど変化など求めていないのでしょ？

特にこのセクシャルネスに関しては…

オーガズミックになりたいのは誰？本当に？

ツール

オーガズミック・ボディ
いつでも楽にエナジー満タンでいるには？

最後にオーガズムを感じた時のことをまず思い出してください。（例えそれが百五十年前だったとしても…）

さぁ、そのオーガズミックなエナジーを、地球から呼び起こしてください。

地球には莫大な量のそのエナジーが存在します。それはまるでオーガズムの大きな拍動のようです。

その溶融炉心が冷えるのに、何百年、何百万年、何億年かかると思いますか？

オーケー、その地球から呼び起こしたオーガズムのエナジーを足、足首、膝、お尻、お腹、みぞおちと胸、腕、首、そして頭まで引っ張り上げます。

もっと…もっと…もっと…

体は今どう感じていますか？

ところで、可愛い体が、もし何らかの方法で体を動かしたがったら、どうぞ、そうしてあげてください！

これを毎日（そして毎晩）続ければ…

全然良いことなんてないですよ、全然。

（冗談です。もし通じなかった時のために、一応。）

家族を超えて

今が許す時？

読者へのメモ

あなたの選択です。あなたの生い立ちが現実を創るのではありません。

「ただそう選べたから、という理由であなたが選んできたもので、他の人には全くその理由が分からないものが、他とはどれほど違っているかというあなたのユニークさを示す指標だったとしたら？」

優しくされなかったり、虐待されたりしたかもしれませんが、それでも優しい人になることを選びましたよね？

もしくは、貧しい環境で育ったので、その環境を変えることを選びましたか？

あるいは、常に批判する人達の中で育ったけれど、それを超えることを選びましたか？

子供の時にただ手渡されたものを引き継ぐのでなく、異なる現実を創り出してきた自分をどうぞ認めてください。

あなたは驚くべき可能性を秘めた人だということを、どうか認めてもらえますか？

そして、次のことも認めてください。

あなたの人生と生き方を創るのは生い立ちではなく、今のあなたの選択です。

―第八章―

もし、あなたが両親を選んだのだとしたら？

想像してください…あなたはこのユニバースで光り輝く美しい存在です。ふわふわの雲の上で三回目のでんぐり返しを決めながら、しばらくの間、肉体を持つことに決めました。

それは、楽しむため…そして多分、コンシャスネスに一歩踏み出すために。

そして二人を見つけ、くっつけました。バン！

ほら、あなたが出来た！体が手に入った！

これは私達には知らされていない、重大な情報の一つです。

あなたが両親を選んだのです。可能性を秘めた、その小さな赤ちゃん！

どうですか…軽く感じましたか？

あなたが肉体を持った時、体だけではなく、この現実の全ても手に入れました！まるで深夜のテレビショッピング

ＣＭ、あなたが見ているそのＣＭは、この地球での生活を通信販売しています。

小さな雲の上にいる、小さな輝く存在のあなたはそれを見ながら「え、本当に地球に行けるの？！　やったぁ！！」と言うのです。

雲のテレビから流れてきます。**「ええ、今ご注文頂ければ、体を手に入れられるだけでなく、現実から提供される数々の制限をも受けられます。体を動かすたびに、立ち塞がる制限と常に闘えるのです。制限に侵害されるのです！あなたを窒息させようとするかもしれません！そして、あらゆる可能性を知ろうともしない人達に囲まれます！人生の一瞬一瞬、常に何かと闘い、それは、死んで、自分の成功を証明するまで続くでしょう！でもそれは、今ご注文すれば、の話ですが。オペレーターがスタンバイしています。」**

そこでこう思うのです。**「オッケー、やってみよう。すごい冒険みたいだな！」**

〰〰〰

だから私がいつも言うじゃないですか。私達は可愛らしい、ただ、それほど賢くない、と。

スラム街で育つ

両親と子供時代を自ら選んでいる、ということに興味を持ってもらえたのなら、ちょっと私の話を聞いてください。二歳から九歳までの間、私はスラム街で育ちました。八マイル四方のエリアの中で、白人の子供は私一人でした。学校でも白人の子供は私一人でした。

それは子供の選択としては　―私のことですが―　面白い選択だったと思います。

スラム街の住民は、そのユニバースに多くの憎悪を抱えていましたが、幸運なことに、私の周りの子供達は肌の色によってジャッジすること、憎むことをまだ学んでいませんでした。もちろん、私の知っているほとんどの大人達はジャッジと憎悪に溢れていましたが、人は生き残るための手段を学ぶのです。

スラム街には、とてもいい友達がいました―みんな私とは肌の色が違います。私達は違うのだと気付いたのは、八歳の頃でした。肌の色の違いによって、ケンカを吹っかけられたのです。思い返すと、子供達はジャッジするように教えられていました。持って生まれたものではありません。

そのスラム街はこの現実の中でも最高傑作でした。皆がまず憎むことを学び、問いかけることなど二の次です。問いかけする気が起きれば、の話ですが。その憎しみが全ての判断基準となり、人々をこのサイクルに留め、変化をさせない、希望の欠如を創り出していました。全てを行き詰らせ続けるような、何が正しく、間違っている、というポイント・オブ・ビューへの迎合、同意、抵抗、反発がそこには存在しました。それは、究極的なゴミのマルチ商法プログラムです。スラム街にアローアンス（許容）は存在しません。

それと同時に、私の祖父母と父親は裕福でした。ですから、二週ごとに父か祖父母のところで週末を過ごし、また、スラム街に戻って来るのです。

スラム街の家に戻る時、祖母は週末に着ていた「いい服」を脱がせ、スラム街用の着古した服を着せてくれました。そうしないと、住民が私の「いい服」を全部盗んでしまうのです　―盗む価値があるものは服だけでなく何でも。あぁ。

これは見ものだったと思います。祖母は新車のリンカーン・コンチネンタル®でスラム街の入り口に乗り付け、車の外で服を脱がせ、スラム街用の服を着せ…　王子と乞食みたいでした。

父と祖父母のポイント・オブ・ビューは「**私達は白人。私達は裕福。私達が優れている**」でした。私のポイント・オブ・ビューは「**僕の生活を体験してみてよ。ここの人達から、僕は白人だから憎まれている。僕がお金持ちだと思っているから憎まれている…　お金なんてないのに！**」でした。

このように、奇妙に矛盾したユニバースに住んでいました。一致させることなど出来ない、矛盾した二つの全く違うユニバースです。一致させる方法など存在しません。このような矛盾したユニバースにいては、本当は何が真実なのかを知る手掛かりなどありません…

これが私の育った現実の一部です。面白い選択でしょう?ところで、あなたの子供時代の（そして、今の現実の）

どれくらいが矛盾したユニバースだと感じられますか？

あなたの子供時代と今現在を矛盾したユニバースとして創造するもの全てを、破壊して、アンクリエイト（非創造）しますか？ Right and Wrong, Good and Bad, POD&POC, All Nine, Shorts, Boys and Beyonds. ありがとう。

〜〜〜

分かっていた。あなたも。

両親にジャッジする必要などないのだ、という気付きを与えるために、私はこの世界に来たのだと気付いたのです。成功したでしょうか？　いいえ。

スラム街に住んでいる間、どうして、どのようにして、これほどの憎悪と怒り、辛辣な言葉が自分に向けられるのかを知ろうとしたものです。そして、そんな相手にも、ただハグをあげたくて「**そんな風にしなくてもいいじゃない。ほら、ハグしようよ**」とまだ頑張っていました。

どうして、どのように、そんなことが自分に出来たのかを解き明かしたくなりました。というのも、思いつく理由が出て来たら、そうなれる、そう出来る、と他の人達に見せることが出来たからです。

このいくつかは、あなたにとっての真実でしょうか？他の選択もあるのだよと、他の人達にただ見せたいと思ったことがありますか?ただハグをするだけで、全てが変わり、それは簡単なことだと分かってもらおうとしたことがありますか?

しかし残念ながら、どうなるのか、どう手に入れるのかを他の人達に見せることは出来ません。

選択なのです。

全ての理由と正当化を超えたものが選択です。頭で理解出来る全てを超えたところにあります。

何かを選択すれば、誰もあなたからそれを奪うことは出来ません。

そして、いつも選択出来るのです。いつでも。

〜〜〜

両親が受け取りたくないものを贈りに来たのですか?

両親に何か、贈り物や気付きを与えるために、あなたがやって来たのだとしたら?　愛されていること、より素晴らしい生活を送れること、苦しむ必要はないこと、ジャッジする必要がないこと、怒りや悲しみだけが唯一の選択肢ではないことを両親に教えに来たのかもしれません。

彼らがそれを受け取ることを拒否したので、自分は不出来だと決めつける人がたくさんいます。知っていますか？あなたが不出来なのではなく、彼らはただ欲しくなかったのです。聞こえましたか？**失敗ではありません。彼らが、ただ受け取れない、受け取りたくないだけなのです。そのギフト、もしくはあなたを。**

あなたの落ち度ではありません。何があっても。本当に。真実です。約束します。

彼らのせいでもありません。凝り固まったポイント・オブ・ビューを既に持っていただけです。彼らが悪いとか間違っているのではなく、ただそれを選択したかっただけです。手持ちのツールを使って、最善のことをしていただけです。全く使えないツールもいくつかあったようですが…

私達は可愛らしい。（そして、あまり賢くない）

では、それを変えるには、何をすれば良いのでしょうか？よくやりがちなのは、自分のことを愛していない親を参考にして、似たような人間関係を創り出すことです。

相手を変えることが出来れば、望む形では自分を愛してくれなかった親の癒せなかった部分をついに癒せる、と思うのです。そうすれば、自分は不出来だ、というジャッジメントから抜け出せるかもしれません。ついには自分へのジャッジメントから抜け出せるかもしれません。自分が不出来だと思ってきたのは、人生でずっと感じていた「自分達が間違っている」というところに原因があると確信するからです。

あぁ!

もし、これに真実など一つも無かったとしたら?両親を癒すことなど、あなたの使命ではなかったとしたら?あなたの落ち度など、全く「一つも」ないとしたら?そして両親が悪い訳でもないのだとしたら?もしその「間違っている」とうるさく感じられるものが、自分とは全く関係ない外部からのものだとしたら?

もしあなたにこれが当てはまるとしたら、何歳の時に【自分は不出来だ】と決めましたか?

二歳?　四歳?　六歳?　生後二日目?　受精後二か月目?

両親があなたを素敵な贈り物として扱うことを拒否したために、自分は不出来だと決めつけたのが何歳であったとしても、その考えを今すぐ捨て、全部破壊して、アンクリエイト(非創造)しますか? そして、あなたはこの世に現れるべきギフト(それが一体何なのかわからないとしても)なのだと主張し、自分のものとして認めますか?

Right and Wrong, Good and Bad, POD&POC, All Nine, shorts, boys and beyonds. ありがとう。

〜〜〜

「あなたは家族の中で最低よ、愛しい子」

自分の人生のどれくらいを、何が可能で、不可能かという家族のポイント・オブ・ビューを実証するために、自ら創ってきましたか？

この世界に蔓延しているポイント・オブ・ビューの大半が、家族と違ってはならない、特に家族を超えてはならない、というものです。家族よりちょっと劣るのはいいけれど、超えてはならない。ジャッジメントから逃れてはならない。家族より稼いではならない。家族より人生を楽しんではならない。何故なら、この現実をなんとかして生き抜く方法を教えたのは、他ならぬ家族なのだから。

さもなければ、家族の持つポイント・オブ・ビューと闘い、抵抗し続けるために人生の全てを費やすことになります。そうなれば結局、あなたも同じコインの裏側にいるだけで、自分も家族と同じだと証明し続けることになるのです。

父親のようになろうとしながら、父親のようになることに抵抗し、父親のようになることに抵抗しながら、父親のようになろうとすることに、人生のどれだけを費やしてきましたか？

母親のようになろうとしながら、母親のようになることに抵抗し、母親のようになることに抵抗しながら、母親のようになろうとすることに、人生のどれだけを費やしてきましたか？

それらをその場に留めるもの全てを手放し、全て破壊して、アンクリエイト（非創造）しますか？ Right and

Wrong, Good and Bad, POD&POC, All Nine, Shorts, Boys and Beyonds. ありがとう。

もし両親を選んだのがあなたなのだとしたら、この両親を選んだことによってどんなギフトを受け取ったのか、見てみたいと思いますか？

問いかけてください「この二人を両親として選んだことで、私はどんなギフトを受け取った？」

この両親を選んだことによって得たギフトを見つめることを許さないもの、全てを手放しますか？
Right and Wrong, Good and Bad, POD&POC, All Nine, Shorts, Boys and Beyonds. ありがとう。

思い出してください。ただそう選べたから、という理由であなたが選んできたもので、他の人には全くその理由が分からないものが、他とはどれほど違っているかというあなたのユニークさを示す指標だったとしたら？

子供の時にただ手渡されたものを引き継ぐのでなく、異なる現実を創り出してきた自分をどうか認めてください。

あなたには驚くべき可能性があるのだと、ただ認めてもらえますか？

そして今、あなたの生活や人生を決定づけるのは「**あなたの生い立ちではなく、あなたの選択なのだ**」と認めてください。

そして、あなたのために今それが現れることを許さないもの全てを、破壊して、アンクリエイト（非創造）しますか？ Right and Wrong, Good and Bad, POD&POC, All Nine, Shorts, Boys and Beyonds. ありがとう。

人生に、今、何を選びたいですか？

読者へのメモ

コンシャスネスへの道

違う世界に行きたい？それなら、自分へのジャッジメントから抜け出しなさい！

自分へのジャッジメントを止め、他人へのジャッジメントも止めれば、あなた自身が「違い」となり、これまで強く望んで来た変化となります。それは、人生全体に求めて来たものでさえあるかもしれません。

あなたはあなたでいてください。自分にとって歓びに満ちた生活を創造し、生み出す時、あなたがこの惑星の変化となり、この惑星を癒す贈り物となります。これまでに、**コンシャスネスへの道**を探し続けていたのなら、これがその道です。私の本やアクセス・コンシャスネスのことではありません。あなたが、あなたであることです。

それが何かも分からず、そのためのツールもないのに、不可能な夢と共に、不可能な任務に向かい、不可能な場所でそれを遂行して来い、と言っているのではありません。

洞窟で一生瞑想することでもありません。この現実、美味しいもの、楽しいこと、ここで出来ること全てを捨てることでもありません。

安らぎと共に過ごし、自分と他人に敬意を払い、人生に欲しいもの**全て**を創り出し、安らぎと歓び、そして豊かさ（*）の感覚と共に生きることです。

そういうことです。

あなたはツールを既に持っています。あなた自身がツールです。

友よ、今がその時です。

*豊かさ（glory）＝溢れんばかりの、という表現で豊かさ（abundance）を表します。

全ては
選択

特記メモ　－二〇一二－

このBeing You, Changing the worldの書き直しに備えて、私は物思いに沈んで座っています。この章を書き直すために、長い間放置していたテーマを再考しなければなりません。そうしながら、私のポイント・オブ・ビューがこの世界の兄弟姉妹達（あなたも）と、どれだけ違っていたのかに直面しています。

以前、この章は、私にとって、可能性に関する大作の中の一章でした。これからお伝えする経験を乗り越えて来たことは、文字通り私の人生全体を一変させました。

しかしあなたに、読者に対して、どんな可能性があるのかを真に説明するために、「何が起こったのかを話し、そこから何を学んだかを伝える」という視点からこのテーマを見直さなければならなかったことで、それが私の目を再び覚ますことになりました。

目前にあるこのテーマに移る前に、もう少し説明させてください。

スウェーデン語のBeing Youの原稿が活字に組まれるちょうど二日前、出版社からこの章を取り除けないだろうかという連絡がありました。それは私にとって、驚きという言葉では足りないほどの驚きでした。というのも、（前の版にあった）この章によって、文字通り人生を救われるような視点が得られたという人達から何百というメールを受け取っていたからです。

従って、その親切な出版社への私の答えはノーでした。しかし削除したいという彼女の理由を聞いて、最初のBeing You の原稿には、読者への十分な説明がなかったことにも気が付きました。この章を書いた当初の理由は、読者にそれまでとは違う視点を与える、というものであり、それは出来ていました。

ただ、もう少し多くの情報が必要とされていました。そこで私が書きたかった章にするために、最初に書いた時には書けなかった章として書き直すことにしました。

ええ、私も変わります。

私が気付いたことがあります。人生の中で大きな出来事を乗り越えると、人は、その出来事を体験したことによって得た視点を誰もが得るだろうと当たり前のように思うのです。たとえその体験が全く異なるものだったとしても。他の人も自分と同じように世界を見ているのだと、私達は基本的に思いがちなようです。

私の仕事柄、そうしたことには精通しているだろうと思われるかもしれません。ある意味では…そうです。そして、また別の意味では…とてつもなく大きなアウェアネスという贈り物を受け取りました。論争に発展する可能性のあるテーマを効果的に説明する機会になれば、と思っています。

もしこの一章が削除されれば、この本全体の文脈が辛辣なものとなっていたことでしょう。

それは私が求めていた結果ではありません。

みなさんの目の前にある本章は、スウェーデンの出版社が読者というあなたを気遣うことがなければ、生み出されなかった章であり、この改訂は、その過程において結果的に皆のためのものとなりました。

この新しい英語版も、二〇一二年の暮れには新しい章に変わっていることでしょう。もし前の版が見たければ、気軽にどこかで探してみてください…

この、私が全く別の視点を持つようになった賛否の分かれる稀なテーマが、全く違うアウェアネスへと皆さんを誘う招待状だと考えてみて下さい。

この美しい惑星に住む美しい兄弟姉妹、この星を故郷と呼べてラッキーです。さぁ…

読者へのメモ

理解することと、気付き（アウェアネス）

「解りましたか？」

今まで何度この質問をされましたか？

もしくは、何度質問したことがあるでしょうか？

ちょっと見てみてください。

認知的なポイント・オブ・ビューに基づいて、自分の人生を生きようとしていますか？
如何に正しく物事が進んでいくのか、理解しようとしていますか？
皆ほとんどがそうでしょう。

これではうまくいかないって！ですから、もう一つの可能性があることを、ちょっと考えてみてください。

「我思う、故に我あり」というポイント・オブ・ビューから、私達は始めます。
それによって、選択は認知的に基づいたものだと結論付けます。
でもそうじゃないんです。

私達は頭で考えないうちに、多くのことを選択しています。

そして理解することが、アウェアネスを得ることだと思っていますが、違います。

アウェアネスには、ほぼ「理解」はありません。そこにポイント・オブ・ビューが無いからです。アウェアネスは、ただ、アウェアネスです。

「理解」は、アウェアネスよりも劣っています。

「理解」は、あなたの思考の機能です。

アウェアネスは、あなたという「存在」の機能そのものです。

認知的なポイント・オブ・ビューから生きようとすることは、私達の持つ、最も大きな制限の一つです。

そして、これを認知的に捉えようとしないでください…

ただ問いかけてください。軽いですか?重いですか?

あなたにとって。

―第九章―

もし死が悪いことではなく選択だとしたら、あなたは充分に生きられますか?

ここでちょっと、私と一緒にとても深いところに飛び込んでもらえませんか?

あなたが信じて来た全てのものに、完全に反するかもしれません…

オーケー、気を付けて。しっかりつかまって。そして覚えておいて。

全てはそう見えるものの逆であり、
そう見えるものの逆は何もない。

全てはそう見えるものの逆であり、
そう見えるものの逆は何もない。

全てはそう見えるものの逆であり、
そう見えるものの逆は何もない。

全てはそう見えるものの逆であり、
そう見えるものの逆は何もない。

全てはそう見えるものの逆であり、
そう見えるものの逆は何もない。

死と変化は、この現実では、全く良くないこととされていることに気付いていますか？　人に起こりうることの中で、死は最悪のこととされています。偶然にも、変化も同様です。そのポイント・オブ・ビューの中に、どれだけの問いかけがありますか？　一つもありません。問いかけなければ、気付きや他に可能なはずの視点も切り捨ててしまいます。

死や痛み、変化を悪いことだとする代わりに、そこで実際に何が起きていたのかと疑問に思ったとしたら、何が現れてくるでしょう？もし全てが選択だとしたら、これはどのように創られた？　どんな理由で？　ただ、この小さな問いかけをすることで、全く違う可能性が開かれるのが分かりますか？　問いかけは、他に選択の余地がない「結論」から、あなたを連れ出し、他の可能性へのドアを開くことを許します。

九・一一のような恐ろしい例を挙げてみましょう。「なんて恐ろしい」と結論付けたところから、どんなアウェアネスがあるでしょうか？まだ考えたこともない、どんな可能性がありますか？ほとんど全ての状況には可能性はありますが、それに気付くには、探し求め、姿が現れるよう求める意思を持たなくてはなりません。どうやるかって？問いかけるのです！（あぁ、まただす）

もし、これらの他の可能性というものが、怯えた小さな子供のようなものだったとしたら？

どういう意味かって？

何についても結論付けようとするこの世界や、今私達が生きている場所では、それらの「可能性」が完全に忘れられ、捨て去られ、全く意味がないと長い間言われ続けて来たために、姿を隠してしまっています。あなたが彼らを見つけ出し、自分の人生にいて欲しいと知らせるまでは、もう外に出て、遊びたくないのです。それは、問いかけをして全く違う可能性を開く意欲を持つことで可能になります。この部分がとても大事です。あなたの世界に、新しい視点や気付き、可能性を迎え入れるには、**あなたが**そうする意欲を持たなければなりません。はい、**あなたが**。

例を挙げましょう。九・一一と呼ばれるあの出来事において「他には何が可能？」と考え、いくつか問いかけてみましょう。

まず、通常五万人がいる二つのビルで、あの日に亡くなった人は三千人だけだったことは興味深くはないでしょうか?どんな状況だったとしても、驚くほど少ない被害と言えます。奇跡だと呼ぶ人もいます。五万人ではなく、「たった」三千人しか亡くならなかったのが、驚くべき奇跡だとしたら?そしてもし、その一人一人が、驚くほどのギフトを、見事な警鐘を、その過程で私達に与えるために、最善を尽くしていたのだとしたら?

そうです。たくさんの遺族や愛する人を亡くした人達が、この概念を嘲笑するのは分かっています。そのことについても、彼らのことも、きちんと理解しています。残された遺族の方々を含む私達全員に対して、より高いレベルでの平和と気付きをもたらすかもしれない全く新しい説明を提示しようとしているのです。

もう少し説明しますね。

何がどうあれば、ビーイング（存在）としてのあなたには、認知的理解を遥かに超えた選択肢というものが存在することに気付くことができる?全ての選択が、認知的理解や認知的な気付きに基づいている必要がなかったとしたら、より多くの選択が可能となりますか?そして、選択そのものを認識していない場合、自分が選んでいることが分かるでしょうか?

もし、当時あの建物や飛行機にいた人達が、この現実を遥かに超えて、何かを「知っていた」としたら?彼らは真に無限の存在で、彼らの気付きが、この現実と、制限された気付き、制限された選択を遥かに超えていたとしたら?また、あるレベルにおいて、「世界を変えていく」貢献をすることを彼ら自身が「知っていた」としたら?彼らが選んだ「自分の肉体を死なせる」という方法が、他の人達（私達）を目覚めさせるためだったとしたら?

あの日、世界は変わりました。事態は悪くなったという異論もあるでしょう。そうかもしれません。では、九・一一が起きなければ、世界の状況がもっと悪くなっていた可能性は？　人々を変化の必要性に目覚めさせるための警鐘が、九・一一だったとしたら？更なるコンシャスネスのために、必要なことの一部が、九・一一だったとしたら？あの日、肉体の死を許す選択をした一人一人が、世界の覚醒のために貢献していたとしたら？

私からの質問です。この問いかけは軽く感じますか？

あの朝、目覚ましが鳴らなかった人達がいました。タクシーに乗り、渋滞に巻き込まれた人達。子供が病気になった人達。引き返せ、ただあのビルには行くなというはっきりしたメッセージを受け取った人達…もしこれが、あの日死ぬこと以外の、別の何かを選択した人達自身が創り出したものだったとしたら？自分達がなれる最大のギフトは、離れた場所にいることだと知っていたとしたら？私達が考慮したいと思うことよりも、もっともっと大きな何かがそこで起きていたとしたら？もう一度言います。あなたにとっての真実は軽く感じるのです。何があなたを軽く感じさせますか？

九・一一の直後に起きた興味深いことは、ニューヨーカーが全く知らない人達を自宅に招き入れ、自分の生命や所持品を心配することよりも、人々への思いやりを優先したことです。六〇年代以降のニューヨークには起こり得ないことでした。思いやりと連帯感で一つになるなど、ニューヨークが経験してきたことの何にも似つかわしくない姿でした。それをギフトとは思いませんか？

それから、私はもう一つ興味深いことに気付きました。「この現実を超え、可能性を探す旅をいつから始めましたか？」と多くの人に聞いたところ、ほとんどが二〇〇一年、二〇〇二年、二〇〇三年頃、九・一一の後からと答えたのです。偶然？そうかもしれません。そして、もしかすると、あの日勇敢にも変化を起こした人達は、彼らが望んでいた影響を十分に与えてくれているのかもしれません。

そして、分かってください。私は「頭で考える選択」について話しているのではありあません。

〜〜〜

「隠していたら、多分死なないだろう」

人が自らの肉体を死へ向かわせる何かを決断をする時、二つの共通点があるように思えます。一つは子供の時に、ある年齢を超えては生きないと決めている場合。ただの決断です。その年齢を超えると、「もうすぐ死ぬ」と思うので、人生が止まります。ですからその時点に達するまでの、充実した人生は予測していました。そして死ぬ準備をします。おかしな話ですよね？

あなたは、死ぬ日を決めていますか？

シンシアという人の話をしましょう。私が彼女と会った時、彼女は五十四歳で、生活はぼろぼろでした。たくさんの問いかけをしたところ、彼女を殺している、まさにその制限を見つけました。それは私にとって驚きでした。

シンシアは三歳くらいの時、五十一歳以降は生きないと決めました。そして五十一歳になった時、彼女の生活は本当に崩れ始めました。お金を稼ぐことも、友情を持つことも、全てが止まりました。

五十一歳が彼女の有効期限だったのです。

あなたの体が死んでしまう、有効期限がありますか?何歳ですか?このポイント・オブ・ビューの狂気が分かりますか?例えばシンシアは三歳の時にそう決めました。死と加齢、そして死にたい時期など、三歳が正確に分かっているでしょうか?これが人生に多大な影響を与える、完全なる非認知的な選択の別の例です。

もしあなたが逝く日を決めているとしたら、それを存在させる全てに迎合し、同意し、そして抵抗し、反発する全てを、破壊して、アンクリエイト(非創造)しますか? Right and Wrong, Good and Bad, POD and POC, All Nine, Shorts, Boys and Beyonds.™ ありがとう。

~~~

でも待って、もうちょっと…
~~~

肉体を死の道へと向かわせるもう一つの共通点は、人間関係や特定の状況から逃げ出したくなり、「もうダメだ」「死んでしまいたい」と思う時です。

そして、そこから逃げ出すために死を決めるのです。体を死へ向かわせると、生きることや、あらゆる形で豊かさを得ることが本当に辛くなってきます。変な話です。分かっています。本当におかしな話です。

例を一つ挙げましょう。ギャリーは乳がんと診断された七十代の女性にセッションしました。ギャリーは「何から逃げたくてたまらないのですか?」と尋ねました。

彼女は言いました。「夫婦関係からです。」

ギャリーは聞きました。「離婚しようとは思ったことがないのですか?」

彼女の答えは「子供のために、それは考えたことがありません。」

ギャリー「一番小さい子はいくつですか?」

彼女は「五十四歳です」と答えました。

ギャリーがどんなに頑張っても、彼女はそのポイント・オブ・ビューを絶対に変えようとはしませんでした。ギャリーはお金を返し、自分に出来ることは何もないと言いました。

彼女は乳がんで亡くなりました。

ほとんどの人が思っています。「もし隠していれば、死にはしないだろう。」

いいえ、実際に生きることを選択するなら、死にません！これまで書いてきた他のたくさんのことと同じように、これも変な話ですよね。

まず、死ぬという決意を取り消さなければなりません。もしあなたが、**そうしたいのなら**。（ところで、クリアリング・ステイトメントはまさにこのためにあるのです。今まで取り消す方法がないと思われた、不快なものを取り消します）次に、「真に生きる」という決断をします。（多くの人が過去の病気、貧困、そして憂鬱などの問題を抱えているのは、「**生きる**」ことをまだ選んでいないからです）

何か軽く感じるものがあったのなら、今が別の選択をする時ではないですか？

今が生きることを選択する時ですか？

これが当てはまり、そして変えたい人は、そうしますか？今すぐ？

何かから逃げ出したいという理由で、死ぬことを決めたこと全てを今破壊して、アンクリエイトしますか？　そうさせない全てを今手放してくれますか？　そして今、生きることを選択し、生きることを求めてくれますか？　それがどんな風であっても、どんな手段を使っても？

それらを現わさない全てを、破壊して、アンクリエイト（非創造）しますか？ Right and Wrong, Good and Bad, POD and POC, All Nine, Shorts, Boys and Beyonds.™ ありがとう。

私と、あなたの体から、ありがとう。

（ところで、あなたの体を今すぐチェックしてみてください。軽くなりましたか？）

あるハッピーエンドのお話をさせてください。私がセッションした女性、チャンドラと呼びましょう。彼女には子宮筋腫がありました。それを証明する超音波検査の結果を元に、医師がそう診断しました。「これ（子宮筋腫）を持っている価値は何ですか？」と彼女に質問したところ、それは彼女が唯一知っている、周りの人達を癒す唯一の方法だとわかりました。彼女の体は人々の痛みや病気を取り込むことで、他人を癒そうとしていました。（かなり多くの人達が、気付かぬうちに同様のことをしています。）

少しの質問と、彼女が他の方法では出来ないと思っていた部分をクリアリング・ステイトメントで取り消し、そしてＥＳＢのワークをして、彼女の筋腫は消えました。筋腫の切除手術をする予定だったので、セッション後の変化を見るために、超音波の検査に戻りました。超音波の技師は彼女の下腹部でスキャナーを動かしながら、前回のフィルムと見比べて信じられないという顔をしました。技師は最終的に、前回のフィルムに間違いがあったに違いない、何故なら今回腫瘍は見つからなかったから、と宣言しました。へへ、ハッピー・チャンドラ！

セッションのどこかのタイミングで、チャンドラは、別の選択をするために必要だった何かを得たのでしょう。どうぞ分かって下さい。これは常に本人の選択であり、私の選択ではないのです。

読者への短いメモ

もしかすると、私がお話をしてきたようなこと（シンシアが三歳の時に死ぬ時期を決めていたことや、チャンドラが子宮筋腫の状況を変える、正しい軌道に乗ったこと）について、どのようにしてアウェアネスを信頼できるようになったのだろうと、思っている方もいるかもしれません。これは、他と同様、もう既に皆さんにシェアした「あのツール」を用いただけです。あのロケット工学です。

あ、ごめんなさい。忘れてしまいました。違うツールです。ロケット工学よりずっと易しいものです。

まずは、自分にとっての真実は常に軽く感じる、というアウェアネスから始めました。次に思考を手放し、得られたエナジーに従いました。それによって、更なる軽さが創られたら、その道を進みます。重く感じるようになれば、それは進むべき方向ではないので、問いかけをして向かう先を変えます。

これが頭の中で創ったものではなく、私のやったことが実際に成果を出していると何故分かるのかって?

シンシアの人生とチャンドラの体が、大きく好転したからです。シンシアはあれからどんどん、それまでにないほど多くを創り出しています。彼女の新しい夫も、そのことをとても喜んでいます。チャンドラの体もあれからずっと、絶え間ない驚きと大きな歓びの源となっています。ですから、分かってください。その人にとって、何が実際に効果を出しているのか、どうして私に分かるのか、と言うと、「その状況が実際に変わる」からです。

私はかなり奇妙な、聞いたこともないようなことについて、かなり奇妙な、聞いたこともないようなところから話していますが、私はかなりの実用主義者なのです。もし、自分が使っているツールが変化を起こせなかったとします。すると、状況を変えられる別のツール、別の視点、別の角度からの見方を探し、そして大抵見つけ出します。このようにして、二十五年の歳月をかけて、アクセスは創造されてきました。以前には変えられたかどうか、この現実では変えられると言われているかどうかには関わらず、実在の人々に実際の事柄を変化させることによって、アクセスは創られたのです。

序章で、「体が今すぐここからフィジーに移動出来る」という考えを提案しましたね？ それは、具体的な変化を起こすことは可能だと知らない、多くの人達に出会って来たからです。そして、問いかけること、結論付けることなくオープンであること、制限をその場に縛りつけているポイント・オブ・ビューをクリアリング・ステイトメントで取り消すことによって、その人達が変えられないと思ってきた多くを変えて来ました。

私の問いかけとは、このようなものです。「他には何が変えられる?他には何が可能？ 自分が変化を起こせるとはまだ気づいていないけれど、自分にある変化を起こす能力とは?」そして「私達皆が変えたいと思うことを**何でも**変えられるツールを手に入れるには?」それが私の向かっている場所なのです。一緒にやってみますか？ 変化は目の前です…

〜〜〜

もし死がただの選択だとしたら、生きることも選択…

私があるとき行った選択についてお話しましょう。数年前、コスタリカで乗馬を楽しんでいました。コスタリセンスとクオーターホースである混血の美しい馬（まるで四つの蹄をもったロケットのようなのです！）に乗っていました。速い馬には何度か乗ってきましたが、この馬は最速でした。

私達がいたその馬場に、上級者のグループに混ざると決めた初心者がいました。彼は私達の真正面に来ました。私達は六フィートの泥の堤防を上っていき、馬は川を避けるために堤防を上らなければなりませんでした。

その上級グループに入ったばかりの初心者は堤防を上り、頂上に着いた途端、私の真正面に止まったのです。私の馬は上っている途中でしたが、もうどこへも行けません。馬は私を乗せたまま、六フィートの高さの堤防から、岩がごろごろと並ぶ水深三メートルの水面に向かってずり落ちはじめました。

そこで私は…選択を迫られました。生き続けるか、死ぬかの選択です。生きるか死ぬかの選択も、指を鳴らすような一瞬のことだと知っていました。全てを手放すことは実に簡単です。まさかこんな経験は初めてでした。アクセスに出会う直前まで、私は死ぬことを計画していました。あと半年で私の人生が何も変わらなければ、自殺するつもりだったのです。ほら、これはチャンス？「あぁ、なんて簡単なんだ。あぁ、私が選べば、後ろに落ちて、これで全てが終わるんだ。」私は理解し、知っていました。

私の選択は？【イエス?ノー?イエス?ノー?】

ノー!

「今そんなことは起きない!!」私は思いました。

私の馬は脇に方向転換したのです。

その瞬間、もう脇にいました。こう思いました。「良かった。これで馬が背中から私の上に倒れてくることはないな。」一瞬前までは、馬は私の上に落ちてきそうでした。私が水に落ちる寸前、私の上に馬が落ちる寸前、私が背中から岩上に落ちる寸前に、私は足を蹴り上げたのです。ちょうど千ポンドの馬で、足の（重量挙げ）プレスをする感じ？それでも馬が私の上に落ちてきそうだったのです。「ノー!ありえない!」すると文字通り、私の体がシュッツ!と高速移動して、馬もシュッツ!と高速移動して、どう考えても、つじつまが合うような落ち方ではありませんでした。

しばらく沈んでいた水の中から起き上がると、馬はそこに立っている。馬ももがき、そして起き上がる。そして私はこう思う。「よし、自分は今何かを変えたな」とね。後ろにいた人達はこう言っていました。「何かすごくおかしいんだけど?君は確かに落ちた。でも体はあっち。馬も落ちたけど、ここに落ちないで、あっちに落ちた。それで、あのひっくり返るような動作が・・・」

また私の後ろで一部始終を見ていた女性が言うには、私が沈んでいたまさにその場所で、馬が立ち上がろうとし、その足を出したところが私の頭のすぐ近くだったそうです。まるで馬が私の頭を踏もうとしているように見えたとか。彼女が言うには、馬が蹄を置いたのは「私の頭からほんの一インチ先」だったそうです。

彼女に対する私の答えは、「そう、その一インチが大事なんだ！これよりもっといいことが？！」

その一インチが生と死の分かれ目です。そのたった一インチが多くを意味するのです。それが選択の瞬間だったのだと気付きました。それは本当に瞬間の出来事で、「自分はこっちに飛んで、馬をあっちに飛ばして…」ということは考えませんでした。

ただ、「変える。今日は死なない。」と思っただけです。

それだけです。あの時の出来事から、今もなお、気付きを得ています。あの出来事のお陰で「死ぬという選択は確かにあった。そして死なないことを選んだ」と見つめ直し、気付かなければなりませんでした。そして「もしこの世に留まることを選んだのなら、自分の人生から何かを創り出す方がいい。これを変えられるのなら、他には何が可能？」と。あの時点で得ていたことよりも、もっと素晴らしい何かを創造しようと、私の世界に強く要求しました。何故なら、もっと素晴らしいものを創らないのなら、まだ生きている理由は？と思うからです。

どうぞ知って下さい。どんな気付きのスペースに足を踏み入れようとしているかに関わらず、ただこの本を読むことが、そのスペース自体が成長し続ける可能性なのです。

自分自身に機会を与えることになるでしょう。自分自身に可能性を与えることになるでしょう。

そのスペースに足を踏み入れるには、死にかけなければならない、というものではないのです。

朝目覚めて「あのね、もう、ちんまりとは生きていられないんだ。世界よ、どうもありがとう。何かもっと素敵なことをもたらしておくれ。」と思うようなことかもしれません。重大なことでなくてもいいのです。ある出来事から、一つ一つのピースをつなぎ合わせ、後からその意味が分かることもあります。ただ「生きる選択をした！」と気付いたのみで、何一つ頭で理解できるようなものではありませんでした。

〜〜〜

選択のための新しいパラダイム

本当に、全ては選択です。

例えば、「夫が私を捨てて出て行ったので怒っている」という発言を見てみると、夫があなたを捨てて行ったと思い込み、それは悪いことだと思い込んでいます。そしてそれに基づいて、問題を抱えていると思い込みます。そうですよね？

要するに、自分に犠牲者という役割を担わせているのです。

注意　—　次のコーナーは、にわかには信じがたいことかもしれません。

この本を投げつけたくなるかもしれません。

（また？）

ここに書いたような状況を生きて来なかったら、自分でもとても信じられなかったと思います。ここで触れる内容は、これまで信じてきたパラダイムや概念に挑戦状をたたきつけることとなるでしょう。私を信じてくれ、とお願いしているのではありません。

私がお願いしたいのは、あなたが「既に知っていること」を知るための、より大きな自由を与えるかもしれない、これまでとは違う可能性へと、ご自身の世界を開いていくことなのです。それがあなたの経験してきたあらゆることや、周りの人が本当で、必要で、真実であると言ったあらゆることに反しているかどうかに関わらず、です。そうすることで、あなたにとっての真実を、もっともっと見つけていくことでしょう。

ここに書いてあることを読んで軽く感じることがあれば、なぜか説明や理解はできないけど「解放された」感じがするかもしれません。もしそうであれば、私の人生に起きたことを、ここに書いた甲斐があったというものです。

では、いきましょう。

私は子供の頃、たくさんの虐待を経験してきました。性的虐待、肉体的虐待、感情的虐待を受け、自分の人生への恐怖を体験しました。年上の親戚にいたずらされ、年上の男の子からもわいせつ行為を受けました。ベルトで叩かれたこともあります。まだ子供だった私は裸にされ、男を憎む女性の輪に囲まれ、私の前に立ちはだかる彼女達にベルトで叩かれたのです。子供の頃に体験した虐待には、ここでは言及しない別な形のものもありましたが、想像はつくかと思います。

アクセス・コンシャスネスを始める六年ほど前、形而上学の勉強をしていた時に、自分は虐待されていたのだという気付きを得ました。「あぁ神様！　これでわかった！」

これで私の全ての制限が明らかになりました。どうして自分の体に対して肯定感を抱こうとしなかったのか、どうして多くのお金を持つことが出来なかったのか、どうしていつも投げやりな気分だったのか、どうしてあまり自分を好きになれなかったのかが分かりました。全て説明がつきました。「今やっと、どうして自分が犠牲者なのか分かった。よし、分かった！」まさに。次に、そこからどこに向かって行くことができたのでしょう？

私は問いかけからでなく、結論から機能していました。

アクセスを始めて約一年半後、アクセスの創始者、ギャリー・ダグラスと私は、私が辛酸を嘗めてきたこの虐待について目を向け始めました。それが起きたことによってどう感じたかギャリーに話し始めましたが、自分がブロックしている部分がたくさんあるような感じがしていました。

まずこの惑星の皆が持っている心理的なポイント・オブ・ビュー「これは悪いこと。これは間違っている。そして私は犠牲者だ。」というポイント・オブ・ビューから見ていきました。信じて下さい、そのポイント・オブ・ビューについては本当によく理解しています。そのポイント・オブ・ビューの最大の問題点は、それもまた問いかけではなく、結論だということです。そこにあり得る他の可能性を遮断します。そして可能性の扉を閉じ、自分が結論付けた気付きだけの範囲内で、自分自身を制限してしまいます。

私達は、悪いことだというポイント・オブ・ビューに基づき、それを取り除こうとしました。私がその片鱗に触れたことで共有したために、私に起きたことへの気付きが二人にもたらされた以外には、それほど大きな変化はありませんでした。

もう一度言いますが、私の経験は悪いことだったと決めてしまっていたために、その状況は間違ったものだった、ということ以外には何も見えなかったのです。明るさが全く見えない、あなたもこんな経験をしたことはないですか？もしあったとしたら、どんな風だったか分かって頂けると思います。

ある夜にクリアリングのプロセスを始め、当時起きたこと以上のものに入り込んでいきました。私には分かりませんでしたが、ギャリーは私の体と私が経験した虐待の経験を、情報としてダウンロードしました。彼のポイント・オブ・ビューは「そんなことは、絶対に子供に起きるべきではない」というものでした。

これは正当なポイント・オブ・ビューですが、問いかけではありません。ですから、そこからギャリーは、私の身に起きた「良くないこと」に入って行きました。まさにそのポイント・オブ・ビューによって、ギャリーは私を犠牲者とみなし、私を犠牲者にしました。何故なら、私がその状況で犠牲者であったというポイント・オブ・ビューにギャリーが迎合し、同意したからです。それが私と私の体を縛り付けました。

彼を非難しているのではないのです。これを伝えることによって、間違っていた、犠牲者だというポイント・オブ・ビューにしがみつくことで、自分達（あるいは他の人達を）に何か起きるのかを知ることができるからです。そして、それを変えるために私達が何をしたかは、すぐ分かります。

まさに固まったコンクリートを被せられたような気分でした。ほとんど動くことが出来ません。私の体内の動きも止まりました。何が起きているのかさえ、分かりませんでした。「あぁ、あの虐待は今も私に影響を与えているんだ」と思いました。

違います。

実際に起きていたのは、ギャリーが「それは悪いことだ」というポイント・オブ・ビューを持ったことが、私を縛り付けていたのでした。彼はその時、いつもしているはずの問いかけから機能していませんでした。何故なら、そんな恐ろしいことは二度と起きてはいけないと結論付けてしまい、その結論に合わないことは全て見えなくなってしまっていたのです。九・一一で起きたことを、ただ間違いだったと見なすようなものです。こうしてしまうと、そこに潜んでいるかもしれない別の可能性や、あなたの現実をより楽に、素晴らしいものにしてくれる多くの可能性に気付くことが出来なくなってしまいます。

私が囚われていた考えとは、「自分がされたことは、二度と起きるべきでない恐ろしいことで、私は犠牲者で、あの出来事は私よりもよりパワフルである」というものでした。

私が犠牲者になれば、そのエナジー全てが私以上にパワフルなものとなり、例えそれが虐待のエナジーであっても私はそれに勝ることは出来ない、ということになります。そこから機能するのは本当に困難です。何故なら、もし虐待のエナジーを越えられなければ、人生で多くの可能性を得られないからです。実際、私は得られていませんでした。文字通り、そこで人生が止まったように感じられました。

お伝えしたいのは、このことなのです。あなたのポイント・オブ・ビューが、あなたの現実を創る、ということ。

例え、人があなたにポイント・オブ・ビューを押し付け、あなたがそれを鵜呑みにしたとしても、それがあなたの現実を決定づけます。私はそのことを、はっきりと認識出来ていませんでした。厄介なことに、私達に起きていることのほとんどは、認識レベルで起きることではないのです。そこで起きていたことは、「子供にはこんなことは起きるべきではない。そして、デインは犠牲者だ」という強いポイント・オブ・ビューをギャリーが持ったことでした。そして私も既に、自分が犠牲者であるというポイント・オブ・ビューを持っていました。何故なら、人々の虐待に対するポイント・オブ・ビューがそうしたものであり、そういう経験をした人は犠牲者だったからです。私の「犠牲者だ」というポイント・オブ・ビューと、彼の「その状況でのデインは犠牲者だ」というポイント・オブ・ビューが結びつき、私の人生を行き詰まらせていました。

私の人生の最も固く閉じられた部分を目の前にして、ギャリーも私も、どこに向かい、どうすればいいのか途方に暮れていました。

私達は、何が私に突き刺さったのかが分かりませんでした。ただ、どこかにたどり着き、何かが起きたことだけ知っていました。どこかにたどり着き、何が起きているのか分からない時は、問いかけを始めます。

はっきり言うと、私は激しい怒りを覚えてきました。その怒りの大半は、親友であるギャリーに向けられました。それは最善の選択ではないし、恥ずかしいことだと思いますが、彼の超越した思いやりと、怒りに満ちた私を（そして誰をも）包み込むような、驚くほどのレベルの許容があったからこそ、私達は切り抜けることができました。それ以来、大切に思う人に対して怒りを感じる時、自分の認知的思考を超えて、古いパターンで行き詰まることに気付きました。そして、そこには、今まで一度も足を踏み入れたことのない、何かを変えることが出来る能力が実際に存在していたことに気付きました。

ギャリーは問いかけを続けていました。でもまだ、その問いかけは全て、皆と同じように「あれは間違いだった。デインは犠牲者だ」というポイント・オブ・ビューに基づいたものでした。私達は続けました。「何が良くなかったのか?」それを違う方向から見てみようとする努力が、私を自由にしてくれるかもしれない。「私達がまだ思いついていないことで、他にどんな間違ったことがある?」という質問を変えてみました。

私達のポイント・オブ・ビューに着目してください。「何かが悪い」というところから機能していたのです。そのポイント・オブ・ビューからは、悪いこと以外を見つけることが出来るでしょうか?そして「何が良くない?」と問うたびに、何が悪いのか、間違っているのかを探すのです。実際に、それしか目に入らないのです。私達が問いかけていなかったのは「まだ気付いていないことで、正しいかもしれないことは何?」という質問でした。

ずっとワークを続けても先が見えなかったり、変化が見られない場合、それは正しいことを見ていないからだ、ということはよく分かっていました。もし軽くならなければ、別の捉え方があるのだと、知っておいてください。真実であるものは、常に軽く感じさせます。

真実に辿り着いた時には、それが最も重い状況であっても、その中に軽さが創り出されます。それが重く感じている間は、偽りが隠されています。そこでギャリーは自分に問いかけました。「ここにどんな偽りがある?」

彼はクリアリング・ステイトメントを使っていました。「ここにどんな偽りがある?」と問いかけるたび、そこに

偽りを居座らせる全て、そして何が本当の真実であるかを感知し、私に自由を創り出すことを許さない全てを、破壊して、アンクリエイト（非創造）しますか？ Right and Wrong, Good and Bad, POD and POC, All Nine, Shorts, Boys and Beyonds.TM

（本当にいい親友を持ちました！）

これを数日試した後、ギャリーが私の人生をひっくり返すような質問をしてくれました。
「これがすごく変な質問なのは分かってる。でもこの出来事が創られたことに、何か君が関与していたのではないかい？」

深呼吸しました。その八週間の間で初めて、私のユニバースが明るく感じました。はっきり言って、酷く驚きました。自分の周りにあるコンクリートの壁を通り抜けられる日など来ないと思っていました。でも、出来たのです。そこに一筋の光が射しました！

真実はあなたを軽く感じさせることは覚えていますね？「あぁ、神様。その状況を創るのに私は関わっていたんだ」と完全に腑に落ちました。その唯一の理由は、重苦しい中にずっといた私の世界に軽さをもたらしてくれたからなのです。そして正直に言わなければなりません。数週間に渡って体験していた重さが、ギャリーの問いかけによって瞬時に消えることがなければ、子供の頃に起きたその状況を創ることに自分が関わっていたとは、信じられなかったと思います。もし、この会話があなたに何かを提起したり、または「ボタンを押した」かもしれないことも、私は十分に理解しています。これを経験せずに読むだけだとしたら、私には想像しかできません。

読み続けてください…

その状況が創造されるにあたり、自分がどう関わっていたのか全く分かりませんでしたが、自分はそれに関わっていたのだという気付きが、ほんの僅かでも、犠牲者であることから抜け出す道筋を作ってくれました。

私のユニバースの中には、あの虐待は良くないことであり、そうさせてしまった自分は「歩く過ちだ」というポイント・オブ・ビューがありました。そうだと確信していました。皆さんもそうですよね?ところがどうでしょう?これこそ、この現実によって、そして虐待に対するこの現実の制限あるポイント・オブ・ビューによって私達がいかに制限されているのかを示す一例なのです。もしそれが、唯一考えられるオプションではなかったとしたら?

虐待とは「誰か他の人」にしか起きないことであり、虐待を受けた人は哀れな犠牲者だ、という集合的なポイント・オブ・ビューがあります。そのため、過去に虐待を経験した人達が、この素晴らしい観点・考え方を、完全に重要視し永続することになるのです。

もしそれが、私達に可能な唯一の観点ではなかったとしたら?そのようなポイント・オブ・ビューを持つことは、虐待を体験したその美しい存在に対する優しさにはならないとしたら?虐待を体験した人達が、この惑星の勇者だとしたら?誰も言葉で表せないほどの勇気を彼らが持っていたとしたら?

ギャリーが「その状況を創ることに、君は何か関わっていた？」と聞いた時、私のユニバースの中が花火のように弾け、その八週間の間で初めて「スペース」を感じました。私を動かせなくしていたコンクリートのブロックが、崩れていくのを感じました。

残りのコンクリートブロックが全てバンっ！と吹き飛んだ後、私は笑うと同時に、泣き始めました。全く意味が分かりません。頭で考えられないほどになっていたので、それが原因かもしれませんが、どうしてそうなったか、どのようにそうなったか、又は、その理由が何であれ、それは本当にどうでも良いことでした。それが真実に違いないと瞬時に悟ったほどの、広いスペースが創り出されました。それからギャリーは質問しました。「どうして？何の理由でそんなことしたの？」

混乱して目を上げました。そのように全く別のポイント・オブ・ビューから虐待を見つめることは、私にとって大きな変化だったからです。ギャリーは言いました。「変化を創り出すためにしたの？」

大きく、イエス！

オーケー、ギャリーは続けました。「君の家族、他の子供達、いたずらした男、その人達全員に変化を起こすためにやったの？　全部当てはまる？　それとも他の理由？」

そう、全部あてはまりました。

突然、起こったことのひとつひとつを見渡すことが出来るようになり、明確になり、まるでその状況の全容が目の前に姿を表したかのようでした。私がこれまでに見ていたものは、ありえないほど酷く、強烈であり、その新しく姿を表したものとは全く正反対だったのです！

年上の親戚のケースは、私が言ったので家族は知っていました。もし私がそうしなければ、彼は性的に不適切な人間となり、他の子供達にも酷いことをして、恐らくそのことで刑務所送りになっていたことでしょう。私が彼の人生の方向を変えました。しかし、恐らくもっと重要なのは、私は他の多くの子供達の将来をも変えたことです。

今これを、そういった別の立ち位置から見つめ始めて数年になります（ほとんどの人にとって、あなたにさえも、変に感じられるとは思いますが）。それでもなお、これが最初に出て来たときには、六歳の私が、自分の親戚と影響を受けるかもしれなかった子供達への思いから、あの選択が出来たことに、驚かずにはいられませんでした。

思いやり？　当時は、思いやりという認識からはずっと離れたところにいました。それでも、これに気付いたことで、私は改めて軽さを感じられるようになり、全てが楽になりました。こうした軽さは、理解出来ず、また経験したことのないものに使える唯一のリトマス試験紙です。気分が軽くなりますか?もしそうなら、それがあなたにとっての真実です。なぜそれが真実なのか、分からなかったとしても、そうなのです。

こうして、人は自分にとっての真実に気付いくのです。嘘を鵜呑みにして信じ込めば、気分が常に重くなり、それまで以上に沈んでいきます。ちょうどギャリーが質問をして、この驚くべき気付きへと導いてくれた直前の私のように。私は子供だった自分の、この新しいスペースからあの出来事を眺め、六歳の子供が持っていた思いやりと気付きを見つめています。そうしなければならないと私は実際に知っていました。何故なら、もしそうしなければ、この男は他の子供達と、そして彼自身を傷つける結果になっていたからです。

この経験は、とても興味深いものだったと言わざるを得ません。まるでその状況が展開されるのを見ているかのように、全てを完全な明瞭さと共に見つめることが出来ました。私は将来を感知出来ると知っていました。例え六歳であっても、です。将来を感知し、それを**変える選択をした**という気付きは、これまでに得た気付きの中でも最も不快なものでした。

更に、私の体を調べてみると、問題ありませんでした。私の驚くべき、美しい体は、壊れても傷つけられてもいませんでした。自分で癒す方法を知っていました。体は私と共にいて、支えてくれていました。これは、「私達が生き延びた」という言葉が表す以上のことです。私達は何かを変えました。そして、私達を力強くさせてくれるツールにたどり着く方法を見いだしました。その時点までに自分が可能と思っていたもの以上に、偉大である自分の体に対する感謝へと発展したのです。

すみませんが、いかに私が「哀れな犠牲者」か、もう一度言ってもらえます？

ここで気付いて頂きたい一番重要な点は、例えどんな経験をしてきたとしても、力強くなるためのツールを（それが何であれ）あなたも見つけることができる、ということなのです。得られるのです。**ただ、止めないで。絶対出来るから。**

ここで共有した気付きが私の人生を変えました。あの日に全てが変わりました、何もかも。この現実でまるで真実かのように伝えられていることを鵜呑みにすることを、その日から止めました。そしてこの現実で尊重されているもの、この現実が伝えるあらゆるもの、この現実のあらゆるものから抜け出しました。私のポイント・オブ・ビューからすると、これだけがとても大事なことなのです。

この現実と戦うことではありません。

あなたと交際していた誰かが、ずっと嘘をついていたことが分かり、もううんざりだという時に至り「必要なことは何でもすればいいよ。全然問題ないから。でもあなたは嘘をついたでしょう。だからもううんざり。今までのような付き合いはもう終わりね。これから先はどうなるか分からないけど、今ここで付き合うのを止めるから。」こんな感じです。

この現実との私の関係はあの日に終わりました。あれから素晴らしい「他には何が可能？　他には何が可能?他には何が可能？」の旅は続いています。

以前私が問いかけする時は、どういうわけかいつも「**この現実では、**他には何が可能？」と横やりが入っていました。あの日気付きを得てから、問いかけは変わりました。

「他には何が可能？」と、それまで不可能だったことも選択に含む問いかけになりました。

これはとても重要なことです。あの虐待は正しかったなど絶対に言っていません。私の個人的なポイント・オブ・ビューは、誰かを、そして何かを虐待する理由などない、です。存在としての自然に反しています。この惑星の狂気の一つで、無くしたいことです。

それだけでなく、変化を起こすツールを皆にシェアするために、出来ることは何でもしています。もし私の知っている誰かが体験していたとしたら、出来ることは何でもして、止めるでしょう。

そしてもう一つ、もしあなたや、あなたの愛する人にこういうことが起きたとして、その人を犠牲者として見ることとは、彼らにとっても優しくない行為だということを分かってください。誰かの人生を変えるため、そうなることを選択した**かもしれない**人達を、力強く、たくましい存在として見ることが、犠牲者の汚名の下に生きてきた彼らを解放するかもしれません。

虐待は起きます。私達がそれについてどう行動するかで、その人の将来の方向を決めます。そしてもし私達がここにいる理由の一つが、虐待がもはや存在出来ない世界を創ることだとしたら？　もしそれが、私達がここにいる理由の一つだとしたら？もし私達が現実としてそれを創り出したなら、今までこれが真実だと決めたことよりも、完全に

違うポイント・オブ・ビューから機能する必要があります。

過去にこれが真実だと決めて来たことが、私達に現在の世界を与えるのです。従って**違う世界**を創るためには、**違うもの**を創る必要があります。

もしあなたや知っている人が虐待を受けたとしても、それが起きたことはあなたの落ち度とは言ってはいません。例えあなたが虐待を受けていたとしても、それは**全くあなたの落ち度ではありません**。

虐待とは常に不適切です。体験してしまったからと言って、それはあなたのせいではありません。それを経験したからといって、あなたは悪くありません。それを経験したからと言って、犠牲者でいる必要はもうありません。あなたには自分が想像する以上に勇気があります。虐待を受けた、そしていまだ人生を機能させ、創っているという事実は、あなたの勇気、能力、そして潜在的な力の証拠です。自分が知っている以上に、あなたは遥かに偉大なのですより遥かに。

どんな形であれ虐待を受けてしまったとしても、あなたは思っている以上に偉大であると知ることを許さないこと全てを、破壊して、アンクリエイト（非創造）しますか？ Right and Wrong, Good and Bad, POD and POC, All Nine, Shorts, Boys and Beyonds.[TM] ありがとう

これらの視点から見て、軽く感じるかどうか試してみてください。私のポイント・オブ・ビューと思われるものは

鵜呑みにしないでください。本来の自由で、ハッピーで安らいだ、素晴らしいあなたとして見たい、それ以外、私にポイント・オブ・ビューはありません。そして覚えておいてください。真実は常にあなたを軽く感じさせます。嘘は重く感じさせます。

もしあなたや知っている人が虐待を経験したのなら、これらの本当に簡単な問いかけから始めることが出来ます。

① 私をそこに留まらせて動けなくさせている、どんな嘘を信じている？

② 知らないふりをしたり、知っていることを認めなかったりして、それが起きたことについて、私が知っていることは何？

③ 自分（もしくは虐待を受けた知り合い）に自由を創るために、この状況をどんな方向から見ることが出来る？

④ そうなることを許したことで、誰かを守ったり、誰かの人生を変えたりする方法は他にある？

⑤ この虐待から生き延びることを許したどんな勇気、力と能力を私は持っていて、もしそれを認めたら、私は自由になれるのに、それを認めずにいる？

虐待について、この別の可能性から見ようとする人は、この惑星にはいないと思われます。私の人生の一風変わった境遇のお陰で、全く違った視点を幸運にも見つけ、光をもたらすことが出来ました。まさしく私と、他にも何百、もしそうでないなら何千という人達がどこにも（心理学、形而上学、宗教を含む数えきれないほどのテクニックにおいて）見つけられなかった自由を与えてくれました。

これが何故、私が自分の人生に起きたことを公表することを厭わなかったのかという理由です。こうしてあなたとあなたの愛する人達は、別の可能性があることを知りました。別な視点から見ることを選ぶかどうかは、いつものようにあなたの選択です。いつものように、軽く感じる方を選択してください。

もう一度言います、分かってください。このシナリオが、虐待を体験した全ての人にとって真実だとは言いません。私が言いたいのは、違う視点から物事を見ることで、誰も想像しなかった別の可能性を創り出せるということです。

あなたに過去起きたことについて、自分の悪かったところを探さず、代わりに「私が気付いていないことで、私の正しいところは何？」「私が知らないふりをしていて、知っていることは何？」「この状況についてスペース、安らぎ、そして自由を創る、どんな別な視点から見ることが出来る？」と問いかければ、あなたの人生で何が明らかになるでしょう。これは私が学んだことであり、存在出来ると考えもしなかった、違う可能性の扉を開くことに成功しました。

ほら、これら全ては、あなたの人生とこの世界をもっと**住みやすい**場所にすることについてです。凝り固まったポイント・オブ・ビューを単に鵜呑みにし、それに囚われることではありません。これは違う現実を創り出すことであり、全くうまくいかない、以前と同じ制限された現実を創り続けることはありません。

今が変化の時です。今が違いを創る時です。
今があなたが自由になる時です。
今が私達皆が自由になる時です。

もし自分が信じていた以上に、あなたには力があり、驚くべき存在だったとしたら？　それに気付いたら、あなたの人生の何が変わる？

読者へのメモ

もし死をもはや恐れる必要がないとしたら？

あなたは本当に死にますか？　それとも、体だけが死にますか？

少し考えてみてください。

あなたは無限の存在ですか？
それとも、ただの肉体ですか？

それとも、その愛しい体を創った、無限の存在（ユニバースの知性、神、コンシャスネス、呼び名は問いません）ですか？

そうだとしたら、「**あなた**」が死なないことは可能ですか？
姿を変えるための準備段階として、体だけが死ぬことは可能ですか？
体が死んだ後、他の選択は可能ですか？他の輝かしい可能性が？

この、いわゆる「死」について、少し気が楽になりましたか？
もしあなたが思っていたこととは、全く違うものだとしたら？
きっと、以前にこの考えを聞いたことがあるはずです。

もしあなたが、至高の存在がいることや、天国と地獄の存在を信じる宗教背景を持っていたとしても。

もし天国に（願わくは）行けたとしたら、天国に入るのはあなたの体ですか？それともあなたという存在（ビーイング）ですか？思い切って言いますが、あなたという存在です。いろんな報告によると、あなたが逝ってしまった後も、体はこの辺でうろうろしています。

例を挙げましょう。私の友人でアクセスの創始者、ギャリー・ダグラスのクラスに、説教師の奥さんが参加しました。三歳で最近亡くなった知り合いの子供に関して、ギャリーにこう言いました。「過去生があるなんて信じていませんでした。でも多分あなたは正しいと思います。私達は死んだ後も生き続けるに違いない。三日だけしか存続しない魂を神が創るはずがない。私にとって、次は何かしら？」

読者の皆さん、もし死をもう恐れなくてもいいとしたら？なぜならあなたは、存在としてのあなたは死なないので…あなたにとっての次は何でしょう？

今ここで、この体で、この地球で。あなたにとっての次は何？

ツール

恐怖は常に、嘘

無限の存在にとって、恐怖は常に偽りだと知っておいてください。常に偽りです。

常に、偽りです。

もう一度言います、恐怖は常に、偽りです。

恐怖とは、本当に見たいもの、現実を変えることが出来るものを、あなたに見せないようにデザインされた他の人のポイント・オブ・ビューまたは、植え付けられたポイント・オブ・ビューです。本来のあなたという存在である、人が恐怖と呼ぶものの裏に何が隠されているのかは、あなたには見えないようになっているのです。

また、興奮を恐怖と誤認、誤用することもあります。実際、ほとんどの人に経験があることでしょう。恐怖と興奮は心理学的にとても似ており、多くの人が興奮の素晴らしいエナジーを（心臓がバクバクしたり、呼吸が速くなったり、より敏感になったり）恐怖だと誤って認識しています。

例を挙げてみましょう。ギャリーが六歳くらいの時、母親と初めて大観覧車を見に行きました。ギャリーは**とても興奮して**、母親と手をつないだままジャンプ！ジャンプ！母親はギャリーを見て「怖がらなくてもいいのよ」と言いました。

その時からギャリーは興奮の感覚を覚えるたびにいつも、この感覚は恐怖なのだと思い込んでいましたーこのことを見つけるまでは。今は「これは恐怖？それとも興奮？」と聞くようにしています。

ヒント：二十三年前にこの質問をし始めてから、恐怖であることは一度もないそうです。

実際には誤認、誤用された興奮なのに、「恐れ」と呼んで来たものはどれくらいありましたか？それら全てを破壊して、アンクリエイト（非創造）しますか？ Right and Wrong, Good and Bad, POD and POC, All Nine, Shorts, Boys and Beyonds.™

本当はあなたが恐怖など感じていないことを証明してあげましょうか？

オーケー、緊急事態が起きたら、あなたには何が起こりますか？自分がバラバラになった感じがしますか？

いいえ、落ち着いて、冷静に、正確にその状況を対処しますよね？よろしい、それでは恐怖など感じていません。そして後になってから、他の皆が期待する反応に応じて、あなたはひどく動揺しはじめ、自分は恐れていたのだと証明しようとするかもしれません。もし、本当に恐怖を感じたと思うのなら、このプロセスを何度も繰り返せば、変化が起こります。（変化を厭わなければ）

選択の代わりに、恐怖という偽りから機能する価値は何ですか？ それら全てを破壊して、アンクリエイト（非創造）しますか？ Right and Wrong, Good and Bad, POD and POC, All Nine, Shorts, Boys and Beyonds.™

選択するのが怖いという偽りから機能する価値は何ですか？ それら全てを破壊して、アンクリエイト（非創造）しますか？ Right and Wrong, Good and Bad, POD and POC, All Nine, Shorts, Boys and Beyonds.™

選択と、選択にまつわる完全なる興奮でなく、常に恐怖を持つことの価値は何ですか？ それら全てを破壊して、アンクリエイト（非創造）しますか？ Right and Wrong, Good and Bad, POD and POC, All Nine, Shorts, Boys and Beyonds.™

恐怖にはまり込むと、あなたから直ぐに選択を奪います。それに気付いていましたか？それが恐怖の仕事です。前に進むための選択をさせなくするためです。

恐怖と呼ばれる、小さい、制限された偽りを勝たせるのですか？恐怖に勝って、違う選択をする意欲がありますか？何か違う選択を？

あなたの人生から恐怖を減らしていく、三つのプロセスがありますが、その恐怖という名の偽りによってあなたを麻痺させるのではなく、恐れが出て来たときに使わなくてはなりません。

一.「これは誰のもの?」と聞きます。軽く感じたら、それはあなたのものではありません。持ち主に返します。

二.「これは恐怖?それとも興奮?」と聞きます。もし興奮だったら、お祝いしましょう!

三.「恐怖」を創り出すディストラクター・インプラントを全てPOD&POCします。

恐怖を感じるたびにこの三つのプロセスを行えば、徐々に恐怖から解放されます。

恐怖は誰も論ずることが出来ない言い訳、理由、正当化の一つです。何故なら、誰もが恐怖は現実だと考え、「怖かったから出来なかったんだ」と言い、周りもすぐに「あぁ、何のことを言っているのか分かるよ」と即座に同意します。彼らの世界にも、恐怖が実在することを実証するためにそうするのです。

もしあなたが、全く違う何かになることを厭わない、と思ったとしたら?私はクラスで、自分が賢くなかった、抜けていたことについて話します。恐怖のようなものに陥ったけれど、何とかそれを変える方法を見つけた体験を話します。「私も同じ経験をしたことがあるから、すごくよく分かる。そして、他の方法があるんだよ」と言うことを知らせたいのです。

質問させてください。

あなたは違う可能性になる意欲を持っていますか？

もう一つ質問させてください。

あなたは、もう既に違う可能性なのだと知っていますか？　そうではないと否定してきましたか？　恐怖を超えて存在する違う可能性ではないふりをしようとしてきたこと、それら全てを破壊して、アンクリエイト（非創造）しますか？　Right and Wrong, Good and Bad, POD and POC, All Nine, Shorts, Boys and Beyonds.™ ありがとう。

ツール

ただの興味深いポイント・オブ・ビュー
フォレスト・ガンプのように

安らぎのある人生が送りたいですか？ そこにより速く、確実に、何よりも楽に行くことができる大きなカギが一つあるとしたら、これです。あなたに新しい友達を紹介しましょう。有名なロシア人の「ジャスタン・アイポヴ(JUSTAN IPOV）さんです。

これはシンプルに、あなた、そして他の人の全てのポイント・オブ・ビューを許容することを意味します。Just An Interesting Point Of View (JUSTAN IPOV、全ては興味深いポイント・オブ・ビュー）です。

これはまた「許容（アローアンス）」として知られています。簡単ですよね？

知っておいてください。**あなたのポイント・オブ・ビューが現実を創ります**。**現実はポイント・オブ・ビューを創りません**。ですから、もし自分のポイント・オブ・ビューにジャッジメントを持たなければ、現実がどのように現れてくるかを制限しないでしょう。何故なら、ジャッジメントは最大の制限だからです。私達の持つ全てのジャッジメント、そのジャッジメントに合わないものは、私達の世界に現れることが出来ません。

全く同じ状況が別の人達に起きた時、人によって持つポイント・オブ・ビューが違うと気付いたことがありますか？その状況についてのジャッジメントを持つ人達には常に重く感じます。許容の状況にある人達とは、常に軽さがあります。ただの選択です。

ジャスタン・アイポヴ（JUSTAN IPOV）は、あなたのポイント・オブ・ビューを変える選択の仕方です。ジャッジメント（と制限）から、許容（と可能性）へと。

私の友人のギャリーは、ハリケーン・アンドリューがフロリダを襲った後、テレビのニュースを見ていました。ハリケーンで文字通り家を吹き飛ばされた男性が、下着姿で出ていました。彼はレポーターに「**引退して、退職金でここに家を買い、全て持って引っ越してきました。何もかも無くなってしまった。このコンクリートの土台しかありません。でもまだ生きていて、救援物資の下着も頂きました。まだまだいい状況です。**」

別の言い方をすれば、この男性は家を飛ばされたことを、ただ興味深いポイント・オブ・ビューから機能していました。彼は完全な許容にありました。

同じ番組で、この男性よりまだかなりましな状態でありながら、自分達を壊滅状態だと表現している数多くの人達が出ていました。何が違うのでしょう?彼らのポイント・オブ・ビューです。自分達を壊滅的だと思っている人達は、興味深いポイント・オブ・ビューからは**機能していません**。許容から機能していません。彼らはジャッジし、彼らの現実がそれを反映しました。彼らは**とても動揺しています**。

ハリケーン・アンドリューの後、前向きに新しい人生を楽に創って行ったのは、許容の状態にあった男性と、大量のジャッジメントの中にいた人達と、どちらだと思いますか？　許容の状態にあった男性のはずです。

何が違うのでしょう？　ポイント・オブ・ビューの選び方です。もしハリケーンが家を飛ばしてしまったら、あなたはどんなポイント・オブ・ビューを選びますか？　**あなたにとって**どちらがより合いますか？　生き残れたことへの感謝、もしくは家が残らなかったことへの怒りと憎しみ？

もしハリケーンがあなたの家を奪ってしまっても、自分は彼らのように生き残れたことに感謝出来る人のようになれる気がしないとしたら、それでもオーケーです。そこがポイントではありません。もしそうしたいのなら、そう思えるようになる方法がある、というのがポイントなのです。この本の全てのツールはその方法を紹介しています。

フォレスト・ガンプを思い出してください。彼に数々のマジックが起きたのは、あらゆるものに対し、完全に許容の状態にあったからです。彼の人生がマジックだったのは、ジャッジすることにより、彼のために何かが起こる可能性を制限しなかったからです。彼がジャッジ出来るほど賢くなかったと言うかもしれません。恐らく彼はジャッジしないほどに賢かったのかもしれません。

だから私は「**あなたのポイント・オブ・ビューが現実を創り、現実はポイント・オブ・ビューを創らない**」と言っています。あなたがノージャッジメントから機能することを選択すれば、人生はフォレスト・ガンプのようなものになるでしょう。面白いと思いませんか?

例を挙げましょう。いくつかの違うポイント・オブ・ビューと、そこから創られた現実です。自分のポイント・オブ・ビューも付け加えてみてください。

ポイント・オブ・ビュー:生きていられて感謝している。

創られた現実:感謝する価値のある人生

ポイント・オブ・ビュー:ハリケーンに私の家を飛ばさせた世界に、腹を立てている。

創られた現実:世界に、神に、地球とそこにいる全ての人達皆に対し、止めどない怒りを持つ沢山の理由がある。この世に生まれてから、怒ることを惜しまない。このポイント・オブ・ビューを持っている人達の多くは、保険が長い期間下りない、ハリケーンは運悪く保険項目に含まれないなどを経験しました。最初から怒ることを選んだ自分達を正しく見るために、ますます怒る理由と正当性を経験します。悪循環です。

ポイント・オブ・ビュー:お金のために一生懸命働かなくてはならない。

創られた現実：お金は簡単にやって来ない、いつも辛うじて何とか生きていこうと奮闘している。（このポイント・オブ・ビューを変えれば、お金はもっと楽に現れます。）

ここも知っておいてください。

① **どんなポイント・オブ・ビューを持つかは、常にあなたの選択である。**

② **別のポイント・オブ・ビューの方が良さそうなので、別のものを選ぶこともまた、あなたの選択である。**

③ **何に関しても、今持っているポイント・オブ・ビューに固執する必要はない。**

④ **この本に書いてあるツールは、JUSTAN IPOVを含み、あなたのポイント・オブ・ビューを楽に、苦痛なく変えさせます。そしてポイント・オブ・ビューが変わった時、新しい可能性のスペースがあなたに可能になります。**

言い換えればこうです。ある人はハリケーンで家を飛ばされる経験をしてもまだ、生きていることに感謝し、ある人はそれが起こることを許した世界に対して、猛烈に怒っています。その制限された、批判的なポイント・オブ・ビューから、より広がりのあるポイント・オブ・ビューに切り替えることが出来た時、マジックが起こります…あなたのために。

ポイント・オブ・ビューを変える時、あなたの現実も同様に変化するでしょう。

そして世界よ、見ろ！　あなたは自分の周りの制限されたポイント・オブ・ビューを、どんどん壊していくでしょう。ただそう出来るから。あなたがそうしていけば、「私にも出来るんだ！」と、他の人たちと鼓舞することが出来ます。あなたがそうしていけば、私達が住むこの世界も変わっていくでしょう。

どんな状況も変える最も簡単な方法は、その状況を取り巻く自分のポイント・オブ・ビューを変えることです。あなたがポイント・オブ・ビューを変える時、周りの状況も文字通り、あなたの新しいポイント・オブ・ビューに合うように変わるのです。

ジャスタン・アイポヴ（JUSTAN IPOV）さんがその日を救った、別のケースを見てみましょう。

ある女性は、そのパートナーへの嫉妬を何とか克服したいと思い、私のところにセッションに来ました。彼女は、パートナーは他の女性と一緒にいたいはずだと確信していました。その感情は彼女のエネルギーを消耗させ、日夜を問わず常に彼女を蝕み、もうどうしていいか分からなくなっていました。

その時はどこから手を付けたらいいか分からなかったので、彼女はこのエクササイズを信じていませんでしたが、それをするよう勧めてみました。「私がこのポイント・オブ・ビューを持っているというのは面白いポイント・オブ・

ビュ－だ」と三回言うように頼みました。そうしている内に、彼女の気分が軽くなってきました。それから何度も何度もこのフレーズを繰り返して言ってもらいました。途中から、彼女は笑い出しました。

何がそんなに面白いのかと聞いてみると、彼女はこう言いました。「**私はこの女性をすっごく愛しちゃって、こんな神経症みたいなポイント・オブ・ビューを持っていたのね！ これは愛じゃないわ。もう大丈夫！ もし彼女が他の人といたいのなら、私はそれでもいいって今分かった。そうなって欲しくはないけど、もしそうなってももう大丈夫よ。これ、ほんとに面白いわ！**」

この話のもっと興味深いところは、一週間後、この女性が私に電話してきてこう言いました。「**もう、最高に驚きなの！ あなたとの【JUSTAN IPOV】のセッションの後、私のガールフレンドが家に来て、興奮してこう言うのよ。彼女はね、『ずっと伝えたかったんだけど、なんか言えなかったの。すごく愛してるし、とってもあなたに憧れてるの。あなたと一緒にいられることにとても感謝してる。どうして前には言えなかったのか分からないけど、今こうしてあなたに伝えることが出来て嬉しい。私と一緒にいてくれてありがとう。世界中で一番ラッキーって気分よ！**』」

こういう結果を創るために変えた一つのことは？その女性のポイント・オブ・ビューです。何故なら、あなたのポイント・オブ・ビューがあなたの現実を創るので、彼女がポイント・オブ・ビューを変えた時、彼女の現実が変わりました。パートナーにとって必要であれば、彼女の元を去ることを許容する、とまで思えた時、それが彼女の元に留まり、一緒にいられることに感謝することを**選ぶ**自由をパートナーに与えました。

ジャッジメントを含む全ての制限から完全に自由になりたければ、全てを**興味深いポイント・オブ・ビュー**として見ることが、それを創り始めます。全てが興味深いポイント・オブ・ビューであれば、あなたは何事も良い、悪い、正しい、間違っているとは見なくなります。ジャッジメントの目を通して見なくなります。何に対しても迎合、同意(肯定の極性)、または抵抗、反発する(否定の極性)必要がなくなります。

許容の状態は、小川の中の大きな岩のような感じです。自分に対して、また自分の周りの全てのポイント・オブ・ビューを、それが自分のものでも他人のものであっても、正しい、悪いというジャッジメントの小川に溜めることなく受け流します。あなたは自由です。それがどれだけあなたの人生を楽にするか分かりますか?いつものように、それはただあなたの選択です。

ですから、完全な自由が欲しかったら、新しい友達、JUSTAN IPOVさんを思い出してください。彼をどう使いましょうか?

どのように使うのか分からなくても、ただフォレスト・ガンプのように、全てを興味深いポイント・オブ・ビューというところから、まずは機能することを**選ばなければ**なりません。

そしてあなたの持っているポイント・オブ・ビューが、ポジティブでもネガティブでも、「**私がこのポイント・オブ・ビューを持っているのは面白いポイント・オブ・ビューだ**」と、信じていなくても、ただ自分に言うことができます。そしてしばらくして、自分のポイント・オブ・ビューがどのように変わったかを見て、もう一度自分に言います。

ましょう。

「**私がこのポイント・オブ・ビューを持っているのは面白いポイント・オブ・ビューだ**」そしてしばらくして、また自分に言います。「**私がこのポイント・オブ・ビューを持っているのは面白いポイント・オブ・ビューだ**」もっと面白くしたかったら、私がよくやるように、フォレスト・ガンプの声をマネして「走れ…走るんだ…」と言い続けてみましょう。

さぁ、今そのポイント・オブ・ビューをどう「感じるか」見てみましょう。本当に軽く感じたら、成功です。軽く感じても、まだポイント・オブ・ビューがあるようなら、数回もう少し間隔を空けながら続けてみましょう。これをたった短時間でも練習すれば、ポイント・オブ・ビューをシフトすることは、思っていたよりずっと楽だと、ほとんどの人が気づきます。

あなたの新しい親友を、明日ちょっと使ってみたいですか?自分の全てのポイント・オブ・ビューに対してただ「**それはJUSTAN IPOVだ**」と、ポイント・オブ・ビューが無くなるまで言います。自分の、実は全然「興味深く」ないポイント・オブ・ビューでさえも、いかに楽に変えられるかが分かってくるでしょう。

このエクササイズだけをただひたすら、全てのポイント・オブ・ビューに対して半年間続ければ、人生全てが変わるでしょう。本当です。

でも私達はそこだけには留まりません。このお店にはもっとたくさん用意してあるんですから。

読者へのメモ

何があなたを定義する？

あなたに名前が無かったとしたら、あなたは誰という存在でしょう？

もしあなたに過去がなかったとしたら、何が可能でしょう？

定義されるものがあなたには何もなかったとしたら、
そこにはジャッジされるものなどあるでしょうか？
もしくはあなたを制限するものなどあるでしょうか？

あなたであることが定義ではないとしたら？
ただ、空間、存在、そして可能性だとしたら？

定義されないこと

読者へのメモ

友よ、調子はどう？

ちょっと居心地が悪かったりしますか？

いいでしょう。あなたは「正しい」ところにいます。

居心地が悪くなるのは、変化がそこまで来ているという「アウェアネス（気付き）」です。あなたが求め続けて来た「変化と違い」が実際に創られているのを知る方法なのです。

もしその居心地の悪さが、最も素晴らしい「正しさ」の一つだったとしたら？あなたが求めて来た、（状況や人生においての）違い」へ向かっていると、知らせてくれているのです。

居心地が悪いことは間違っていて、あなたは間違っていると信じさせるために、あなたと世界中の人達がしてきたあらゆることを、全て破壊して、アンクリエイト（非創造）しますか？ Right and Wrong, Good and Bad, POD and POC, All Nine, Shorts, Boys and Beyonds.™

別な言い方をすれば、今までの現実とは全く違う何かが現れる時、あなたは耐えられないほど不快になります。何故なら、それはいつもと同じところからは来ず、同じパラメーターもないので、あなたはそれを認識出来ず、定義も出来ないからです。

そこであなたは、何かがおかしいと決めつけます。**それが実際には、新しいことが起きる前触れなのです。**

ねえ、何か不快な時に、この問いかけをするつもりはありますか？

「思っていたのとは全然違う方法で、ずっと求めて来た『違い』が、実際に現れてきたのかな？」

そのことに喜んで感謝する意思はありますか？

次の十秒で！

10　9　8　7　6

1　2　3　4　5

はい、息してもいいですよ…

第十章

定義されない（そしてマジックを起こす）準備は出来てる？

また森の中を散歩しましょう。いや、やっぱり馬に乗って森を走り抜けましょう！（どうして二回同じことを？）

今は秋です。空気はピリッと引き締まり、冷たく、午後の最後の日差しが寝床を探しています。落ち葉の絨毯は厚くて柔らかく、紅色、橙色、そして黄色です。

暗い木々の、葉の落ちた小枝の下で、暖かいベルベットの体があなたに寄り添っています。

蹄のダンスが生きている流れのようにあなたの体を駆け抜けます。あなたは馬で、その馬はあなたです。あなたはその馬のスペースであり、その森のスペースでもあり、あなたのスペースそのものでもあります。名前も過去も、何の定義もありません。

この十秒間、あなたは何者なのか、どこに向かっているのかも分かりません。この道の先に、何が見えるのかも分かりません。

そしてそれを解き明かそうとすることを止めてしまいました。

そのマジックに気付いて下さい。ほんの一瞬。自由に走り回る。これが定義されないスペースです。これが無限の可能性です。

ここはこの現実ではほとんど選ばれません。ですからここは、あなたがいられる最も居心地が悪い場所の一つです。

ここがあなたに探って行って欲しい場所なのです。

さぁ、私と一緒に、かくれんぼして遊びましょう。

「クラスにいる時は、とても気分が良いんです。全てが軽くて、安らかで、歓びと可能性に溢れていて。そして家に帰って、何週間かすると全部縮んでしまう。小さい箱にまた、ぎゅうぎゅうに詰め込まれるんです。」と言う話を何度も耳にしてきました。

そして私は尋ねます。「詰め込まれてる？それとも自分から元の箱に戻ろうとしていない？真実よ？」大抵皆気付いて苦笑いします。もう一度言います。それはただの選択です。

あなたの選択です。

自分で元の箱に自分をねじ込んでいるのです。

このことに気付いていましたか？そこには全く違う瞬間があります。自然の中で、アクセスのクラスで、セックス中に、そして瞑想で…あなたが完全なスペースであり、定義付けされず、制限がないこの瞬間が…そしてそれを手放してしまうようなのです。

何が起きたの？

〜〜〜

セイフティネットを手放す

あなたは常に自分についてのポイント・オブ・ビューを持つように教えられてきました。

それがあなたのセイフティ、そしてセキュリティネットです。何を受け入れ、何を拒絶し、誰をジャッジし、どのように自分をジャッジするか。

全ては結論（とジャッジメント）です。自分の人生の中の何かを変えたいのなら、要求されるのは、自分を定義してきたその全ての結論を取り消すことです。

そうすれば、何がどうなるのか全く分からなくなります。手がかりもなく、さぞや途方に暮れるでしょう！そう、それよりもっといいことが？

そんな状況になったことがありますか？　自分が何者なのかも分からなくなった瞬間が？　そして自動的に「これはマズイ状況だ」と思いましたか？　もしその定義されない状態が、そこにある最も素晴らしい可能性だったとしたら？　自分が何者なのかも分からなければ、それから自分と自分の現実を創る選択をしなければなりません。何も定義付けされなければ、このスペースから、あなたは何でも生み出せるのです。

定義付けされないあなたは、それは純粋にマジックなのです…（かなり妙な言い方だけど…）

〜〜〜

真実よ、私は誰？

私達は時々、文字通りソファに転がって、この定義付けされないところに行きつきます。例えば、一日中テレビをみている時とか。それは何故なら…

何が起きているかというと、**やる気がなくなって来たから**です。ほとんど世界中で、何を選ぶにしても、その原動力として「やる気」を使います。お金が不十分な「やる気」、自分の体や自分自身に満足していない「やる気」、孤独を感じる「やる気」、周りに合わせる「やる気」、勝つための、負けないための「やる気」…

やる気が消え去ると、苦痛を創っていたものもほとんどが無くなります。そしてあなたは突然問いかけ始めます。「**あれ、じゃあ私は誰？　ここで何してる？　何がどうなってるんだ？**」

ここで私達はまた自分を元の箱の中にねじ込み、馬の踵を返し、違いと可能性の森から駆け足で立ち去り、この現実の普通で、一般的、そして現実的な安定した状態に戻って行きます。古臭くて、昔馴染みの、居心地の良い場所へ。自分のビーイング（存在）は、むしろ自由に走り回っていたいのに。

自分達を再び定義付け、制限することで、私達がなり始めているその新しいスペースそのものを「非創造」してしまいます。こういうことに私達は、最も感動的で賢い戦略を持っています。

いくつか見ていきましょう。

〜〜〜

ゴミを再製造する

私達が使っている、最も共通していて、興味深く、全く正気とは思えない戦略の一つとは、以前機能していたドラマ、トラウマの世界を再製造することです。

そのゴミには親しみがある。ゴミの中では自分が誰かを思い出せる。

（賢い選択です）

自分達を定義付け、制限し続けるために私達が使う、何度も繰り返すパターンを皆持っているようです。「定義付けされた自分」の基準点に立ち返るため、自らどこへ戻ったのか、ちゃんと分かっていますか？

「あぁ、自分がこんなに大嫌いだなんて、気分が良いね。覚えてるよこの感覚！」

「あぁ、誰かと関係を持つ中で、また自分を見失ってるこの感じ、気分が良いね。懐かしいこの感覚。」

「あぁ、また彼女が浮気してることにとても怒っているこの感覚、気分が良いね。あの時と同じだな。」

「うわ、金無いわ。また金が無い。またお金のためにこの世間で闘う感じ、気分が良いね。知ってるよ、この感覚。」

今出てきたばかりの古巣に戻り、まさしく同じことを繰り返すという見事な技を、時にあなたは見せてくれます。そこからもう一度出てくることが出来たら、それが本当の脱出だという理由で…

あぁ！もっとそれより賢い方法がある？

自分がそこから抜け出せると証明するために、再創造します。もしくは再び制限を創り、それを再び非創造する力があることを見せることで、自分が新しいスペースに値するか確認します。二度目にそこから抜け出すことが出来たら、あなたはまた戻って三度目もやります。

あなた本来の姿である自由を手にすることを自分自身に許すまで、自分に対するバカな行ないや定義付けの再製造を一体何度しなければならないのですか？　一回、五回、十回、五十回、百回？　無制限に？

私についてきていますか？　今それらを全部手放す意欲がありますか？　もしそうなら、それらを全て破壊して、アンクリエイト（非創造）しますか？ Right and Wrong, Good and Bad, POD and POC, All Nine, Shorts, Boys and Beyonds.™ ありがとう。

〜〜〜

リレーションシップ、お金それとも健康？

あなたは自分がどこの誰だか分からない時、自分が誰であって、誰でないのかを見極めるためにリレーションシップを創るような人達の一人ですか？

もしくはあなたにとってそれは、お金の問題かもしれません。お金の問題がある時、自分が誰なのか分かるのです。ずっとそこでそうしてきました。自分を特定的に定義するエキスパートかもしれません。

それか、健康問題かも？いつでも物事が実際にうまく進み始めると「あぁ、体の調子が悪いわ…」という事態を創る方法を見つけます。

もしくは、飽きるのが怖い人かもしれませんね。**楽しくないことが大嫌いでしょう？**　退屈が今まで味わった中で、最悪の罰と決めてしまいましたか？

常に何もかもが簡単に現れることよりむしろ、何も気付きが無いという「愚かさ」を創り出しています。もし全てが楽に、トラウマもドラマもなく現れたとしたら、あなたはどれだけ退屈し、何をしなければならないのでしょう？

あなたのポイント・オブ・ビューは、もし生活に安らぎ、歓び、そして豊かさがあったなら、恐らく「退屈し過ぎて死にたくなる」というものでしょう。もしくは、もし何もかもがついに手に入ってしまったら、後は死ぬだけ、もう何もすることがないという嘘を信じてきたのかもしれません。

そのようなポイント・オブ・ビューを持っていたのでは、疑うことなく普通で、一般的で、現実的な安定した状態へと、駆け足で戻りたくなるでしょう。

それらを全て破壊して、アンクリエイト（非創造）しますか？

Right and Wrong, Good and Bad, POD and POC, All Nine, Shorts, Boys and Beyonds.™ ありがとう。

そして、本当に何が出来るかを探索しに行きます？

〜〜〜

定義する＝受け取るものを定義する

あなたは定義付けられ、制限された状態に思った以上に慣れてしまっています。定義付けされている時に、あなたは何と戦うかを知り、何を進んで受け取るかを知り、何を自ら拒むかを知ります。自分の「悪い」パターンを知っています。とても賢いことです。

一体どうして本来のあなた自身である、爆発的に輝かしく、驚くべき姿であることを選ぶのでしょう？

誰にも、何にも、絶対に再び支配されないように、いかなる方法でも定義されないことを、何故選ぶのでしょう？

何故？

「だってそうしてもいいじゃない？」私ならこう言います。

それとも、あなたもやってみる？

完全に独りぼっちになってしまったとしても？

もし定義されないことを選べば、あなたと同じポイント・オブ・ビューを持つ人は誰一人いなくなるでしょう。遊んでいる球場でも、自分の住んでいるユニバースでももちろん、他の人はあなたを見つけることすら出来なくなります。これがまた、私達皆に起きている、大きな事の一つです。私達は独りきりになるリスクを取りたがりません。この現実では、独りでいることは悪いこと、そして目を背けたくなる程醜いことだからです。

そして、私達は広過ぎるスペースを所有し始めるところまで来ると、他の人達が受け止められるレベルまで自分を下げようとします。他の人達との共通性を見つけるために、自分達を定義し、制限します。

他人の現実を実証するため、まさに私はそういう人なのだ、と何度も何度も証明し続けてきたこと、一度もそうであったことはないのに、その人達がそうだと決めたので、自分もそうであると決め、その人達がそうでなければならない、と決めたので、自分もそうでなければならないと決め、そうであったことなど一度もないのに、そうなろうとし、でも本当の自分はどうなのかという基準値がないので分からない、そんな人はどれくらいいますか?

これをもう一度読むなんて、本当に最悪ですね(しかも理解なんてしたらもっと最悪!)

それらを全て破壊して、アンクリエイト(非創造)しますか? Right and Wrong, Good and Bad, POD and POC, All Nine, Shorts, Boys and Beyonds.™ ありがとう。

面白いことに「完全な自分自身になるために必要なのであれば、独りになることも厭わない」と、ついに思い切ったとき、あなたの周囲にはたくさんの人が寄って来ます。彼らを追い払うことなど不可能です。街灯に群がる虫のように皆が惹きつけられて来るほど、それまでとは違うあなたになるのです（アメリカの超人気メディア・パーソナリティー、オプラ・ウィンフリーのように）。

〜〜〜

あんまり右に行き過ぎないで…あ、あ、左にも行きすぎないで！

自分の過去を正当化するために、過去とは違うあなたになりかけているこの新しいスペースを無効にしなければならないと信じています。そのスペースは、あなたが今までなれると思っていたあらゆるものを超えて行きます。

でも自分の過去を正当化しつつ、他の皆の現実も有効にさせるためには、自分を矮小化しなければなりません。

あなたが何者かという定義をそのままにしておく唯一の方法は、あまり変化し過ぎないことです。

ただ右に行き過ぎたり、左に行き過ぎたり、前に進み過ぎたりしなければ、その「あなたという」定義のままでいることが出来て、全てがオッケーで、普通で、一般的、そして現実的でいられます。

もし全方向に行き過ぎ、広がり過ぎてしまったとしたら、それはこの現実であなたが出来うる最悪の事態です。そしてそれは同時に、あなた自身の現実を創り上げるには最高の事態です。しかしかなり不快感を伴うので、自分は何者なのかを知る基準点に戻ろうと、出来ることは何でもするでしょう。

「もういい〜!」ギブアップ?

オーケー、自分は完全に独りぼっちな気分のように感じるかもしれない。オーケー、誰も私と同じポイント・オブ・ビューを持たないかもしれない、でももう絶対に自分を捻じ曲げるような真似はしない! もう私のことが好きじゃないなら、それでもいい。私はあなたを愛してるし、想っているし、あなたを力づけるためなら何でもする。そしてそれでも私を嫌いだとしたら、それはあなたの問題だから。

ほら、向こうにきれいな道があるよ。あそこまで馬に乗って駆けて行こう!

一緒に来る? 並んで走る? それともついてくる? ただ邪魔だけはしないで!

違いが分かりますか?

あなたは自分の人生、今に存在しています。

そう要求する意欲がありますか?

もしそうしたら…　軽く感じる？

それらが現れることを許さないもの全て、破壊して、アンクリエイト（非創造）しますか？ Right and Wrong, Good and Bad, POD and POC, All Nine, Shorts, Boys and Beyonds.™ ありがとう。

〜〜〜

軽く感じる道に従う

軽く感じる道に従うのは、あなたにとっての真実に近付いてきたことを確実に知る方法です。そうです、軽く感じ始めるのです。

私が、「あなたにとっての真実は軽く感じさせ、嘘は重く感じさせる」と言う時、それは他の人が言ったり、したりしたことについてだけを指しているのではありません。あなたにとって真実であること、その道に進んでいる時、あなたは、どんどん、どんどん、より軽い状態になります。

しかし、それとは**全く対照的**なのが、「あなたを幸せにするはずだ」と、誰もが言う全てのこと、そして「ここでの人生はこうでなければならない」と言う全てのやり方です。

時にそれは崖っぷちに立って、飛び込むかどうか選ぶようなものです。

この現実は、私達のほとんどがはまり込んで動けなくなる罠です。それはまるで流砂のようです。ただ歩いている時はオーケーですが、しばらく立ち止まってしまうと、知らぬ間に飲み込まれてしまい、そうしてあなたは自分に問いかけるでしょう。「**なんで飲み込まれちゃったの？**」

でも今はもう、他の何かがあるというアウェアネスを得ました。軽く感じさせる何かです。他の皆が重さや、そのドラマに陥っても、あなたはそこから離れることが出来ます。

こう問いかけることが出来ます。

「**ねえ、これは本当に現実？ あ、違う？ すごぉーい、オッケー、じゃあ行くね。**」

ここで鍵となるのは、あなたはそこから立ち去ることが出来るということです。あなたには他の選択があります。そしてある時点でこう言うでしょう。

ただ、それは選ばないんだ。

それが現実かそうじゃないかなんて、誰が気にする？
私にとっては現実じゃないから。

読者へのメモ

定義されなくなること

真実よ、今何を選びたいですか?制限も、定義もないところから、あなたの生活を生み出す時?

ただ楽しんで下さい。それがどれだけ不快かを楽しむのです。

ちっとも定義されないことと、マジック?

そしてもし、不快になることと同じくらい、楽に快適になれるとしたら?もしあなたが不快だと思うことに、培われ、育てられるとしたら?

真実よ、どうですか?

他には何が可能?

これよりもっといいことが?

ツール

無限の存在が、これを選ぶ?

もしあなたが真に無限の存在だとしたら?

もしあなたが無限で、制止不可能だとしたら?

もし単に思考、感覚、感情から機能する必要がないとしたら?

あなたには選択があるのです。

ええ、この現実という名の箱の中に、自分をねじ込むことも選べます。

もしくは、

問いかけ、選択、そして可能性から機能することも出来ます。

ユニバースとして、無限大に選択することも出来るのです。

そして、もっと無限大に。

いつもこう問いかけてみてください。

無限の存在が、これを選ぶ？

もしそうでないなら、どうしてそれを選ぶの？

パート2

……世界を変えること

私のポイント・オブ・ビューに賛同することを求めていないと、分かってください。
絶対に。
時々そう聞こえるかもしれませんが。

本当に、それを望んではいません。

あなたのポイント・オブ・ビューは何なのか、それに気付いて欲しいのです。
あなたにとって何が真実かに気付いて欲しいのです。

例えそれが何であったとしても。

美しいあなたへ…

この本のパート1は…　奇妙だったかもしれません。素晴らしいと思ってくれた人もいるかもしれません。

この本のパート2を読む前に…（もしくは会議、デートがある時、出社する時、ある特定の日に何気なく目覚めた時はいつでも）

これをやってみてください。

私がこうであるべきと投影し、期待した全てのもの、これはこうなるだろうということについての全てのジャッジメント、投影、期待、分離と拒絶を今全部、アンクリエイト（非創造）して破壊しましょう。Right and Wrong, Good and Bad, POD and POC, All Nine, Shorts, Boys and Beyonds.™

ありがとう。そのエナジーを感じましたか？

軽くなりましたか？

そしてもう一度…

大きな声でこれを繰り返してください。

全てはそう見えるものの逆であり、
そう見えるものの逆は何もない。

全てはそう見えるものの逆であり、
そう見えるものの逆は何もない。

全てはそう見えるものの逆であり、
そう見えるものの逆は何もない。

全てはそう見えるものの逆であり、
そう見えるものの逆は何もない。

全てはそう見えるものの逆であり、
そう見えるものの逆は何もない。

―第十一章―

自動操縦を解除する準備は出来た？

今現在に生きるのに、相当のエナジーを使っていると感じるかもしれません。実際、初めはそうです。何故ならそれは、あなたがずっと長い間やってこなかったことだからです。

今までの人生をほとんどずーっと、その瞬間、瞬間を生きずに、自動操縦で生きてきたと気付いていましたか？

仕組みをご説明しましょう。あなたはこの惑星に来た時、この現実が理解出来ませんでした。そこで自分をどのようにここに合わせ、どのように他の人達のようになるか、全ての答えを与えてくれる思考を創りました。あなたの思考は常に「この現実の正しさ」から身を守るために戦っています。そのこと自体が完全にこの瞬間に生きること、そしてビーイング（その瞬間に在ること）を除外します。あなたの現実という違いを完全に排除しています。

何ですって？　**あなたの現実が違う！**　分かっています。それが理にかなわないってことを。でもこう聞いて、少し気分が軽くなりませんか？これがうまくいかないものに、随分エナジーを費やしてきたような気がしている理由です。

この現実は均一化（homogenization）だと気付いていましたか？あなたのミルクを温めることを言っているのではありません。（あれは殺菌（pasteurization）、まぁとにかく）自分を普通で、一般的で、現実的で、そして他の皆と同じようにさせることについて話しています。

それはね、あなた自身がその瞬間に存在していないことなのですよ。それが自動操縦です。

ですから初めのうちは、その瞬間に在るには大量のエナジーが必要だと感じられるかもしれません。そのとき、あなたは自分のアウェアネスと闘っています。何故なら、今自分が感知した全てのものをどうにかしなければならないと思っているからです。そこで、これがポイントになります。実際に、瞬間瞬間を生き、自動操縦を解除すれば、エナジーが奪われるのではなく、より多くのエナジーを、そして人生を、得られるようになるのです。

もっとより多くを！

睡眠時間も少しで足ります。食べる量も減ります。ただ必要なくなります。まさに「全てはそう見えるものの逆であり、そう見えるものの逆は何もない」の世界です。さあ、思考でこれを解明してみてください！

〜〜〜

では、その瞬間に在るためには、大量のエナジーが要ると決めてきたこと、全てを破壊して、アンクリエイト（非創造）しますか？ Right and Wrong, Good and Bad, POD and POC, All Nine, Shorts, Boys and Beyonds.™ ありがとう

自分の強烈さであること

あなたが変化すると、バイブレーションも変わります。生き方の強度も強くなります。

これは初めて聞くことでしょうし、知られていないことです。

その強烈な強さから逃げようと努力をして、大量に食べ始めるかもしれません。もしくはお母さんに電話したり、他に交際相手を探したり、誰かとセックスしたり、自分を隠せるようなことは何でもし、もしくは何かで自分を楽しませようとします。開花しそうな強烈な強さから逃れようとして。

自分が求めている変化を手に入れるためには、その強烈な強さを持つ意欲を持たなくてはなりません。

その強さは通常、かなり不快なものです。でもそれが不快だからと言って、悪いことを意味しません。事実、選んだ変化が大きければ大きいほど、しばらくの間その不快感はより強く思えるかもしれません。

あなたが人生で選ぶかもしれないものが、悪いとか間違っているとか言っているのではありません。（あなたという存在が体現しつつある強さを台無しにしているものを含）どんな理由であれ、あなたにとってうまくいくことなら、実際にやってみてください。

自分に問いかけてみてください。


自分のバイブレーションと強さを弱めるためにこうしている？

自分のスペースを狭くするためにこうしている？（もしくは、これがより広いスペースを生み出そうしている？）

もっと快適になるためにこうしている？以前感じたように感じようとして、こうしている？

これを選ぶことで、人生がもっと楽しくなる？楽しみが減る？


あなたがしなければならないことは、問いかけることだけです。

要求されているのは、問いかけることだけです。

これからも必要なのは、問いかけることだけです。


そしてもちろん、問いかけることによって気付きを得たいかもしれません。そしてそれに従って行けば…　あぁ、でも楽し過ぎるところに私を連れてってくれるかもしれません、本当に。でもそれはイケナイことに違いありません。

〜〜〜

本当の優先事項は何？

自分の人生をどう管理するかについて、私達は皆、人生の優先順位を持っています。そしてほとんどの人は、それが何であるのかに気付いてもいません。

例えば、私の友人、ギャリーを見ていて一つ気付いたのは、彼にとって人生はただ安らぎだということです。何がなんでも。どんなことが起きても、状況がどうであれ、彼には常に安らぎの感覚があります。

その理由の一つが、彼は人生を導くものを優先させているからです。彼はいつもエナジーを注ぐところを知っています。価値のないもの、人生、生活そしてコンシャスネスの質を上げることに関わらないものには、エナジーを注入して、車輪を回そうとはしません。

あなたにも人生を運営する優先事項があります。問題はそれらが本当に何なのか、大抵知る手掛かりを持っていないことです。自分は知っていると思っているかもしれないでしょうが…

私から質問です。あなたにとって何が価値があるのか、本当に知っていますか？　人生で実際に、真に優先させているものは何ですか？

リストを作ってみたいですか？

今すぐ？

質問を二回読んでください！

過去七日間、時間、エナジー、思考と感情の大部分を何に費やしましたか？

1

2

3

4

5

これらの五項目は、あなたが**実際**に優先させているものです。自分で持っていると思っていたオフィシャルなものではありません。

ええ、分かっています。

面白い選択ですよね？

さぁ、今自分に問いかけするとしたら？

もし私が魔法の杖を振って、私の人生に貢献し、本当に欲しい人生をもたらすことに優先順位をつけられるとしたら、上のどれをキープする？　どれを捨てる？　それから…

本当に自分が望む人生、生き方を生み出し、創り、そして実行する――これらに貢献するための優先事項五つは何？

1

2

3

4

5

そして今、それらが楽にあなたの人生に現れることを許さないもの、全てをＰＯＤ＆ＰＯＣしてください。

人々をハッピーにする！

面白いことに、私達は「隠された優先事項」も持っています。自分をこの現実に留まらせること、決して家族という範囲を超えないこと、他の人を傷つけないことなど、そういった「開放的な」ことです！

私にとって、人々をハッピーにすることが、私の主な「隠された優先事項」の一つでした。人生の全てをずっと、人々をハッピーにしよう、ハッピーにしよう、ハッピーにしようとしてきたのです。

ついでに言えば、それほどうまくはいきませんでしたが、とにかく私は頑張りました。そしてそれがずっと長い間、優先順位筆頭、「隠された優先順位」の筆頭だったことに気が付かなかったのです。とにかく何がなんでもそうしなければならず、そうすると心に決めていました。

まず一番に、人々の不幸に気付く。次に、それは悪いことだ、それは選ぶべきものではないとジャッジし、最後に、それを変えてあげるために何でもしなければならないという場所を私の世界に創らなければなりませんでした。

「彼らは本当にハッピーになりたいのか？それは、彼らが選ぶものだろうか？」というような問いかけは全くしていませんでした。

私の自動操縦の設定は、私のジャッジによって彼らの選択を固定化させ、自分の優越感で彼らから力を奪っていました。嫌ですね、親切でしょう？

これは自分や彼らにとっての真の優しさですか？　いいえ。賢いやり方ですか？　いいえ。

あなたの生活を安らぎ、歓びと溢れんばかりの表現と、豊かさへと変えも選べも出来ないことを維持し、同調する、

どんな「隠された優先事項」を認識しないまま持っていますか？ それらを今全て破壊して、アンクリエイト（非創造）しますか？ Right and Wrong, Good and Bad, POD and POC, All Nine, Shorts, Boys and Beyonds.™ ありがとう。

〜〜〜

あぁ、君を知ってるよ！

あなたは自分が悪いんだということへ直行したでしょう？ 間違った優先事項を選んでしまったのだと結論付けてますね！ 隠された優先事項すら、自分のせいだと思ってますね？ もう、このヒューマノイドは！

他の可能性を挙げてみましょうか。

もしこの人生で、自分の優先順位を一つひとつ選んだことに感謝することが出来たとしたら？ あなたが喜んで感謝する全ての選択が、安らぎと、何か違うものを現す可能性を創ります。

必ずしも賢くある必要はないと他の人達に分かってもらうために、何か失敗をし、その話をする体験を私は喜んで持ちたいと思います。 そしてそれを変え、違うやり方で機能することを進んでやりたいと思います。

完璧に行動し、今まで何も問題もトラブルもなかったような振る舞いをし、何も生じなかったように… これは気分を軽くさせましたか？それともそうするにはかなり大変な作業ですか？

それってまさに、もう一つの自動操縦ではありませんか？

もはや自分は完璧だと証明しようとする必要がなく、既に完璧であると認識したとしたら？　あなたの現実がそうあることを許さないもの全て、アンクリエイト（非創造）して、破壊しますか？　Right and Wrong, Good and Bad, POD and POC, All Nine, Shorts, Boys and Beyonds.™ ありがとう。

〜〜〜

もし六歳の子供が世界を動かしているとしたら？

私が六歳の子供が歩いていてつまずいたのを見ても、彼らはそのことをジャッジしません。彼らはつまずくことがどれほど悪いことなどと思いません。ただ「**あ、転んじゃった**」それだけです。

コンシャスな人生を生きるとは、六歳の子供のようなものです。自分を楽しくさせることを選び、気分を重くすることは選びません。コンシャスネスに生きることを、人は実に重くてシリアスで、キツくて、難しいことだというポイント・オブ・ビューを持っているようです。違います！そこでは何が起きても、実際に安らぎと歓びから成る人生を持っていられる、ただ一つの場所です。

これを聞いて「**それはただ自分の責任から逃れているだけだよ**」と言う人がいることを知っています。でも私は、しなければならないことをしなくてもいいとは言っていません。**しなければならないことをもっと楽にやろう、そして自分自身のことも「楽に」大事にしようと提案しているのです。**

コンシャスネスは実際的なのです！

それは全てを包含し、何もジャッジしません。家賃を払うことも、親に電話することも含みます。他にもしなければならないことがあるでしょう。もしそのしなければならないことが楽にこなせて、そしてこなせる自分に感謝出来たとしたら？

もし躓く度に感謝したとしたら？　もし立ち上がって、また喜んで歩き始めるたびに、感謝したとしたら？

そして人口の五十二％の人達が、何の変化も待ち望んでいないことを知ってください。その人達は自分の下着を変えることすらためらうほどの頑固者です。自分達が完全に正しい答えを持っていると決めつけています。

誰かを変えるのは、あなた次第ではありません。その人達次第です。

ドアを開けてもいいかと実際に問いかける意欲がある人達のためだけに、あなたは変化をファシリテート（促進）することが出来ます。こうしてあなたは変化を促進することが出来ます。

それまでは、何の変化も促進させられません。

変わることを真に求めていない人を、変えようとするのは止めなさい。彼らを変えられないことで自分をジャッジすることを止めなさい。変わらないのはただの「**彼らの選択**」なのです。

あなたのせいではありません。もう一度言います。それは**彼らの選択**です。**あなたのせいではありません**。

あなたが誰かに与えられる最も素晴らしいギフトは、**彼らが選択することそのもの**を力づけることです。その選択が、彼らにとってそれほど適したものではなかったとしても。何故なら、その後の彼らの人生で、自分の選択というギフトを手に入れるでしょうから。

人々は深刻であることに全力を傾けています。その方が、私のように六歳児のスペースにいるよりもっと現実的だと信じています。人々は自分達を救い、人生を完璧にしてくれる完璧なリレーションシップを見つけることに全力を傾けています。人々は他の可能性を考慮する代わりに、いつもそうしていたやり方に全力を傾けています。人々は常に正しい答えを持つことに全力を傾けています。その答えが全く使えないものだとしても。

変化を求める人達にある問題点は、その変化を求めない過半数すれすれの人達が「正しい答え」を持っていると本質的に決めてしまっていることです。もし彼らと競争になったら、「**このパイの自分の取り分、確保しなきゃ**」や「**全**

部取られちゃう。私の分は残ってない」私の言いたいことは分かりますね？

でもあなたにとって何が真実かがはっきりすれば、ほとんど九十九％の場合、あなたはそのパイのことや、他の人が何を得たかが気にならなくなります。ただ周りの人達のポイント・オブ・ビューに迎合し、同意していただけです。この今現在でも、真剣に大きな変化を起こしたいと願っているのは、ほんの一握りの人達だけです。全人口の五％くらいでしょう。

勘違いしないでくださいね。六十六億人のうちの五％と言ったら、相当な数ですよ。

すごい人数です。

この本を読むことを選んだあなたも、そのうちの一人です。

そのことを知る意欲がありますか？

読者へのメモ

コンシャスネスは、それ自体より多くのコンシャスネスを求める

他の表現をすれば「**コンシャスネスはコンシャスネスを呼ぶ**」。チャンスが与えられれば、コンシャスネスは常にそれ自体より多くのコンシャスネスを創り出します。

コンシャスネスは物理的法則により、維持するのが最も簡単なエナジーの状態です。それは何故でしょう? **存在し続けるための極性を持たないからです。ただ、そうで在るだけだからです。**

――

アン（否定を表す「不」・「無」）コンシャスネスは、凝り固まったポイント・オブ・ビューのようなものだとします。凝り固まったポイント・オブ・ビューを持った人を知っていますか?その凝り固まったポイント・オブ・ビューを持つためには、かなりのエナジーが要るでしょう?

忠実な保守、忠実なリベラル、ファシストなど。彼らは凝り固まったポイント・オブ・ビューを持っており、それを保持するのに途方もないエナジーを必要としています。そうでしょう?

全ての凝り固まったポイント・オブ・ビューを凝り固まったままにしておくために、注ぎ込まなければならないエ

ナジーの度合いです。

各ジャッジメントを適所に保つには、二十五のジャッジメントが必要です。その各二十五のジャッジメントにはまたそれぞれに二十五のジャッジメントが必要で、その各二十五のジャッジメントにはまたそれぞれに二十五のジャッジメントが…途方もないレベルのゴミクズマルチ商法なのです。

コンシャスネスについていうと、「在る」だけの本当に最も楽な状態です。何故ならこのゴミクズマルチ商法をやらなくてもいいから。

ですからこれを読んでいる可愛らしいあなた達、**あなたには選択があります。**凝り固まったポイント・オブ・ビューとジャッジメントを適所に保つためにエナジーを使うか、そのエナジーを自分の人生を生み出すために使うか。**あなたの人生です。あなたの選択です。**

あなた自身について持っている全てのポイント・オブ・ビュー、投影、期待、分離、ジャッジメントそして拒絶を全て破壊して、アンクリエイト（非創造）しますか？ Right and Wrong, Good and Bad, POD and POC, All Nine, Shorts, Boys and Beyonds.™ ありがとう

マジック（になること）

読者へのメモ

ユニバースはあなたにギフトしたい！！

ふっくらとした二人の天使があなたの頭上を飛び交っています。システィーナ礼拝堂の天井に描かれているような天使で、大変そうに羽を動かしています。金貨の詰まった壺を抱えているのですが、その壺は天使には重過ぎて大変なのです…

天使達は、あなたにただあげたいものをたくさん持っています。あなたにこれをあげたい、あれもあげたい、それもあげたい。天使はずっとずーっとあなたにあげたいと願い続けているのです…

ねぇ、友よ。天使達はどうしてあげずに、あなたにあげたいと願い続けているだけなのでしょう？

だってあなたが欲しいと言わないから！

天使達のつぶやきです。「**早くしてよ、このおバカさん！！ 私達の堪忍袋を試してるの？ この重い壺、今すぐ頭の上に落としてつぶしてやろうかしら？！ 私がこれをあなたにあげられるよう、お願いだから問いかけして！**」

お願いしてください。欲しいものは何でも。ユニバースの最大の願いは、あなたが願い、そして受け取ることなのです。

（ユニバースは明らかに、あなたが自分を好きな以上に、あなたのことが大好きなのです。）

第十二章

杖を振れ！君がマジックだ！

ビーイング（存在）としてのあなた、その本来のあなた自身である時、マジックが起こります。

そう、マジックを創れるのです！ええ、本当はそれを知っていましたよね？

どんな状況でも変える、あるエナジーになることをあなたが厭わなければ、想定された状況が、全く別な方向に向かいます。それは原因と結果？それともマジック？

面白いのは、**いつでも**そうなれるという選択があるのに、そうなることをたまにしか選ぼうとしないのですよね。

間違えないでください。それは選択です。いつでも選択なのです。私がどんな意味合いでマジックを語っているのかって？私のポイント・オブ・ビューでは、何かを問いかけ、そしてそれを受け取ること、それがマジックです。何かを変えられること、それがマジックです。例えば、ただあなたの人生の感じ方を変えられること、それはほとんどの人が存在さえ知らない、輝かしいマジックの一部なのです。

「そんなこと出来るはずないって！」

私の友人のギャリーが、子供の頃のあるエピソードを語ってくれました。彼は体から抜け出し、天井へと歩いて上り、エネルギー的にドアの外から頭を突き出して、両親が楽しんでいるラジオやテレビを一緒に楽しんでいたと言います。

ただ、そう出来たのだそうです。ある日母親にそのことを言ってしまうまでは、体から抜け出していました。あぁ、それは大きな間違いでした！！

母親は「**あらまぁ！そんなこと出来るはずないって！**」それ以降、二度と出来なくなってしまいました。

これがこの現実のやり方です。この現実は、彼にとっての母親のようなものです。この現実は、大部分の母親、父親のようなものです。私達に「出来ない」ことを教えるためにいます、「出来る」ことではなく。

分かってください！これが鍵です。あなたはこの現実を超えた、素晴らしいものを創り上げることが出来ます。もしこの現実に所有されることなく、この現実を通して機能する意思を持つのなら。

過去に実際にマジックのようなことを起こし、それを誰かに言って「そんなこと出来る訳ないでしょ！」と言われたことが何度あったでしょう?もしくは、あなたがどのようにやったのか、どうしてずっとそうし続けていられないのかを見つけ出そうと、その人達は即座にあなたをジャッジし…

その時点で、あなたは「**もう出来ないんだ**」と恐らく決めてしまったのでしょう。

マジックとは、既にあなたで「在る」ことで、「する」ことですらありません。ビーイングとしてのあなたが既に持っている自然の能力であり、ビーイングとしてのあなたがこの世界で表現するものです。通常マジックは、それについてあまり考えていない時に、姿を現すことが多くありませんか？　このリニアな（直線的な）現実が言っていることよりも、もっと大きな可能性に目覚めたいと願う時、「原因と結果のユニバース」を超えるのです。

面白いことに、「求めよ、されば与えられん」は、私達が思考から抜け出し、頑張ることを止め、そして、ジャッジメントの状態にない時に、本当にうまく働きます。

もしあなたがジャッジしているなら、マジックを起こしていません。もしあなたがジャッジしているなら、マジックにはなれません。ジャッジメントは、私達がなれるマジックの可能性をつぶす、最大の敵なのです。

ですから、あなたが他の人に言ってしまうというミスを犯した全てのマジック、何故なら、彼らはマジックを理解出来ないか、それについてジャッジメントを始めるから。そしてあなたはエナジー的にそれを感知してしまい、その結果、もう出来ない、初めから多分マジックではなかったのだと決めてしまったこと、これらを全て破壊して、アンクリエイト（非創造）しますか？そしてあなた本来の姿である、真のマジックになりますか？“Right and Wrong, Good and Bad, POD and POC, All Nine, Short, Boys and Beyonds.™ ありがとう

〜〜〜

もしマジックを「あなたのビーイングの軽さ」として見たとしたら？

予期せず、そうなるとも思えなかった状況で、あなた本来の「ビーイングとしての軽さ」になった時のことを三つ思い出してください。あなたを取り巻く状況が変わったこと、そして楽になったことに気付きましたか？それがマジックです。それが自分の現実を選ぶこと、本来のあなたの姿であるマジックになることの始まりなのです。

ちょっと時間を割いて、過去に起きた三つの経験をここに書いてみたいですか？他の紙に書いても構いません。三つ以上あったら、その状況全部を書き出しても構いません。思い出せるだけ書いて、途中で止めないで！

①

②

③

例を挙げましょう。シカゴ空港が閉鎖になったため、フライトがキャンセルになってしまった女性がいます。私のクラスを受講するため、モントリオールに向かう予定でした。名前をスーザンとしましょう。そしてスーザンは、**この状況を変える、どんなマジックになれる？**と問いかけました。

魔法のツール—問いかける

彼女は空港へ行き、フロントの人達に尋ねます。「何か他に出来ることはないでしょうか？」空港の女性は答えます。

「いいえ、出来ることは何もありません。」

スーザンは尋ねます「本当に？ 絶対？ これよりもっと良いことは？」

空港の女性の態度が少し和らぎます。そこでスーザンはもう一度尋ねます。「これよりもっと良いことは？」

その女性は言います。「ちょっと調べてみますね。」

スーザンは問いかけで答えます。「ありがとう。これよりもっと良いことはある？ 調べてくれてありがとう。」

空港の女性は、コンピューターへデータを激しく叩くように入力し、顔をあげ、「少々お待ちいただけますか。フライトがあることを知りませんでした。他の場所を経由する便ですが、二時間ほど早く到着します。こちらでよろしいでしょうか？」

スーザンはまた問いかけで答えます。「もちろんです。素晴らしいわ、ありがとう。これよりもっと良いことが？」

受付の女性は言います。「**あら、お席はほとんど満席ですが、まぁ、ビジネスクラスは今お取り出来ます。無料でアップグレードしてもよろしいですか？**」

これがマジックです。実話です。

これよりもっと良いことが？

最初のツールは「**この状況を変える、どんなマジックになれる？**」

何も問いかけなければ、何も変えられません。こんなに簡単に出来るのに、あなたはマジックになろうとしません。何故なら、目の前に今あるものとは違う何かが姿を現すことを求めていないからです。

「求めよ、されば与えられん」これを覚えておいてください。求めなければ、今手にしているものと違うものは、恐らく絶対に手に入れられることはないでしょう。問いかけ／求めることは、何事をも変える第一歩です。問いかけは、マジックをあなたの人生に招き入れる、とても大切な部分の一つです。

ほら、簡単ですよね？　問いかけ、偉大さ、感謝。それのすごいところはどこ？　時に最も簡単なことは最もすごいのです。私達は皆、ずっと前に、問いかけ／求めるのを止めることを学びました。だから今、この現実を超えて手に入れられる、その可能性を排除してしまっているのです。

廊下を歩く

前にも書きましたが、繰り返す価値がありますので繰り返します；

答えや結論から機能している時、あなたはまるで長い長い廊下を歩いているようなものです。そしてこれが私の行く先だと決めてしまっています。それだけです。そこにドアはありません。そして存在しないドアは全てロックされています。鍵は置いてきてしまった。わざと。私達って、なんてお馬鹿さん！

この女性とフライトのお話ですが、彼女は、深夜のモントリオールに到着することができました。——翌朝まで到着しない、ということではなく。それが彼女の向かった先だったのです。もし彼女が一つも問いかけていなければ、翌朝まで到着できず、そこで行き詰っていたことでしょう。

私達のほとんどは、そうしてしまうのですが。

私達は「この方向」と定めてそこに向かい、そしてそこで行き詰まります。問いかけをすると、両側に壁がある廊下を進む代わりに、全ての側面のドアが開き、その後ろ側にある光とスペースと一体となります。

問いかけをする前には思いもしなかったような可能性が、突然広がります！　これよりもっといい事がある？　それともっと楽なことが？

「問いかけ」は魔法を起こす一つの鍵です！　こうしてユニバースが私達にあげようとしているマジックを、指し示すことを許すのです！

〜〜〜

違うバイブレーションになる意欲がある？

マジックからあなたを遠ざけている理由はただ一つ、マジックの存在を信じることを、あなたが拒絶しているからです。

そう、あなたがこの現実に関して迎合し、同意し、抵抗し、反発したものは、真実になります。

原因と結果のパラダイムも真実になります。

あなたがこれまでに拾ってきた全ての制限もまた、真実になります。

一度その考え方から外れれば、あなたが手にするもの全てはマジックです！　これ以上もっと良いものが？　それが基本です。で、**最も重要なポイントは？**

約六十五億人もの人間がマジックを信じない惑星に、私達は住んでいます。この本を読んでいる多くの人達―少なくともあなたの人生の大きな部分において、マジックを信じないことがあなたのポイント・オブ・ビューにもなっています。あなたはそのポイント・オブ・ビューに同調してしまいました。何度も、何度も。この現実が囁き続けます。**チクタクチクタク…マジックなんてないよ…**

同調とは、物事が同じように振動することです。「ドラムに合わせて踊る」と言われています。同じ部屋にある振り子の時計のように。最終的に、全ての振り子のチクタクと音を立てる速度が同じになるでしょう。

とても悲しんでいる人の側にいると、自分も悲しくなってきますよね？そしてそこにあるべきだと知っている、自分の幸せの現実すら見つけられないような気がしてきます。これも同調です。この現実の鈍い音に耳を傾けたとしたら、それは「**チクタクチクタク、マジックなんてないよ…**」

こんな感じでしょう。あなたがこの現実のバイブレーションに同調した時、それはあなたに何をもたらすのでしょう？まるでマジックなんて無いかのように、あなたを機能させるのです。あなたはマジックの現実を見つけられないように感じてしまいます。そこに隠されているのはあなたなのに。（**チクタクチクタク、マジックなんてないよ…**）

ハッピーじゃない人、楽しそうじゃない人、全然マジックを持っていない人と繋がろうと努力し、彼らと同じバイブレーションになろうとしたことが何度ありますか？それらを全て破壊して、アンクリエイト（非創造）しますか？Right and Wrong, Good and Bad, POD and POC, All Nine, Shorts, Boys and Beyonds.™ ありがとうもしマジックを使おう、マジックになろうとするなら、ここが大事です。このマジックの存在を知らない人、マジックを信じない人（のバイブレーション）を超えて、振動する意欲を持たなければなりません。

違う周波数で振動する意欲を持たなければなりません。「チクタクチクタク、マジックは存在するよ！　私がマジックだよ！」と。

他の誰かを同調させるかどうかは、あなたの選択です。

それは「選択」です。「彼らの現実」というウサギの穴に転げ落ちそうだと気付いた時は、いつもこの問いかけをしてみてください。

私が本来の姿であるマジックになったら、これまでとは違うどんな現実を今すぐに選択出来るだろう？　それを阻止するもの全て、破壊して、アンクリエイト（非創造）しますか？　Right and Wrong, Good and Bad, POD and POC, All Nine, Shorts, Boys and Beyonds.™ ありがとう

チクタクチクタク、マジックは存在するよ！　あなたがそのマジックだよ！

〜〜〜

幻想？それともマジック？

イタリアのローマでクラスを開いていた時、誰かが通訳の女性に「デーンは夢想家なのですか？」と聞きました。彼女は「いいえ、夢想家ではありません。マジシャンです。」と答えました。その人は言いました。「どういう意味？」

彼女は答えました。「**夢想家というのは、何かが起こると思わせようとする人です。マジシャンというのは本当にやって、魔法を（変化を）起こす人です。**」

自分は誰に対してもてすごい幻想を何度も繰り返している夢想家だと信じ、自分がなるべきマジックには本当になれていない、と信じたことが何度ありますか？　それら全てを破壊して、アンクリエイト（非創造）しますか？

Right and Wrong, Good and Bad, POD and POC, All Nine, Shorts, Boys and Beyonds.™

私は自分のクラスに来た、あらゆることにポイント・オブ・ビューを持っている人達が、数時間、数日で変化するのを見ています。

この人生で、もしくは数十億もの過去生で、ずっと待ち望んでいた変化を受け取っています。

そしてどういう訳か一部の人は「**これはただの幻想。またすぐに元通りになるさ**」と信じています。

もしあなたが創った変化はただの幻想だという考えが、実はあなたに貼り付いている嘘だとしたら？

コンシャスネスは幻想で、あなた自身も幻想で、その幻想の中にいて、もしこの本に書いてあるツールを使って実際に何か変化が起きたとしても、それもただの幻想であって、現実ではない…

もし**それも全部**嘘だったとしたら？

より本来のあなたになり、よりコンシャスになり、より覚醒し、そして意欲と選ぶ能力とを持ち始めます。物事がうまく進みます。本当にうまくいきます。あなたとしての「あなた」が、ただ本来のあなた自身である時（簡単なことですが…これが面白いことに最も挑戦的で、簡単な概念の一つです。）そうである時、あなたは「歩くマジックの権化」となります。

あなたとその身体本来の姿である、「歩くマジックの権化」となることを拒否するのに、どんな価値がありますか？それら全てを破壊して、アンクリエイト（非創造）しますか？　Right and Wrong, Good and Bad, POD and POC, All Nine, Shorts, Boys and Beyonds.™ ありがとう

～～～

既に起こったことを変える

例をご紹介しましょう。私と友人のギャリーが、数年前にニュージーランドのオークランドを歩いていました。そこでは車は反対車線を走っています。いわゆる、左側通行なのです。…それは私にとっては間違い、です、でしょう？だって（アメリカとは逆なんですから）。

私達は道を渡ろうとしていました。いつものように左側を確かめました。車はありません。縁石から一歩踏み出したところで…車が来ました。二十フィートのところに！右側から時速四十キロで走ってきていて、足はすでに路上にあります。

そこでギャリーが叫びました。「**ダメ！**」、

突然私の足が縁石に戻り、車が一五フィート後ろに下がり、そして、車は通り過ぎました。ギャリーが既に起きたことを全く変えてしまったのです。そこにいたもう一人の友人が「**今の何？**」と聞かなければ、私は恐らくそれを無視したかもしれません。

彼女と私はギャリーを振り返って聞きました。「**今の何？　何かした？**」

ギャリーは「**うん、君を死なせなかった。**」と言いました。

私達は皆この能力を持っています。とにもかくにも、私達皆が持っていないのなら、こんな話をしません。変な奴だと思われても構いません。でもあなたにもこの能力があることを私は知っています。

人生を振り返ってみて、もう既に起きかけているもの、或いはとても変えられるとは思えないようなものを、あなたが変化させたことを考えてみてください。

それを一つだけ書き出してくれますか？　一つだけ。認識して欲しいのです。あなたのために。

それはマジックです！ええ、そうです、実際に起こりましたね？　自分がやったのだと、今認めたいですか？お願い！

これはあなた本来の姿であるマジックを、獲得することの一部です。この先もっとたくさんのマジックを生み出し、創り出すことを選べるようになる、まさに序章なのです。

私達はどうして、緊急の場合のみ、そのようなマジックを起こそうとするのでしょう?何らかの形で死にかけたのに、突然何かが再編成されて、難を免れたことが何度ありますか？

そんな経験はありますか？緊急の時だけ起きるように許可させていますか？それはどんな瞬間でも選択によって活性化出来るものであるべきです！

いつでも！

チクタクチクタク、マジックはあるよ！　あなたがそのマジックだよ！

〜〜〜

どうやって？は要らない

もし秘められた力（ポテンシー）とマジックのエナジーになる意欲を持てば、何でも変えることが出来ます。どんな理由で難しくなければならないのですか？あなたが、単にそれが起こることを許可するだけだとしたら？そう出来るからという理由だけで、いつでもマジックが現れるように許可したとしたら？

それはあなたに出来ることであり、なれることです。

これはビーイングとしてのあなたが、アクセス出来るエナジーの一部です。あなたに要求されているのは、凝り固まったポイント・オブ・ビューから抜け出し、ビーイングとしてのあなたが本来持っている能力に目覚めることです。それがこの現実を超えるものだったとしても。この話を例として挙げているのは、あなたにマジックは存在すると分かってもらうためです。

それを説明するための方法はありません。

「どのように」ではありません。

それは、「それ」です。あなたも出来る「それ」。これがあなた…本来の姿である「それ」なのです。そう認識することがドアを開きます。

テクニックとしての「どのように」を探し求め、過去生を何度、また何億、何兆年を費やしてきましたか？　いくつのグループのメンバーとなり、または組織し、またはテクニックとしての「どのように」のための本を書き、もう既にあなた自身である「どのように」を探し出そうとしてきたのですか？

「どのように」ではありません。　ビーイングです。あなたです。今に在ることです。

チクタクチクタク、マジックはあるよ！　あなたがそのマジックだよ！

〜〜〜

貢献する

もう一つ別の例をご紹介しましょう。彼をグラントとしましょう。数年の間、グラントは私のクラスにたまに顔を出していました。そして二、三年前に彼がある日電話をかけてきました。

グラント「このクラスには行けないんだけど… ちょっと助けてくれないかな。」

私「いいよ。どうしたんだい?」

グラント「姪が生まれたんだけど未熟児なんだ。何か僕に出来ることはあるか、アドバイスしてくれないかな?」

私「君はアクセスのクラスに何度も出て、そこでハンズオンのボディプロセスも何度もやったし、たくさん受け取っている。もし出来るのなら彼女に触れて、君の体から必要なものは何でも持って行っていいと言ってごらん。彼女が自分の体を癒したいのか、その体はもう要らないか。それも彼女の選択で、どちらを選んでもいいんだよって、そう伝えて。」

この短い会話が、どれほどの影響を与えたのか長い間知りませんでした。次にグラントに会ったのは一年以上経ってからです。彼は私を訪れ、今までしてくれた中で最も暖かいハグ（抱擁）を私にしてくれました。暖かく、感謝に溢れ、その瞬間にあり、言葉に表せないほどでした。

実は、彼の娘さんが流産の手術を受けており、グラントが、その時その瞬間に在り続けていたことがわかりました。彼女のお腹が切開され、その小さい赤ちゃんが大量の出血と共に出てきた時には、赤ちゃんは黒く、仮死状態で、彼の手の平に乗る大きさしかありませんでした。

彼は赤ちゃんの母親と医師に、赤ちゃんを抱いてもいいか尋ねました。私が言った通り、赤ちゃんにここに残るかそれとも旅立つかを選ばせ、彼がとても愛していること、赤ちゃんがどちらを選んだとしてもそれを尊重することを伝え、また彼の体から必要なものは何でも使っていい、それが彼女のためになる選択なのだと分かっているとも伝えました。

生きることを選ばせることを許すツールと、アウェアネスを彼は持っていました。家族の他の誰もが 出来ないやり方で、彼は赤ちゃんのためにいることが出来ました。その子に文字通り、生への「アクセス」を与えたのです。

それがマジックです。

私が彼に伝えたこと、彼が言われたことを行動に移す選択をしたこと、そして彼がアクセスのクラスで学んだことのお陰で、彼の孫娘は今、すくすくと成長し、「私が知っている誰よりも、生命力を持って生きています」。彼は感謝で溢れています。

〜〜〜

さあ、友よ、自分に聞いてみよう

周囲の世界に対する自分の影響力を今すぐにあなたが認めることほど、大きな影響力を持つことが他にあるでしょうか？そしてもしほんの一瞬でもこう言ってくれたら、もっともっと素晴らしい！「この現実のルールなんてクソくらえ！もう私には自分の現実があるんだから。」

どうして？　あなたがその十秒間には、マジックになる意思を持っているからです。

想像してみてください。もし自分の人生を十秒引き伸ばし、毎日、十秒毎に、自分の現実とアウェアネスを持つことを厭わずにいたら？　何を生み出せますか？　もし私達皆がそのマジック、その力強さ、その気付き、その瞬間、そして激しいエナジーに進んでなるとしたら、何を生み出せるでしょう？　あなたがその瞬間／存在の度合いにまで足を踏み入れた瞬間、そうなったら、私達は何を一緒に生み出せる？！

それが実際のあなたという存在であり、あなたとその周りの人達への驚異的なギフトなのです！それはまるで、「十分に大きく素晴らしい存在になれば、自分を貢献として見られるようになる」とただ座って何もせずに待っているようなものです。自分は貢献なのだと、今すぐに、認めるのではなく。

今すぐに。

チクタクチクタク、マジックはあるよ！君のことだよ！今だよ！

「いつか自分も貢献するだろう。でも今日じゃない」と思っていますね。

いつかは自分も貢献する、でも今じゃないと決めてしまったところ全て、それを破壊して、アンクリエイト（非創造）しますか？Right and Wrong, Good and Bad, POD and POC, All Nine, Shorts, Boys and Beyonds.™

本来のあなたはマジックであるということを、その現実に合わなかったという理由で、定義的で、直線的な現実の方をより現実としてしまっただけであって、もしあなたは今まで認識していたよりも、ずっと素晴らしい貢献だったとしたら？

もし、あなたの存在そのものであるマジックであることが、この世界がまさに要求している貢献だったとしたら？

さあ、今だ！

バン！

チクタクチクタク、

マジックはあるよ！　君のことだよ！

そうなることを選んでくれる？

読者へのメモ

ストップ！

皆さんの中に、頭で考えようとしている人がいますね？

実は、これは「頭で理解出来るもの」ではありません。

もちろんあなたには「思考」というものが備わっていて、時に有効なことは知っています。

でもね、その認識的思考では分からないこともあるのですよ。そこを超えるのです。

実際、人生を思考で理解出来るのであれば、もう出来ていると思いません？

全てはそう見えるものの逆であり、
そう見えるものの逆は何もない。

本当です。

ツール

マジックの日記

もし毎回、自分がマジックになっていることを認識したとしたら？　あれは偶然だ、単なる運またはまぐれだよと言う代わりに？　**本当に認めてください。**

あなたと、ユニバースのために。

「マジックな私」という日記を始めたいですか？

とっても高くて、きれいで、手綴りの本、よれよれの屑紙、iPhoneのノートページ、フェイスブック®ページ、何でも構いません。

大事なのは一週間、一か月、一年間、死ぬまで一生…ほんの小さなマジックでも、あなたの人生に起きたこと全てを書き留めていきます。

そしてそれをマジックだと認めた後、「ありがとう」と感謝し、問いかけます。「人生にもっともっとこれ以上のものが私の人生に姿を現わすには?」そして、「これよりもっと良いことが?」

私達が人生での事柄を認め、感謝すれば、ユニバースに対してこれをよりもっと多く欲しいと言っていることになります。私達はそれにエナジーを与えているのです。あのふっくらとした天使達と共に。

(ところであの天使達も、それを喜んでいます)

この地球

ツール

明日の朝起きたら、問いかけてみてください。

ねぇ地球、今日は私から何を必要としている？

ねぇ地球、今日は私から何を必要としている？

もっと悲観的になって欲しい？
それか、もっと自分を嫌いになって欲しい？
そうだよね、生きていると実感するために、幾つかの大きなトラウマ、ドラマと涙にはまって欲しい？

ごめんね…　恐らく一つも答えを得られないのではないでしょうか…
でも、私の言うことは聞かないで。自分で試してみてください。ただ問いかけてみて。**ねぇ地球、今日は私から何を必要としている？**

そして…

黙って！

そして、耳を澄ませて…

～

～

～

ほら！

何かを感知しましたね？！

それが、地球があなたとコミュニケーションを取っているエナジーです。あなたの質問に対して、気付きを与えています。

あなたが地球に求め、地球から受け取ったものはあなたを微笑ませましたか？　この美しい惑星からのエナジーを浴びる一瞬の沈黙は、楽しかったでしょうか？多くの安らぎ、スペース、穏やかな感覚、そして歓びがあることに気付きましたか？ただ問いかけて、耳を澄ませ、その瞬間にあることが、これらを創ります。

もし楽しんだのなら、絶対に二度としてはいけません。

明日も、あさっても！

あなたの人生と地球を変える、この問いかけをすることは絶対に明日も、その後二十一日間も、許されていません。

それも、冗談です。☺

―第十三章―

本当に地球は救いを求めている?

これからの数分間、私はかなり気に障ることを言うかもしれませんが、いいですか?

要は、私達が変わるか、その価値は無いのか、ということなのです。私達はこの美しく、驚くべき、広大で、壮麗で、想像を超えた惑星に住んでいます。もし私達が実際に、それを認め始めたとしたら?

私達が機能する方法を変えるか、そうでなければこの惑星は…生命を維持出来ません。私はそうなって欲しくないのです。これはただの私のポイント・オブ・ビューです。私のポイント・オブ・ビューとあなたのものが同じである必要はありません。

もしあなたが、地球が求めている何か全く違うもの、そして変化だとしたら?

どうしたらそこにたどり着くのか、どうやって何か違うことを選んだらいいのか分からなくてもいいのです。答えは期待されていません。ただ、このような**問いかけ**をして欲しいのです。

他には何が可能？
私達は他に何を生み出し、そして創造出来る？
まだ考慮したことがない、他のどんなエナジーが使える？

もし存在すること、そして変化することは、直線的な構成でないとしたら？

もしAからZまで順番にやるは必要なく、それ以上ないとしたら？もしAからZまで行って、「うわぁ、他にも十億ってAがある可能性が？！じゃあここにBがあったら、他の別の十億ものAを創り、この十億のAとBの組み合わせが出来て、それは最初の五十Aとは全然違うものだよね？それにCなんて足しちゃったら… また十億っていうCがあったりもする！」と気付いたとしたら？

これよりもっといいことが？私達は多分無限？無限の可能性が多分ある？

〜〜〜

そしてもしそれを認めてしまったら、この惑星でずっと遊び続けることが出来る？それも可能性！

地球と私達

ここで一つ、あなたが知っておいた方がよいことがあります。この二千年の間、地球の歴史の中でより地殻変動が少ない時間を過ごしてきました。どうして？　**私達のせいです。**

私達は壊されたくない家やもの、そして美しいものを持っていて、そこで「**ヘイ、地球さん、私の家を壊さないでね**」と要求してきました。

地球は答えます。「オーケー、分かったよ」地球のこの優しさに対して、私達は何を返していますか？怒り、激怒、憤怒と憎悪、ジャッジメント、トラウマとドラマ、別離への愛着といった形の様々なゴミの負荷ばかりです。

私達は決して問いかけず、地球の気付きも答えも受け取りません。例えば、ロサンゼルスからサンフランシスコまでの道のりを「ねえ地球、もしこの活断層の上に二、三千億トンのコンクリートをごっそり置いて固めたとしたら、何か問題あるかな？」なんていうのはいい問いかけでしょう。

でも私達は地球に問いかけることを拒み、この美しい惑星のアウェアネスに耳を傾けることも拒んでいます！その最大の理由の一つは、他の人達の「地球と私達は一体ではない」という現実を、事実であり真実として、その正当性を立証しているからです。言い換えれば、他の人達が地球もコンシャスネスやアウェアネスを持っていることを信じないので、自分に信じさせることも許しません。

この惑星には六十五億人が住んでいます。そのうちどのくらいの人達が幸せを選んでいますか?ほとんどいないでしょう。ではこの本を読んでいる人のうち、どのくらいが本当に幸せを選んでいますか?真実よ?ほとんどが一度も選んだことがないでしょう。

どうしてそれが分かるのか?理由は二つあります。まず、私自身がそうだったからです。次に、毎日毎日いろんな人達にセッションをしていますが、トラウマやドラマにはまりこむオプションがあれば、大体そちらを選んでいるからです。他に選択肢があると気付くまでは。トラウマやドラマの選択は、そうならなければいけない訳ではないのです。**ただそうならなければいけないと学んでしまっただけです!**

ですから、もしそうならなければならないと学んだことを、まだもしかして他に出来るであろうことのために、喜んで手放すとしたら?もし自分の周りにある制限を無効にすることを厭わず、代わりに他の可能性を考慮するとしたら?もし全然違う可能性があることを、あなたは知っているとしたら?

〜〜〜

そして大事な質問です。それが今、あなたがこの本を読んでいる理由ではないのですか?

キリング（殺す）・エナジー

地球が今殺したいと思えば、一人残らず殺すことが可能だと気付いていますか? ここ数年、どれだけの自然災害が起きていますか? 自然災害は減っていますか? 増えていますか? キリング（殺す）・エナジー。地球はそれを持つことを厭いません。地球がそれほど頻繁にそのエナジーを使わないなんて、なんてラッキーなのでしょう?

地球はキリング（殺す）・エナジーを使えるから、という理由だけではそれを使わないことを知っておいてください。もし地球がそうしようとすれば、多分誰もここにはいないでしょう。**地球はコンシャスネスを促進（ファシリテート）するためにこのエナジーを使います。それが、**今地球のやっていることです。今までずーっと、です。その可能性を見る意欲がありますか? 地球は地球が選んだ全てのものを使って、コンシャスネスを促進（ファシリテート）します。

従って、「災害」は悪いことである、というポイント・オブ・ビューを持つためにしてきたことを、全て今手放してくれますか? それについて何もすることなしに、ただそれに気付くことを厭いませんか? ここで私は全く違う角度から世界を見る方法へとご案内します。

世界中を通り歩き、戦争や飢饉を目の当たりにしても「オーケー、こんなことが起きている。ここでの可能性は何?」と思えたとしたら? この状況を変えるにあたって、それに貢献するため、私は何になれる? そして本当にそのエナジーになり、問いかけとなり、完全に許容の状態で、戦争と飢饉は正しいか、間違っているか、良いか悪いかのポイント・オブ・ビューも持ちません。そうしたら、何が可能でしょう?

あなたはこの現実の極性から抜け出しました…　存在のワンネスに向かって真実よ。

それは世界を変えますか？

〜〜〜

最大の有毒廃棄物

もし私達の怒り、激怒、憤怒と憎悪、ジャッジメントとトラウマとドラマへの愛着、そして分離がこの地球上の最大の有毒廃棄物だとしたら？そしてもしそうだとしたら、その有毒廃棄物は、一番楽に変えられるものです。もし私達が選ぶのなら。でも私達がそう選択する時のみ、です。

怒りとジャッジメントを植物に向けると、それを殺してしまうという数多くの研究結果が報告されています。この情報は、誰にとっても驚くべきものではないでしょう。怒りとジャッジメントが植物に必要なエナジーフィールドをひどく破壊するので、生命の持続を止めてしまうのです。

六十五億人の私達が怒り、憤怒し、ジャッジし、自分が間違いであるとし、分離すること。これらを自分と相手の人生を機能させる主要モードとしていたら、それはこの地球に何をしていることになるのでしょう？

もし私達が世界を変えたいのなら、そんな過酷さに依存すること、時代遅れな存在の仕方を止める必要があります。私達がいくつか違う問いかけをし始めるまで、この現実で機能する方法と、この惑星で私達お互いが機能する方法を根本的に変えるチャンスはありません。

それでは、この怒り、憤怒、激怒と憎悪、ジャッジメントに分離、トラウマとドラマの解毒剤は何でしょうか？

コンシャスネス。問いかけ。選択。そして可能性です。

そして変化すること、自分を定義すると信じる「分離」を無くす意欲です。美しい友よ、分離は、本来のあなたが持つ可能性、世界の変化への制限にしかなりません。

あなたが本当に好んで選んだ怒り、憎悪、ジャッジメント、分離、トラウマとドラマという嘘を強要するためにしてきた全てのこと、そして他には選択の余地がないという考えを信じるためにしてきた全てのこと、それらを今全て破壊して、アンクリエイト（非創造）しますか？ Right and Wrong, Good and Bad, POD and POC, All Nine, Shorts, Boys and Beyonds. ™

〜〜〜

本当にこの惑星には救いが必要?

人々が、この惑星を救う話をしているのは奇妙ですね。この惑星は救いなど必要としていません。生き残ろうとするのであれば、救助が必要なのはそこに住んでいる人々です。

私の質問は、「地球を促進（ファシリテート）する意欲がありますか?」

地球がどんなエナジーを必要としていたとしても、そのエナジーで地球を促進（ファシリテート）しますか?そう、もし地球が必要としているエナジーを与えることが、十分な人数の人達が覚醒することを意味するかもしれないとしても?二〇〇三年に何十万人もの人達を犠牲にした津波の、地球への影響について研究した科学者達によれば、津波が地球の軸のぐらつきをも引き起こしたため、状況はもはや、今までと同じではあり得ないそうです、絶対に。似ているけど、違うのです。二〇一一年の福島の地震の後でもその地球の軸のぐらつきは報告されています。

変わらなければならないのです。興味深いことに。

コンシャスにならず、目覚めた状態でもいないことは、実際は一つの選択だということを分かってください。コンシャスであり、目覚めた状態であることもまた、単にそのままの一つの選択です。

津波の際、動物は——三十年も杭につながれていた動物でさえ——杭を引き抜いて高台へと逃げました。犬も猫も牛も鳥も…そうできたものは全てその場を離れました。

そして人間は砂浜に行って魚を拾い、いつもと違う波の写真を撮っていました…

それでは、あなたは自分の人生で、どのように機能したいですか？

自分の死を写真、いや、いっそうのことビデオに収めたいですか？　あまりにもコンシャスでなさ過ぎて、津波にさらわれる方がいいですか？　それとも危険な状況から逃げ出さなければならない時は、羽が頬に触れる感触を察知出来るほど十分な気付きを持っていたいですか？

地球が要求する貢献にあなたがどのようになれるか、そのアウェアネスを持つことを許さないもの全て、そしてそんなことを考えること自体がおかしいのではないかと思わせるもの全てを、今全て破壊して、アンクリエイト(非創造)しますか？　Right and Wrong, Good and Bad, POD and POC, All Nine, Shorts, Boys and Beyonds.™ ありがとう。

〜〜〜

あなたは百番目の猿？

「百番目の猿の現象」の話を聞いたことがありますか？ある科学者達が、いくつかの島の猿について研究していました。その猿達は海によって隔てられており、島から島へと泳いで渡ることは出来ませんでした。

その後、猿達の食物が不足したため、科学者は飛行機から餌を落とし始めました。飛行機から木箱を落とすと、木箱は衝撃で開きます。餌はたいてい汚れていましたが、猿はその餌を食べていました。

ある日、型破りな一匹の猿が、落とされた餌を洗い始めました。そうして一匹の猿から始まり、他の猿へ、また他の猿へとその行動が伝わっていったのです。

一つの島で孤立していた百匹の猿が、餌を洗うことを覚えるとすぐに、全ての島の全ての猿が、全ての餌を洗い始めました。教えられることも、私達が認識するように教えられてきたメカニズムも何もないままに、です。

どうして？

進路を変えたからです。

ここにはコンシャスネスの臨界質量（最小必要のサルの数）があります。言ってみるならば、サルのネットワークにつながるあらゆる猿が、その原理を利用出来るようになり、そして同時に全ての猿の現実が変化したのです。

十分な数の猿がいること、彼ら一匹一匹にとって何がいいことなのか、十分なアウェアネスと十分なコンシャスネスを持つことで、全ての猿のコンシャスネスが変化しました。もし**私達にもこの変化が起こる可能性があるとしたら？**

何が必要でしょう？　頭で理解しようとすると、全く見当もつかないでしょう。そういったプロセスではないからです。また、直線的でもありません。

もし全く別なことが可能だとしたら？

私達のために？私達皆で？そして一緒に？

ですから私はこの現実のルールを信じること、そしてそこから機能することにこだわるのを終わらせようと言っているのです。何故ならそうすることで、今いる場所に一見あり得ない混乱をもたらして来たからです。従って、私達は何か違うものを必要としています。

今。

お猿さん、準備はいいですか？

ツール

まだ怒りを感じる？

それは良いことです。

怒りについて、知っておかなければならないことが一つあります。

それは、怒りと言うのは大体、抑圧された力です。

別な言い方をすると、怒りと力（ポテンシー、パワー）は全く同じ感覚です。

感じ方が全く同じなのです。

あなたはいつも怒りと勘違いするため、自分の力（ポテンシー）に絶対になろうとしません。

どうして「パワー」の代わりに「ポテンシー」を使っているのでしょうか？パワーはこの現実においては、「他者に勝る」力として同一視され、使われているからです。

一方ポテンシーは、変化と創造を選ぶあなたの能力のことです。

子供の頃いつも力強く「**あのさ、これは変えなきゃなんないの！**」と言うと、親や先生は「**そんなに怒らないで**」と言いませんでしたか？ほら、その時からあなたは「**これは悪いことだ。こうするべきじゃないし、こうなるべきじゃない。こうしちゃいけないし、こうなっちゃいけない。**」というポイント・オブ・ビューにはまったのです。

もし小さな子供にとってさえも、怒りとは実は力（ポテンシー）だったとしたら？ちょっと考えてみてください。あなたの人生の、あることを変えなきゃならないと思った時、それは怒りですか？それとも力（ポテンシー）ですか？

この十秒の間、あなたが感じたのはどちらですか？

どうしたらそれが分かりますか？

（はい、ここであるツールを紹介します。）

それはね、友よ、問いかけをすることです。（びっくりした？）

その問いかけは：「**これは怒り？それとも力**（ポテンシー）？」です。

あなたにとって軽く感じるものは何でも…そう、そういうものなのです。

これでお分かりでしょう。意識してそのスペースから、何になり、何をするかを選択できるのです。

読者へのメモ

いっぺんにやっちゃえ!

誰かに言われたことはありますか?

「もう、やり過ぎだよ! 一体どうして一つのことに集中しないの?」

集中する? 落ち着く? 一つずつ?

実際この言葉を聞いて、軽く感じましたか?

これらはあなたにとっての真実ですか?

それでは、ここで全く別の角度からこのことを見られるように(あなたを)ご案内してもよろしいでしょうか?

あなたは最小限のことだけをやりたがるよう**期待され**、**それに強制的に同調させられて**きました。この現実での理想は、最終的に十分なお金を持ったら、もう何もしなくてもいい、です。

ここで私からの質問です。**それ、つまんなくない？**

友よ、あなたは自分の途方もない夢を超える能力を持っています。

この能力で遊びませんか！

より多くを要求せず、より少なくするよう望み、やるべきことがより少ない時に、もっとあなたでいられるという嘘を信じてきた人はどれくらいいますか？今全てを破壊して、アンクリエイト（非創造）しますか？ Right and Wrong, Good and Bad, POD and POC, All Nine, Shorts, Boys and Beyonds.™ ありがとう。

もし死ぬまでの日をただ数えて生きる代わりに、情熱と歓びに満ちて生きることを選んだとしたら？もしどんな時でも遊び、創造し、生み出し、楽しみ、自分の体を享受し、世界を思いっきり、何から何まで経験することを選んだとしたら？

それこそが、あなたが平和でいられるスペースだったとしたら？

そういった**情熱的な生活**が、あなたにとっては安らかだとしたら？

もし最低でも五つ（二十五個まで）、何かに常に取り組んでいることが、あなたにとっての本当に真の幸せだとしたら？そしてそれがもう、ちっとも悪いことではないとしたら？

ビーイングの王国

メモ

逃げ道

あなたのここでの仕事はコンシャスネスと変化を促進することだと、本当に認めていない人はどのくらいいますか?そしてその仕事から逃げられるように、いくつの裏のドアを開けたままにしていますか？　だから真剣に選択していないのですか？　あなたも？

ほとんどの人は、コンシャスネスが何であるかも知りません。

目が開いていれば、それでコンシャスだと思っています。

自分もそれが何であるか、見当もつかないと進んで認めますか？　そしてまた、それが何であるかも、概ね分かっていると？　コンシャスネスとは本当は何であるか、またコンシャスネスがあなたに何を求めているのかを正確に感知し、知り、なり、そして受け取ることを要求しますか？

それらを阻止するもの全てを、今破壊して、アンクリエイト（非創造）しますか? Right and Wrong, Good and Bad, POD & POC, All Nine, Shorts, Boys and Beyonds.™ ありがとう

逃げ道を残したければ残しておいてもいいのです。コンシャスネスは全てを含み、そこには逃げ道も含まれています。でももし、あなたという「可能性のドア」を自分のアウェアネスに感知させるとしたら？完全に？

そのドアを開いてください。

もしあなた自身でいることが、世界を変えているとしたら？

たった今。

この十秒間で。

第十四章

私達の王国

選択することについてはもう話しました。そして同じことを二回繰り返すのは大っ嫌いですよね？ハイ、これはパート2の「選択」、です。続編は「私達の王国」についてです。

選択する／選ぶ、という言葉だけで、すくんでしまう人がいることに気付いていましたか？**選べない。選びたくない。どうして選ばなきゃならないの？お願い、お願い、私のために選んで！**本当に変な話ですが、ほとんどの人達が、本当は選択が何なのかを理解していません。

選択する意欲は、あなた自身の人生と全力で向き合うことの始まりです。あなた自身であり、世界を変えていくことは、あなたが選択することなのです。

あなたには選択肢があります。いつでもあります。

私達がしようとすることの一つが、自分自身の世界の中で、自分は一人きりなのだと信じることです。一人ぼっちだとしても、自分の王国では、自分のためだけに選択出来ます。もしくは、誰かに都合のいい何かを選ぶことは自分のためにならない、そして他の人達のためにはならないことを選ぶことが、唯一自分のためになると信じています。

もっと動物のようになれたとしたら？　動物は生き延びるための本能を持っています。自分達のためだけでなく、この地球全体、そこに住むあらゆるもののために。一般に思われていることとは逆で、彼らは生き残るためだけに機能するのではありません。**繁栄するため**、なのです。ウサギを例に挙げます。来年干ばつになりそうだと分かった時は、ウサギは繁殖を大幅に減らします。通常ウサギは多産ですよね。これは彼らのためだけの貢献ですか？　それとも皆への貢献？

ある地域が水不足で、人口を維持することが出来ないと人間が気付いた時、どうするでしょう？　**もっといっぱい家を建てます！**　経済的に苦しい時、夫婦関係に問題がある時、どうするでしょう？　もっと子供を作ります！　これ、正気の沙汰と思えますか？　もしうさぎの爪の垢を煎じて飲むとしたら?馬からは？　この惑星にいる他の動物達からは？

私達は皆独り、だから自分のためだけに選ばなければ、と信じようとしています。でも実際には自分のために選ぶのではなく、自分のためにならないことを選んでいます。もしそれが、信じ込まされたもう一つの**大嘘**だとしたら？もし意識的に選択すれば、そこにあなたも、地球全体も、そこに住む皆も含まれるとしたら？　そしてその恩恵は、あなただけでなく、他の皆への恩恵だとしたら？

あなたは「自分の王国（アローンネス：孤独）」も、「私達の王国（ワンネス）」も創ることが出来ます。

どちらを選びますか?

〜〜〜

皆、ちゃんと繋がっています

自分のために選ぶには、一人になる必要があると信じ込まされてきました。でも一旦独りぼっちになったら、真にコンシャスな選択など出来ません。**無限の存在が完全に独りぼっちになれますか？　いいえ！**

これ、変でしょう？　あなたは無限です。皆と、全てと繋がっています。

独りぼっちだという嘘を創ろうとした瞬間、自分にも皆にも恩恵を与える選択をすることが出来る全てのものから、あなたは自分を分離させます。言い方を変えると、「自分のために選ぶには独りぼっちにならなければいけない」という嘘を信じようとするため、あなたが持てるはずのアウェアネスを全て切り捨ててしまうのです。そのアウェアネスが、あなたが向かいたい方向への選択をさせるのに。

そしてこれは、あなたが持っている自分への、そして他の人達への思いやりも切り捨てます。あなたにとってはその思いやりが、全ての選択の要因でなければなりません。あなたが自分のためだけに選ぼうとする時、他の人達と繋がるという美徳により得た力、その人達のアウェアネス、思いやりそして貢献、全てから自分を切り離します。

選べるのはこの場所からだけだと思い、人工的に創った「スペース不足」に慣れてしまうため、あなたを、あなたを輝かせる全てものから自分を切り離します。

今

他人の制限や、自分の制限という観点から始まらない選択を私は勧めます。それは実際に、皆と全てを含む「選択」から機能してはいますが、それによって制限されず、他人のジャッジメントからも制限されません。

それは、ユニバースであるワンネスによって受け入れられることです。太陽、地球、そして全ての動物というギフト、植物と木々も含めた、あなたにとってのユニバースの一部となることであり、そしてユニバースにとってのあなたを受け入れることでもあります。

あなたの選択の中にギフトを与えたがっている世界のコンシャスネス全体を含むことによって選択する意思がありますか？ そうさせないものを、今全て破壊して、アンクリエイト（非創造）しますか？ Right and Wrong, Good and Bad, POD&POC, All Nine, Shorts, Boys and Beyonds.TM ありがとうでは、もしあなたが知っていることを認めれば、どんな瞬間、どんな状況でも完全なワンネスの選択を持つことが出来るのに、知らないふりをしたり、知っていることを否定したりさせているものは何ですか？

そうさせないものを、全てアンクリエイト（非創造）して、破壊しますか？ Right and Wrong, Good and Bad, POD&POC, All Nine, Shorts, Boys and Beyonds.TM

〜〜〜

排除はワンネスではない

ワンネスの王国（私達の王国）を、実際あなたはずっと拒絶していたことに気付きましたか？　そして私がワンネスと言う時、そこには、あなたが過去生でしてきたあらゆること、例えば「さぁ、あいつらはもう見捨てて、私達だけでカルトを創ろう、これからはこれがワンネスだ」といった、スピリチュアルなことも含みます。

除外すること、それはワンネスではありません。森のどこかへと逃れ、その五十人、百人、二百人だけでワンネスを創ろうとするなど…　これはワンネスではありません。

ワンネスとは誰も彼も、何もかもを完全にジャッジメントなしで含めることです。

あなたはどういう訳か、ワンネスが実在することは知っていました。しかしワンネスとはこうあるべきだと言う、他の誰かの・ポイント・オブ・ビューを聞き入れるために、それらの過去生で、自分が「知っていること」を否定し、他の人達の主張を信じることを望んだのです。そうしてその人に従い、うまくいかなかった時、あなたはこう宣言しました。「**ワンネスなんて本当は存在しないにちがいないんだ。もう絶対にこんなことはしない。**」

その時点であなたはワンネスに対して自分を抵抗、反発させ、今は誰がワンネスのことを言っても、「**無理。もう絶対やらない。前回あいつらにやられたし。**」とあなたは思っているのです。

私は、あなたに「自分が既に知っていること」に従って欲しいと願います。

とにかく、ジャッジすることなく、「自分が既に知っていること」に従って欲しいのです。この惑星のほとんどの人達は「知っていること」が何なのかでさえ知りません。彼らはそれを「**結論**」と思うからです。

〜〜〜

リトマス試験紙としての結論

選択に関してあなたを躊躇させる最大の理由は、選択が実際に結論へ繋がると思っているから。しかし、そうではありません。あらゆることに関して結論に至る度、その結論に結びつかないもの全てをアウェアネスから全て切り捨ててしまいます。もう一度言いましょうか？

結論付けると、その結論が答えになり、その停止点で、後に続く全てのインプット（アウェアネスでも結論でも）が測定されます。そしてその結論が全てに合致しなければならない、リトマス試験紙となってきます。さらに、その結果に合わないものを、あなたは捨ててしまうのです。

分かった！（不幸にも、まさにこのような多くの個人的経験をしてきたので…）私達はこんなことをいつもやっています…それでは、止めるにはどうしたらいいのでしょう？

その答えは…　止める、と選択することです。何か別なものを選んでみましょう。

その簡単な選択をした後の結果として、あなたは自分の人生をこのように送ります。古いパラダイムから何かを選ぼうとして、そしてちょっと待って、どもりながら「ちょ、ちょ、ちょっと！ちょっと待って！そ、そんなことしなくても、い、い、いいんだよね？！」と言うのです。

これがあなたの自由の始まりです。何か全く違うことを選ぶ自由です。

一度私のセッションに来た女性は、自分の人生で選択をしなくて良いように、全てにおいて計画を立てていたと言っていました。好きではない仕事を続けているのも、選択することを避ける方法でした。「毎日自分のために選択しなければならない立場に身を置くような仕事なんて、怖くて選べません。」と言うのです。

一体何について言っているのか気付いてください。人生の構図を設定してしまっているので、彼女はもう何も選ぶ必要がありません。まさかあなたはこんなことをしていませんよね？　もちろん！　でも、もしもの場合のために。**選択を排除するために、人生にどれだけの構図を設定していますか？　それらを今全てアンクリエイト（非創造）し、破壊してくれますか？ Right and Wrong, Good and Bad, POD&POC, All Nine, Shorts, Boys and Beyonds.™**

ありがとう。

〜〜〜

もし何でも選ぶことが出来るとしたら、何を創りますか？

誰もが常に選んでいます。誰もが自分の人生と生活を選んでいます。意識的か、そうでないかは別として。

新しい可能性が現れた時、制限された観点を持つことも選べます。「**えーっ、これはひどい…　死んでしまう！**」もしくは、私が説明した新しい観点から選ぶことも出来ます。「**わお！　私達皆で今、他には何が創れるかな？！**」

もし私達の王国を自ら進んで創るとしたら？そこには自分達全てを含み、でもそれに関連する制限されたポイント・オブ・ビューは含まず、ただアウェアネスだけで？

もしあなたが気付いている全ての制限されたポイント・オブ・ビューは、あなたの周りにいる人達のものであり、あなたはただそれに気付いているだけだったとしたら？　そして、その制限されたポイント・オブ・ビューを、関連するものとしてあなたの選択肢に入れる必要などないとしたら？

もしその制限されたポイント・オブ・ビューがあなたに関係なかったとしたら？　もしあなたが何でも選べ、私達の王国を生み出すことを選んだとしたら、あなたは何を選ぶ？　それら全てが現れることを許さないもの、今全て破壊して、アンクリエイト（非創造）しますか？ Right and Wrong, Good and Bad, POD&POC, All Nine, Shorts, Boys and Beyonds.™ ありがとう。

この問いかけをし、この問いかけから機能すれば、「あの人達から離れて、自分のために選ばなきゃ！」とか「私のためでなく、あの人達のために選ばなきゃ！」と言うような対応をしなくなるでしょう。ほとんどの人は、このどちらかを選びます。そうではなく、私達皆を含む全く違う観点から選ぶのです。

この「私達の王国」を創るのは、私達次第です。

十分な数の人々がこうすることで、世界中に可能性を創ることでしょう。全く違う可能性です！

準備はいいですか？　何を選びますか？

読者へのメモ

選んでる？　結論付けてる？

ジャッジメントとアウェアネスの違いについて話したことは覚えていますか？　アウェアネスには感情的な負荷がなく、いつでも諦めて構わないし、変えてもよいのです。

たくさんの人が選択を「決断」や「結論」と混同していますね。

これらは全然別物です！

でも、どうやって？　これは自分がならなければ、しなければ、持たなければならないと、「決断」も「結論」もせずに、何かを実際に選択するって、どうして分かるの？

もう一度言います。アウェアネスは負荷がなく、エナジーの動きなのです。

選択する時、そこには負荷がありません。あなたが選び、もしその必要があれば、その選択または自分をジャッジすることなく、十秒で違うものを選びます。必要であればどこでもそのエナジーに気付き、それに従うことを厭いません。

選択は、決してそれだけで終わりではありません。選択は継続していくプロセスです。選んでそしてまた選びます。そしてまた、そしてまた。

私のクラスに参加していた十代の若者が、見事にまとめてくれました。

「選択ってめっちゃいい！　結論ってサイテー！」

ツール

あなたのポイント・オブ・ビューがあなたの現実を創る

あなたは問題解決係ですか？　それも評判の良い？

おめでとう！

この現実を正そうと、何度問題解決してきましたか？

良く出来ました！その輝かしい十秒間は全く問題なく過ごせます。

そしてどういう訳か、新しいものが現れます。

あなたが問題解決係だとしたら、あなたはいつもいつもいつもいつも解決するための、新しい問題を創り出しています！

周りを見渡してください。

もし私達が、世界はたくさんの問題に溢れていると見た場合、私達は一体どんな世界を創っていることになるのでしょう?

そうする代わりに、ジャッジメントを止め、**全てを**可能性に溢れた世界と見ることを選んだとしたら? 私達はどんな世界を創ることになりますか?

じっくり考えてみてください。そしてこれを知っておいてください。

あなたのポイント・オブ・ビューがあなたの現実を創ります。
現実はあなたのポイント・オブ・ビューを創りません。

どんなポイント・オブ・ビューを選びたいですか?

フォロアーなしに**リードする**

読者へのメモ

自分のパーティに遅れる？

遅すぎる、という嘘を信じて来ましたか？誰のためにも良くないから、変える必要はあると分かっているけれど、変えるにはもう遅過ぎたと？

パーティの計画を立てていて、それは私達にとって人生最大級のパーティで、そして、その日にちを間違えたと？**そうは思いません。**いくらドジなヒューマノイドのあなたでも、パーティの計画をそんなに長い間立てていて、その日にちを間違えたりはしないでしょう。

もし遅過ぎたのなら、今ここにいません！

物事を変えるために、あなたは早めに到着していたでしょう。もう四兆年もの間ずーっと知っていたのですから。コンシャスネスとアウェアネスが目覚める、極めて貴重な瞬間を正確に知っていたのですから。

遅過ぎた、自分は十分であるはずがないという嘘を鵜呑みにし、そしてもう今諦める方がましだと思っているとこ

ろは何でも全て、今アンクリエイト（非創造）して、破壊しますか？ Right and Wrong, Good and Bad, POD and POC, All Nine, shorts, boys and beyonds.™ ありがとう。

あなたがこの惑星を選び、この時を選んだことを分かってください。あなたはちゃんと知っていたし、今も知っています。

私達は、時間にちょうど間に合いました。

（そして、いつものように、もちろん、最後のぎりぎりの可能性まで… さぁ、仕事、仕事！）

―第十五章―

リーダーになる意欲がある？

リーダーであることについて、私は他の人とは全く違う見方をしています。私のポイント・オブ・ビューでは、リーダーであることは、自分の「知っていること」を知ることが出来、誰がそれに続くかに関係なく、自分の「知っていること」に従えることです。誰も排除しません。何故なら、誰でもついて来れるからです。**もし彼らがそれを選択するのなら。**

これが私のポイント・オブ・ビューから見た、「**リーダーであること**」です。

この現実では、リーダーであるためには追従者が必要です。これには全く同意出来ません。私のポイント・オブ・ビューは、リーダーであるためにはまず、自分をリードしなければなりません。そしてあなたが実に卓越したアイディアを持っているので、他の誰かが追従するとしたら、それはそれで問題ありません。でもあなたがもし真のリーダーであるなら、単に自分について来させるだけでなく、その人達が「知っていること」に気付かせるため彼らを力付けるでしょう。

これはリーダーシップにおける、全く違う概念です。もし私達が今地球の進路を変えようとするのなら、要求されているのはこれです。リーダーであることは、自分が「知っていること」に足を踏み入れ、それに進んで従うことです。とても簡単です。自分の「知っていること」がもし他の人達のポイント・オブ・ビューと合わなかったとしても、自分と、その「知っていること」に信頼感を持つことなのです。

一マイル四分の壁

例を挙げましょう。競争心のある男子が一マイル走で四分を切ることは、近年ではとても普通のことです。実際、四分以下でなければ世界レベルどころか、もはや大学レベルの選手にさえも考慮されないでしょう。

でもず～～っと昔、何千年も前、そうですね、千年前、時間を測ることが出来るようになり始めた頃は、一マイル四分で走るなんてことは出来ませんでした。破ることなど不可能な壁と考えられていました。

ある日、ある人が「**私には出来る**」と言うまでは。彼の友人や周りの人々がこぞって「**出来るわけないって。誰も一マイル四分で走れないって！**」と言っても、彼のポイント・オブ・ビューはこうでした。「**いや、俺には出来る。**」

「**出来っこないって。無理無理。絶対無理。**」人々は言います。

彼は言います。「**じゃあ、見てろ。**」

そして一九五四年、ロジャー・バニスターは一マイル四分の壁を破りました。一度それが可能なのを目にしてしまうと、今はもう誰もが四分以下で走っています。「オーケー、じゃあ次は三・五五台、次は三・四五台、三・四十台も行けるかな?」そんな感じです。従って、ある人が進んでリーダーになることで創り出した、全く違う基準がそこにはあるのです。

あなたの人生のほんのちょっとした選択が、まさに多くの人達への貢献であることを、もし知っていたとしたら?

〜〜〜

ジャッジメントの無い日

ある政治的思想において、これは正しい、それは間違っていると激しくジャッジしている人達が周りにいたとします。あなたも一緒になって正しい、間違っているとジャッジすることも出来れば、ただそれを興味深いポイント・オブ・ビューだと眺めることも出来ると知っています。

何ですって?

何かを正しいとジャッジし、間違っているとジャッジする時、あなたはその事柄が存在し続けることに貢献し、これにより多くのエナジーを与え、より硬度を増し、変化しづらくさせることに手を貸しています。

もし自分のポイント・オブ・ビューが正しい、他人のポイント・オブ・ビューが間違っている、という囚われから抜け出せたとしたら？そこに留まるのではなく、私達は皆ポイント・オブ・ビューを持っており、他の人のポイント・オブ・ビューを今は気に入らなかったとしても、それが、実際にはこの惑星の変化に貢献するかもしれないことに目を向けてみては？

もしリーダーになろうと一歩踏み出すことが、ジャッジメントから抜け出すことだとしたら？私のポイント・オブ・ビューでは、コンシャスネスとはあらゆるものが存在し、何事もジャッジされないところです。何事もまさにありのままにさせることが出来、どんなやり方でもジャッジする必要がありません。

目覚めた時に全くジャッジメントが頭に無く、自分が何をしようと一日を通し、ずっとジャッジせずに過ごすことを想像出来ますか？　その日はどんな感じでしょう？　**ジャッジメントの全く無い日を想像出来ますか？**

ねぇ、知ってますか　―　それは可能だって。ただそれを進んでそうするようには教わりませんでしたし、それを価値があるものとして見せてくれる人もいませんでした。もし十分な人数がジャッジメントから抜け出せて、「何があってももうジャッジしないんだ」と要求したら、世界はまさにその日に変化するでしょう。そうする意思がありますか？　今すぐ？

〜〜〜

変化を願う

ここでちょっとまとめてみましょう。コンシャスなリーダーとは、まず自分を信頼し、自分が「知っていること」を信頼することでした。二つ目は、自分と他人、そしてあらゆるものへのジャッジメントから抜け出すことでした。そうすれば何のポイント・オブ・ビューも無く、常にその瞬間にいられます。

三つ目は、人生で問いかけを始める、です。それはどう働くのでしょうか?

二〇一〇年のメキシコ湾の原油流出事故を例に挙げましょう。多くの人が「**なんという壊滅的な、恐ろしいことが、なんという壊滅的な、恐ろしいことが、なんという壊滅的な、恐ろしいことが…**」こう言っているのを耳にしました。

聞く耳を持った人達がいれば、こう尋ねたでしょう。「**オーケー、そのポイント・オブ・ビューを持ち続けることが、より一層の破壊を創ることに気付いていますか?というのも、あなたのエナジー、あなたの凝り固まったポイント・オブ・ビューが、その現実を創造するからです。**」

ちょうど科学と同様です。私達が分子を観察するとき、私達が分子を変えます。その理由は、私達が分子にポイント・オブ・ビューを押し付けるからです!私の結論に合わせなければならない、と分子に私達のポイント・オブ・ビューを押し付けるのではなく、ジャッジメントも、凝り固まったポイント・オブ・ビューも持たずに分子を観察することで、分子が変化するのを案内するような観察ができたとしたら?

私達を取り巻く分子とこのような繋がりを持つことが出来たとしたら？　私達がジャッジメントを持たないために、分子の意志で変化することも誘うことが出来たとしたら？

次に私が質問したのは「**それを変化させたいですか？**」です。彼らは私にハンマーで頭を殴られたような顔をして私を見ながら「**変化させるって、どういう意味？**」と聞き返してきました。

私はこう言いました。「それではちょっとこうしてみませんか？一つ、この問いかけをして下さい。」「**これを変化させるには？この自然破壊を元に戻すには？**」そうすると、皆私を見てこう言います。「**あぁ、そんなこと思ってもみなかった。大変なことになったと嘆き悲しんでいただけだ！**」と。

もし私達が変えたいあらゆるものの、その変化の始まりがただ「問いかけること」だけだったとしたら、どんな感じですか？

アクセスでは問いかけをし続けました。「**今日あの原油流出について何が出来る？今日何か貢献出来ることはある？**」二か月半の間、毎朝問いかけ続けました。「**この状況を変えるために出来ることはある？　これを変えるために、何か出来ることはある？**」答えはいつもノーでした。そしてある日イエスと答えが出ました。その日がまさに漏れを塞ぐことが出来た日でした。

そこで私達はアクセス・コンシャスネスのメンバー全員にメールを送り、ある日の一定の時刻に、メキシコ湾の油田による環境破壊を変えるため、皆のエナジーを貢献するよう頼みました。その三日後、七月二十七日の**ニューヨーク・タイムズ**は、速い勢いで原油が消えて無くなっていることに、科学者達が驚いているという記事を載せました。

八月四日付の**ニューヨーク・タイムズ**には、ほとんどの原油が消滅し、当初危惧されていた自然環境や生態系への危険とは、程遠いレベルになったとの記事が出ていました。

これは私達がジャッジメントを持たず、完全に問いかけの状態にいるというエナジーを全て寄せた結果です。「**何が起きるかは分からない、でもやってみよう。そして私達に可能な力（ポテンシー）を使ってみよう**」私達が問いかけたのは、環境破壊を変化させることだけだということに注意してください。どうなるか、ではありません。

アクセス・コンシャスネスの人達だけが、この変化を起こしたのでしょうか？　そうかもしれません。でもね、あのメキシコ湾における可能性を変えたいと願い、そしてそう出来るというポイント・オブ・ビューを持った皆のお陰かもしれないのです？

大事なのは**誰が**変化を起こしたかではなく、それが変わったということです。それと同時に、私達には変化を起こす能力があるのです。もしかしたらあるバクテリアが「ヘイ、俺達が手伝ってやるぜ」と一肌脱いでくれたのかもしれません。映画「アバター」の中で動物達が助けにきてくれた場面のように。あれ程の変化を起こせたなんてすごいことなんです！可能なだけだったのでなく、それが起こったなんて！

〜〜〜

頭が三つあるあなた

では皆さん、もしあなたが「**ねえねえ、あの原油流出事故を変えるエナジーを送って、ちょっと貢献しようと思ってるんだ。**」と言ったら、周りの人達は喝采してくれますか? それとも溜息をつきながら頭を振るでしょうか?

恐らく、火星から来た頭が三つある化け物のように見られることでしょう。頭が変になり、どこかに閉じ込められるべきじゃないかというように見られるかもしれません。人生のほとんどの時間を、このような感覚で生きてきた人達はどのくらいいますか? 「**どうして頭が三つある化け物のように、皆私のことを見るんだろう?**」と疑問に思ったことはありますか?

彼らには、あなたはそう見えるから!

その人達が求めていることとは違うものを、あなたが求めているからです。あなたは実際の変化を切望しています。ですから変化を創る時は、それまで進んでなろうとしなかったリーダーに、自らなろうとしなければなりません。彼らがあなたを頭が三つある化け物のように見ることを受け入れるのです。変えるなんて不可能だという彼らのジャッジメント、考えも受け入れます。そして、その変化にとにかく貢献します。

それがリーダーであること、です。

〜〜〜

言行一致

このエナジーそのものにならなければなりません。見せるのではありません。共有しようとするのでもありません。共有するには、彼らのレベルまで降りて行き、彼らをあなたのレベルまで引き上げなければなりません。ただし、彼らは絶対にあなたのレベルにはなりません。何故なら、当然のこととして、彼らとのつながりを作るために、あなたは自分を彼らのレベルにまで落とすことになるからです。

とても簡単です。共有すること（シェア）は、縮むこと（シュリンク）。

その代わりに、何が可能なのかを行動で示してください。

あなたがそうなれるという可能性を示して見せたものに、皆もなることを選ぶでしょうか？　いいえ。何人かは可能性を見出し、部分的にそうなることを選ぶでしょう。或いは、彼らの選択により、全てにおいてそうなる人達もいます。あなたは何が可能かを実証して見せます。彼らがそれに踏み込んで来るか、来ないか、あなたには全く影響がありません。

今要求されているのは、コンシャスネスに向かって今実際によちよち歩きして、そう出来ることを他の人達に見せる人達です。自分のために、そして私達皆のためにもっとコンシャスネスを開放していくのは、あなたの選択です。

過去には、あるやり方、そして制限されたやり方でなければならないと思っていたものに、あなたは違う可能性を見出し、選択します!あなたの人生にその選択がどう影響し、どのようにその選択が現れるのかが分かるでしょう。そしてそれがまさに、人々が現在持っておらず、必要としている情報なのです。でもあなたはこう言うでしょう。「**ただ自分の人生を生きているだけだよ。誰もこんなことには興味はないよ…**」

それは本当は間違いです。コンシャスネスを求めている人達は、例え自分達がより多くのアウェアネスを探し求めていることにまだ気付いていなくても、そのことをとても聞きたがっています。あなたは既に想像を超えるギフトとなっているのです。私達の中のほとんどが自分達の本来の姿である、コンシャスネスのリーダーであると自覚していなくても。これはあなたが思っているより、もっともっと簡単で、よりもっとやりがいがあるんですよ!

あなたは今起きていることに本当に変化を起こしたいと思っている、この惑星の数少ないうちの一人です。そしてあなたの人生に欲しい物事を生み出し、創り、そして実施することが出来るたった一人の人です。

もし自分のために十分敬意を払えないのなら、人生に欲しい物事をどうやって創れるのですか?ジャッジメントを創ったり、ジャッジしがちにならせたり、敵を作ったり、誰かのユニバースに入ったりすることを止めなければなりません。

この現実と呼ばれる「地雷原」ナビゲートする、二つの可能性をご紹介しましょう。

① 他の誰かが作った地雷、そして敵を作るのを避け、制限のあるポイント・オブ・ビューに屈服するという地雷を踏まないように、爪先立って細心の注意を払ってずーっと歩いてきました。そしてボン！間違ったところを踏んでしまって、吹き飛ばされて…何度も何度も傷つけられて…他人のジャッジメントの周りを爪先でそろそろと歩いています。

② では、この世界に存在するもう一つの方法を想像してみてください。「**あ、地雷だ！**」もしそれが踏み込む時だったなら、喜んでそこに踏み込みます。周りでそれが爆発したら、ただこう気付くのです。「**うわ～　めっちゃすっごい爆発だな～　すっごいいけてない？　これよりもっといいことが？**」

あなたは吹き飛ばされもせず、死にもせず、地球上での変化を起こすために、踏むべき必要な地雷を一つずつ踏んで人生を渡っていきます。もしその地雷がコンシャスネスを促すのなら、踏んでしまえ！そうあるべき！

そうなることに弁解や言い訳をしない、存在としてのエナジーになるのです。

「はーい、私でーす」という具合に。

それが現れることを許さない全てのことを破壊して、アンクリエイト（非創造）しますか？ Right and Wrong, Good and Bad, POD and POC, All Nine, Shorts, Boys and Beyonds.™ ありがとう。

〜〜〜

自分の秘められた力（ポテンシー）を獲得する

アクセスを始めて約一年後、ギャリー・ダグラスが、自分の秘められた力（ポテンシー）を獲得する意欲はあるかと私に聞きました。その瞬間私は恐怖と不安にかられ、戸惑ったまま、話すことも彼に向かい合うことも全く出来ませんでした。

私は「**それはどういう意味ですか？**」と聞きました。

彼は「**それは言えない。**」と答えました。

私は不安に戸惑いながら「**それはどんな感じですか？**」と聞きました。

「それも言えない。」

「どうなるのですか？」

「それも言えないんだよ。もしそうする意欲があるのなら、自分の秘められた力（ポテンシー）を獲得しようとしなければならないだけだ。」

それからきっちり四十五分間、私はもごもごしながら、もしそれを選んだなら、それがどんなものなのか知らなかったとしたらと疑問に思い、ただずっと考え続けていました。**「もしそうしたら、何が起こる？」**

それから、自分の秘められた力（ポテンシー）を獲得することを選びました。そう、そうすることにしたのです。**「本当のところ、自分にはもう嘘はつかない。それが何であっても、自分にとって真実であるものになるんだ。なんたって私の人生は価値があり過ぎて、もう隠せないからね。」**

従って、私はリーダーになることを選びました。そうあり続けています。十秒ごとに。追従者を求めてはいません。何か全く違うものへの「招待」でただありたいだけです。

あなたは？

今がその時？

もしそうなら、分かっていますね？　もしそうでないなら、それでも全くオーケーです。

そこで質問です。「あなた本来の姿である、秘められた力（ポテンシー）とコンシャスネスを獲得し、自分のものにしますか？」

もしそうするなら、完全に楽にそれらが現れることを許さない全てを、破壊して、アンクリエイト（非創造）し、一緒にいちにのさんで変えますか？　1・・・2・・・3！　Right and Wrong, Good and Bad, POD and POC, All Nine, Shorts, Boys and Beyonds.™ ありがとう。

もし、私達皆の想像を超えた生活が可能だとしたら？

もし地球が、私達が自ら課した制限を手放し、代わりに本来の姿であるマジックになることを求めているのだとしたら？

この世界に創り出したいと、あなたが切望する結果を創るため、あなたは何を選択出来ますか？

それが現れることを阻む全てのことを、破壊して、アンクリエイト（非創造）しますか？　Right and Wrong, Good and Bad, POD and POC, All Nine, Shorts, Boys and Beyonds.™ ありがとう。

ツール

人生に何を加えられる？

この本の十五章まで読み進んできました。
それよりもっといいことが？

さて。

ここでチェックしてみてください。軽く感じますか？
あなたの頭がクラクラしているのが分かります。
それでは、もし結論付けるのではなく、代わりに問いかけるとしたら？
思い出してください。問いかけの本ですので、この本に回答はありません。

もし正しいも間違いもないとしたら？

もしこの本の中で自分に使えると思う部分を受け取るために、正当化する必要などないとしたら？

もし私が案内していることを受け取るために、過去に学んだことは全て間違っていたと決めつけなくてもいいとしたら？

もし知っていることは全てそのままに、自分に良さそうな新しいところをただ追加出来るとしたら？

もしあなたのポイント・オブ・ビューが

「人生に何を追加出来る？」

だったとしたら？

読者へのメモ

あなたに、ありがとう

あなた自身に気付きを向けるために、ここで少し時間をとって下さい。

この本の、最後のページに来ました。

自分自身で在ること。

今ここで、自ら進んで自分自身に感謝してくれますか？
この瞬間がもたらすどんなものでも、どこにいても、誰と一緒にいても、あなたが持っている素敵な体にも、感謝して。

ずっと探し求めて来たのは、これではないですか？

これを読む前に、いろんな本を読んできたことでしょう。スピリチュアル系、自分を信じる方法、良い人になる方法、紫の光を得る方法、倒立してハレルヤを歌いながら、愛の螺旋になる方法についての本など…（多分最後のは違いますね）

でもあなたが探し求めて来たものは、自分の命に感謝し、自分に感謝し、生きていることに感謝することではないですか？

私達が一つになれる、その王国への大きなカギがあるとしたら…

感謝です。

十秒だけでいいです。ただ自分と自分の体を感謝のシャワーで包んでみませんか？ あなたの周りも、内側も、上も下も、無限の抱擁のように、感謝で包んでください。

完全なる感謝。体の中はどんな感じがしますか？生きる上でどんな可能性が広がりそうですか？

あなたの生活に、感謝は何をもたらしてくれそうですか？

いつも感謝です、あなたとあなたの体に。

後で秘密をちょっと教えますね。

今、感謝のシャワーを浴びてください。

〜

〜

〜

秘密を教えますね。

あなた自身に感謝を感じている時、他の人達にも感謝を感じずにいられないのです。

ただ、そうなるのです。

あなたは、感謝、なのです。

終わり…そして**始まり**

読者へのメモ

行き詰まり感を祝う

この本を読み終えた後、気付き始める、別な**「在り方」**があることを分かっておいてください。

そして今から時々、行き詰まり感のようなものを感じるかもしれません。

お祝いしましょう！

いつも自分だと**思っていた**行き詰まり感が、自分ではなかったと、そう気付き始めたのですから。その行き詰まり感は、あなたとは別のところに存在するという気付きを得つつあります。それはもうあなたではありません！そう感じ取れるのは、まさにもうそこから抜け出しつつあるからです！

今あなたは、抵抗と反発の瀬戸際にいます。**「何もかも手に入れるために、全てをやり直す方法は？」**から**「今目の前にあるものを超えて、何になり、何をし、持ち、創造し、生み出したい？」**へ。

あなたは離陸直前です。ですから、行き詰まり感をはっきりと感じ取れたことを祝いましょう。その行き詰まり感は、自分でないものは手放すべきものということを教えてくれたのです。

さぁ、足を上げて、飛ぶことを学ぼう。

今がその時。

―第十六章―

始まり

この本もそろそろ終盤です。そして何か違うことの始まりです。あなたがそれを選ぶのなら。誰もあなたのために選ぶことは出来ないことを分かってください。自分の人生の創造主はあなたです。途中立ちはだかるものがあるとしたらそれは、あなた自身です。

この本では、いろんな分野について取り上げてきました。あなたが「あなた自身で在ること」への妨げとなる多くのことの、大部分をクリアリングしてきました。

あなたの気付きは、認知的に理解しようとしまいと、前より増しています。あなたの秘められた力（ポテンシー）も、認知的に理解しようとしまいと、前より増しています。あなたの受け取る能力も、認知的に理解しようとしまいと、前より増しているのです。

あなたがそうさせれば、そうなり続けるでしょう。あなたがそれを求めれば、です。そしてその道中で、惜しげもなくツールを使ってください。

間違わないでください。これはプロセスです。

あなた自身で在ること、世界を変えること。

そのエナジーは動き、移動し、変わり続けます。絶え間なく「存在」し続けます。十秒前のあなたはもういません。新しいあなたです。絶え間なく「変化」し続けます。この本を読み始めた時、あなたが変わるのに必要だったものは、もう今やどうでも良くなっているかもしれません。

アクセス・コンシャスネスがどのように私の人生を救い、変えたかについて話すと、二〇〇〇年に全てが起こり、その時点で完了したと思う人がいます。いいえ、プロセスはまだ続いています！歓びに溢れ、好奇心を持って、ドキドキしながら、必要に迫られて、この本で紹介したツールを私は毎日使っています！ほとんど常時使っています。

時々本当に不快なことがあり、行き詰まる時があります。そして自分のせいだと思ってしまいます。以前はそこから抜け出すのに何か月も、何週間も、何日もかかりましたが、今は数時間か数分しかかかりません。問いかけることで。（問いかけてＰＯＤ＆ＰＯＣなどの）ツールを使うことで。ユニバースから受け取ることで。そして何か別なことを選択することで。

もう今では、小さな行き詰まりは、ギフトとしてとらえています。しぶしぶ受け取る時もありますが。そしてそれは、クリアされ、変化させられるために浮き上がってきた、この現実のまた別の側面なのです。

でもより大事なのは、私はこの世界に見たい変化を生み出し、創り出すためにツールを使っているということです。そして自分の望む人生のために！　あなたにも出来ます。これらのツールは使うためにあるのです。たくさんあります。使い古すことなんてありません。簡単に使えます。あなたのものです！あなたの他には、もうどんな教祖的存在も必要ありません。これらのツールで、あなたは自分のユニバースのマスターになれます。そしてここに紹介した以外にも、もっとたくさんのツールがあるのです。

この本で見てきたことは、ジャッジメント、体、セックス、リレーションシップ、受け取ること、思いやり、虐待、家族、マジック、選択、リーダーシップで、これらは繰り返し私のクラスで取り上げられています。そして私は、人々のユニバース全体の変化を促すためにこれらのツールを使っています。人生が劇的に変化した人達は、家に帰ってもこのツールを使い続け、存在としてのエナジーに踏み込み(それがどんなものかは彼ら次第)、そして問いかけ続けています。

私は子供の頃から、ただ世界を変えたいとだけ思っていました。私の最も大きな歓びは、クラスの後、どのように皆の生活が変わったかを聞くこと、そしてその変化がどのように広がり続けているかを聞くことです。もはやどのように体が痛むことを選ばなくなったのか。自分にどれだけ安らぎを感じているのか。子供達や愛する人達との間で、今までとはどのように違う「彼ら」でいることが出来るのか。周りの人々への彼らの貢献。世界に足を踏み入れた、彼らの秘められた力強さ（ポテンシー）。

以前ひどい頑固者だった人が、時折クラスの後私のところへ来て、完全に無防備で抱擁してくれることがあります…私達は心が緩んで涙ぐみ、溶けてワンネスとなるのです。このような変化に貢献出来て、私はどれほどラッキーなのでしょう?言葉では言い表せないほど感謝しています。

私自身の生き方と存在、これら全ての面で、十一年前、五年前、三年前　―そして一年前とも全然違ったものになっています。それでもまだ、見つめ続け、問いかけ続けています―　私が受け取り、生み出したものに、全く驚くほどの感謝を持って、これ以外には何が可能?私がまだ気付いていないことで、何か違うことを生み出し、創り出すことが出来る?　そして**私達には**何が出来る?

あなたを是非ご招待したいのは、最も偉大な冒険―**コンシャスネスの探索：Being You, Changing the world（自分自身で在ること、世界を変えること）**　―　そしてそれを超えて

今まで体験してきたモダリティは、スピリチュアル系でも何でも、この現実にどのようにもっとうまく合わせていくかを説いています。皆が同意したことに基づいて、どのように機能するか、利益を得るか、勝つのか、負けないようにするのか、これが既存のルールなのです。アクセスは違います。全く違います。この現実を超える方法を説いています。

〰〰〰

友よ、これから命令するから、その通りにして

あなたはギフトです。この世界がまだ見たこともないようなギフトです。

あなたがここにたどり着く前に、自分をどう思っていたかは関係ありません。あなたはあなたで、今までに会った誰よりも偉大なのです。今がその時です。

〜〜〜

闘ってもいい、逃げ隠れしてもいい、でも再び避けて通ることは絶対に出来ない。

もし世界が全然変わらなかったとしても、あなたは今までとは違う人生を送れることも知らないの？

今がその時。

これまで疎外されたように感じたあらゆるものから、あなたは疎外されていません。

あなたは変化を求めてきました、それとまさに同じくらい抵抗しながら。だから目覚ましい進歩の代わりに、よちよち前に進みます。

今が変化の時。

〜〜〜

これまで「あなた」と思っていたあなたでは、もう不十分。

思っている以上に、あなたは遥かに偉大な存在。

今までに見たこともない、存在のエナジー。

今それに「なり」、具現化し、この現実を超える可能性を受け取る時。

世界が待ち焦がれて来た「違い」にあなたがなるという、自分とあらゆるものへのそんな許容、秘められた力、歓びへ踏み込むこと。

今がその時。

〜〜〜

私達を包み込む地球は病気になりつつあります。私達を必要とする世界があります。家族だけでなく、友達だけでなく、市や州や国だけでなく、私達の「既に知っていること」を世界が求めています。

皆から、自分にさえも隠し続けてきた、一人ひとりが「既に知っていること」。

今こそ、あなたの「既に知っていること」を目覚めさせる時。この現実を超えたところにある「知っていること」を目覚めさせるのです。あなたが可能だと知る在り方へと目覚めさせる時。

今、皆から、自分にすら隠し続けてきたその「知っていること」を解き放つ時。あなた本来の姿である、あなたのコンシャスネスを解き放つ時。

〜〜〜

あなたはこの日、この時、この時点に達することを知っていました。あなたは知っていたのです。

認めてくれますか？

アコースティックな（手を加えられていない、素の）あなたという「存在」になる時を、知っていました。

定義を超え、ジャッジメントを超え、この現実の制限されたポイント・オブ・ビューへの思いやりをも超えた「存在」。

四兆年もの間、それを隠すために最善を尽くして来た「存在」。

今がその時。私達がそのカギです。

今、あなたにそう「**在ること**」を許す、全てのものを解き放ちましょう。

もし何かで「存ること」とは、これまでに誰かがこうであろうと決めてきたものとは、全く違っていたとしたら？

もしあなた自身への定義、分離の定義、ジャッジメントの定義など、ワンネスとして「在る」あなたよりも、矮小化して定義するもの全てを手放すことが出来たとしたら？

〜〜〜

どれくらいの人が、自分は今の現実よりちょっとだけ良ければいいと思っていることに気付いていますか？もしあなたにはそれでは不十分だとしたら？

もし**何もかも**が変わらなくてはいけないことを、知っているとしたら？

でももしそれが簡単で広々としていたとしたら？もしその変化は、この現実が必要だと言っているものではないとしたら？もしそれは全く違うところからの変化だとしたら？

長い間、知らないふりをしてきたあなたは、何を本当は知っている？

長い間自分はそうではないふりをしてきた、本当のあなたは何？

今それを知り、それになる意欲がある？

何故なら友よ、皆が必要なんだ。

〜〜〜

皆自分の人生に物語と、そして正当化したポイント・オブ・ビューから選んだ、出来る理由、出来ない理由を持っています。

もし、それが全部くだらないものだったとしたら？

もし現実のために、全く異なる源を創り出せたとしたら？もしそれが何なのか知っているとしたら？ずっとずっと前から、それが何なのかを知っていたとしたら？

今、再び目覚める時。

命と呼ぶ、違う体、違う創造物として私達は再びここに集いました。変化を起こすために再び集まっています。

変化を創り出すために。それを生み出して、実行に移すために。私達がとてもとても得意なことを行うために。

あなたが個人的に解除するためにここに来た、今そのドアを開く時。私達が開錠するために来た、今そのドアを開く時。それがどんなものであったとしても。

完全にアコースティックになるための、そのドアを今開く時。自分達の能力と才能、そして私達の存在そのものが、制限するもの全ての破壊であることを認める時。

今がその時。

〜〜〜

自分を悲しみに浸らせることが出来ないほど、あなたはこの世界にもたらす歓びを余りに持ち過ぎています。そのことを知らなかったのであれば、それはただ、自分が選んだ周りの世界に溢れる多くの悲しみを感知したからです。

それは、あなたが可能だと知っている歓びよりも、悲しみの方がよりリアルだと周りの世界に思わされているからにすぎません。そして、他人の現実の下に隠れた歓びを見せてしまえば、それが潰され、破壊されると信じたからにすぎません。

でも、何か、誰かが、これまでにしてきたことで、本当にそれを破壊してしまうことなどありませんでした。何故なら今ここにあなたがいるから。

今その歓びを目覚めさせる時。私達も求め、地球も求め、ユニバースも求めています。私達本来の姿である、歓びと呼ばれるその「違い」を世界に広げる勇気を持つよう、私達に懇願しています。

今がその時。

地球はどんな変化を私達に求めるだろうか？

これまでに奮い起こしてきた力、可能だと考えていた全ての秘められた能力に踏み込み、それを超えよう。そして、求められるものがどのようなものであれ、地球に変化をギフトするのです。何故なら地球は知っているからです。あなたが知っているように。

コンシャスネスの津波の中に入り込む意思がありますか?その進路の全てを変化させるアコースティックな波に?

選んだところどこにでも向かい、どこに行くべきか正確に知り、そして何者にも何事にも止めることを許さない。

もう二度と。

今がその時。

～～～

私達という優しい力、私達という力強さ、私達という秘められた力と呼ばれる「違い」のための時。それは世界がずっと求めていた変化。

コンシャスネスがコンシャスネスであることを許容するのはあなたです。

あなたは、この要求がなされたことを知っていたし、この要求を求めてもいました。実際には、この要求、リクエストそして主張は、あなたがあなた自身に向けたものです。

今がその時です。自分がリクエストしてきたように。

あなたの「知っていること」全てが現れることを許可してください。

友よ、その全く違う世界に存在するものは何か、知る必要はありません。

ただ、全く違うということだけは分かっています。

全く違う世界へ、ようこそ。

エピローグ

あなたは、どんな存在？

①この本を読む前に、自分とエナジーが似ていると思った人を思い浮かべてください。

「あ、私に似てるな」と思った人です。
今、その人のエナジーをちょっと感じてください。
その人は、前とは違う感じがしますか？
あなたが、違っていますか？

②一緒にいて楽な人を思い浮かべてください。

あなたをジャッジせず、（それほど）とてもあなたを想ってくれる誰か。
今――――――――――その人たちの目を通して、あなたを見てください。

何が違って感じますか？

③その人になりたいですか？

自分と楽に、ジャッジメントなしで、完全に思いやりをもっていたいですか？

今――――――――――あなたと一緒にいます。

あなたはどんな存在ですか？

著者紹介

Dr．デーン・ヒア

著者のDr．デーン・ヒアは、国際的に幅広く講演し、アクセス・コンシャスネスのアドバンス・クラスを世界中でファシリテートしています。完全なる許容、思いやり、ユーモアと、想像を超える彼の叡智からもたらされる、コンシャスネス溢れる世界へと人々を誘い、鼓舞しています。

Dr．ヒアはアメリカのカリフォルニア州で二〇〇〇年、ネットワーク・カイロプラクターとして働き始めました。在学中から身体を扱う仕事をした後、Dr．ヒアは人生に対する深い絶望感から自殺まで考えていました。そんな中、アクセス・コンシャスネスと出会います。アクセス・コンシャスネスがその後彼の全てを変えることになりました。

Dr．ヒアが学んできたどんなモダリティもテクニックも、彼に継続的な結果や変化をもたらしませんでしたが、アクセスを知ってからというもの、彼の人生はより楽に素早く、全く想像の域を超えて拡大し、成長し始めました。

今日Dr．ヒアはアクセス・コンシャスネスの創始者、ギャリー・ダグラスと共に、共同製作者として、エナジェティック・シンセシズ・オブ・ビーイング（ESB）という、個人でもグループでもエナジー的な変化を起こす、ユニークなプロセスを開発しました。

Dr．ヒアは、各個人の能力と「知っていること」に触れ、認識する方法を教えることにより癒すという、今までとは全く違うアプローチ法を行っています。エナジー的変化の可能性は素早く、そして実にダイナミックであります。

Dr．ヒアは〝Conversations in Consciousness〟というラジオ番組の司会を務め、Dr.Pat, Voice America にも出演しています。そして数々のラジオ番組、その他 Insight Magazine にも特集され、ニュージーランドの Good morning show やオーストラリアの The Circle や Morning Show などのテレビ番組にも出演しています。

Dr．ヒアにはエンボディーメント（肉体を持つこと）、ヒーリング、お金やリレーションシップについての九冊の著書があります。最新作 Being You, Changing the World は二〇一一年の六月に出版され、スウェーデン語、ドイツ語、スペイン語、イタリア語とエストニア語に翻訳されました。二〇一六年中にはフランス語、日本語、ポーランド語とスロベニア語に翻訳される予定。

アクセス・コンシャスネスについて

アクセス・コンシャスネスはこの二十五年の間に、百七十三か国に広がり、世界中のおよそ三万人の人達に貢献し続けてきました。その内容は、セミナー、テレコールシリーズ、本、オーディオ、そしてコンサルテーションなどを通して届けられてきましたが、人々がアクセスを最も愛する理由は、それが実際に効果を出しているからです！

アクセス・コンシャスネスは、進化し続けるエナジー変容プログラムです。これまでとは違う、より楽な方法であなたが望むもの全てを創り出し、またこれまで変えることが出来なかったあなたの人生の物事を変えていく、ツールと問いかけを提供しています。アクセスが基盤にしている考え方は、あなたは間違っていない、あなたには既に知っていることがある、コンシャスネスは何でも変えられる、というものです。完全なる気付きを得て、本来のあなたであるコンシャスな存在として機能し始めるための方法をアクセスは提供します。また、あなたが自分自身に囚われなくなった時や、自分はもう行き詰っていないと思えた時に、実際に存在する可能性へのアクセスをもたらします。もし完全な選択があれば、あなたは何を創りますか？

*もしあなたの人生の目的が楽しむことなら、あなたは何を変えるでしょう？

*もしあなたが今日自分の人生を祝福するなら、あなたは何を選択するでしょう？

*今まで考えたことも無い、他には何が可能？

アクセス・コンシャスネスの目的は、コンシャスネスとワンネスの世界を創ることです。コンシャスネスは全てを含み、何もジャッジしません。コンシャスネスはあなたの人生のあらゆる瞬間に、自分も、他人もジャッジせずに存在する能力のことです。何もかもを受け取り、何も拒絶せず、人生で求めるものは何でも…あなたが現在手にしているものより、想像できるものよりもっと素晴らしい何かを創り出す能力なのです。

この本の中に含まれている情報、ツールとテクニックは、アクセス・コンシャスネスが提供するもののほんのごく一部。そこには、プロセスとクラスから構成される、まるごとのユニバースが存在します。

これらのツールが多くの人の人生にかなりの変化を起こしているものの、アクセス・コンシャスネスは自らの手法が唯一のやり方だとは宣言していません。アクセスは、自分にとっての真実が何かを「知る」ことが出来るよう、あなたを力づけます。それにより、あなたが既に「知っていること」を「知る」許可を与えるのです。

こうなるはずだ、と知っているようには上手くいかないことが人生にあれば、アクセス・コンシャスネスのクラス、ワークショップに参加することや、近くのファシリテーターに連絡することに興味を持っていただけるかもしれません。あなたがまだ乗り越えられないでいる問題について、より明確さを与えるように働きかけてくれるでしょう。

詳細については、こちらのサイトをどうぞ　www.accessconsciousness.com　or　www.drdainheer.com

アクセスのセミナー、ワークショップとクラス

この本を読んで、アクセスのセミナー、ワークショップやクラスに興味を持たれた方へ、どんなクラスがあるのか、簡単な説明をいたします。

テイスト・オブ・ビーイング A Taste of Being

Dr．デーン・ヒアによってのみファシリテートされるクラス

夕方から始まるこのクラスでは、後に続く三つのクラス「ビーイング・ユー、チェンジング・ザ・ワールド」、「エナジェティック・シンセシズ・オブ・ビーイング TM（ＥＳＢ）」、「シンフォニー・オブ・ポッシビリティズ」で何が可能になるのか、その手がかりが得られます。

アクセス・コンシャスネス®のツールに加え、デーン・ヒアは彼特有のエナジー変容プロセス、「エナジェティック・シンセシズ・オブ・ビーイング」の要素を使います。クラスの中の一人に働きかけることで、参加者全員を真に可能な変化へと招き入れます。

受講条件：なし

ビーイング・ユー、チェンジング・ザ・ワールド Being You, Changing the World event

Ｄｒ．デーン・ヒアによってのみファシリテートされるクラス

あなたはいつも、皆が可能だと知っている「何か」を探し求めていますか？もしその「何か」があなただったとしたら？もし「あなた自身で在ること」が、何もかもを変えるために必要なことだったとしたら？

この三・五日間のクラスは、Ｄｒ．デーン・ヒアの著書「ビーイング・ユー、チェンジング・ザ・ワールド」で紹介されている実用的なツールと見解を基にしています。この世界の探求者達、もっと違う可能性があることを知っている人達のためのクラスです。それを知っているだけではなく、それは手に入れられるはずだと知っている人達です。あなたが本当に望む人生を得る妨げになっている唯一のものが、あなたの望む人生を創造するツールであり、閃きだったとしたら？

それぞれのクラスは、参加することを選択した人達によって独自に創り上げられ、それまでは存在しなかったスペースを共に創造する旅へ出ていきます。あなたは、人生のどんな分野にでも変化を起こす手助けとなる、大胆なツールを提供されることになります。あなたが求めていた変化を可能にするスペースを創るため、デーンはユニークなエナジー変容プロセス、ＥＳＢを参加者全員に対して同時に働きかけるのです。その間、誰もがその作用を間近に体験することが出来ます。

ここであなたは、これまでとは違う可能性へと招待されています。ビーイング・ユー、チェンジング・ザ・ワール

ド（あなた自身で在ること、世界を変えること）の冒険へと招待されているのです。

受講条件：なし

アクセス・バーズ®

世界中のアクセス・コンシャスネス、認定バーズ・ファシリテーターによってファシリテートされるクラス

この一日のクラスでは、アクセス・バーズという、アクセス・コンシャスネスの基礎であるハンズ・オンのエナジー・プロセスを学びます。

あなたの頭部には、エナジーが通う三十二本の「バーズ」があります。そこにはあなたの全ての思考、考え、態度、決断そして信念に関する電磁成分が収納されています。一つのバーズに触れることで、あなたの人生のその領域に閉じ込められていたエナジーが解放され始め、受け取ることにオープンになっていきます。このやり方であなたは各分野の制限を解除していきます。その分野とは、例えばお金、加齢、体、セクシャリティ、歓び、悲しみ、癒し、創造性、気付きやコントロールなど、他にもたくさんあります。これら全ての分野にもっと自由が得られれば、どんな風になるでしょうか？

受講者はバーズのポイントを学び、バーズのセッションを二回、ギフティング（贈ること：人にしてあげること）とレシービング（受け取ること：してもらうこと）を体験します。

受講条件：なし

アクセス・ファンデーション

世界中のアクセス・コンシャスネス、認定ファシリテーターによってファシリテートされるクラス

この四日間のクラスは、あなたがまるで他に選択の余地が無いかのように、「こう生きねば」と思って来た制限の土台を取り消します。

他には何が可能なのかを真剣に探索し、人生でまだ使ったことがないアウェアネス（気付き）の基礎を創ります。自分を制限してきたポイント・オブ・ビューと、自分の変えられるものが見えるようになり、問いかけ、選択、可能性そして貢献から機能することができるようになります。また、これまでとは全く違う選択が出来るといった、自分の能力にも気付き始めるのです。しかも簡単に！

このクラスは、いくつかのボディプロセスを含む、何百ものツールを提供します。これらはあなたの人生でうまくいっていないあらゆることにも変化を許します。

受講条件：アクセス・バーズ

チョイス・オブ・ポッシビリティーズ

ギャリー・ダグラスとＤｒ．デーン・ヒアによってのみファシリテートされるクラス

チョイス・オブ・ポッシビリティーズの三日間クラスでは、あなたが他の人とは違うこと、そして、そんな自分にいともたやすくなることで、実際には何が可能になるのかを見ていきます。

あなたは無限の存在としての自分の能力を認め、自分がどれほどユニークな存在なのかを認め始める「スペース」へのアクセスを得ます。自分の選択に対して気付きを持ち始め、そして自分の人生に何を楽に生み出したいか…経済的に、人間関係に、仕事に、そしてそれらを遥か超えたところで何を生み出したいのかに、気付きが得られるようになります。

過去の経験に基づいた創造を止めた時、あなたは、制限のない未来を生み出し始められるのです。可能性を感じることで、「良い、悪い」という全てのジャッジメントを置き換えることができたとしたら?他にどんなものを自分の人生に加えたいですか?もし、本当のあなたを解き放ったら、この世界で変化を起こすための、どんな触媒にあなたはなれるでしょう?あなたがずっと探し求めていたその可能性が、あなた自身だったとしたら?

受講条件:アクセス・バーズ、ザ・ファンデーション

エナジェティック・シンセシズ・オブ・ビーイング™(ESB)

Dr.デーン・ヒアによってのみファシリテートされるクラス

この三日間のクラスは、Dr.デーン・ヒアのエナジェティック・シンセシズ・オブ・ビーイング(ESB)の魅力的な冒険へとあなたをご案内します。このESBはユニークな方法であなた、世界そして地球の制限を可能性、癒

しへと変容させていきます。

デーンは、クラスに集う「Being= 存在」と肉体に同時に働きかけ、皆が現れることを求めている変化を起こせる空間を創って行きます。一人に働きかけながらも、皆を変化へと誘います。あなたとあなたの体は、過去に経験したことのないような存在のレベル、そしてエナジー的な気付きを得るでしょう。体の分子が変化し始め、自分は世界に違う可能性をもたらす触媒であると気付きます。その結果として、現在と未来を包むワンネスのアコースティック波が現れます。

もしあなたが誰からも、何からも、そしてあなた自身からも、分離する必要がないとしたら?もしあなたが、あなたの全てを持てるとしたら。今すぐ始めませんか?あなたの人生として、そして世界に何を創り出せるでしょう?

受講条件:アクセス・バーズ、ザ・ファンデーション

アクセス・ボディ・クラス

世界中のアクセス・コンシャスネス、認定ボディ・クラス・ファシリテーターによってファシリテートされるクラス

三ディズボディクラスはあなたの体と対話し、コミュニオンを創るようにデザインされており、体と反発し合ったり、痛めつけたりするのではなく、体を楽しめるようになります。あなたが体との関係を変化させれば、人生の他の

あらゆるものとの関わり方も変わり始めます。

このクラスでは、たくさんのバーバル・プロセスと、体の緊張、抵抗そして病気を解除するハンズオン・ボディワークを学びます。

あなたには体に関わっていく才能と能力があるのに、それがまだ開花されていない?あなたはボディワーカー(マッサージ・セラピスト、カイロプラクター、医師、看護師)であり、クライアントへの癒しを高める方法を探していますか?私達と一緒に、自分の体も含めた「体達」との新しい付き合い方、関わり方を探索して楽しみましょう。

受講条件:アクセス・バーズ、ザ・ファンデーション

その他のアクセス・ブック

Benevolent Leadership for a Better World（よりよい世界のための慈善的リーダーシップ）

この本の中で、あなたは自分の人生とビジネスを制限なく導く、従来型ではないリーダーシップへのアプローチを発見することでしょう。この本は、ほとんどの企業ビジネスにおける慣習を支える伝統的な基準に疑問を呈し、あなたがコンシャスな慈善的リーダーになることを許す代替案を提供します。

この大きな変革の時に、持続可能な未来と現実を実際に創造するには何が必要なのかを見つけることができるでしょう。

チュティサ＆スティーブ・ボウマン、ギャリー・ダグラス共著

Living Beyond Distraction（妨害を超えた生き方）

変えることなど出来ないような状況に自分があることを見つけた時、あなたはディストラクター・インプラントに囚われているのかもしれません。ディストラクター・インプラントは、私達にはもう選択肢がないと信じさせてしまう原因です。ディストラクター・インプラントは人生の出来事が引き金となり、あなたが真になれるもの、真に手に入れたい人生を持つことから遠ざけます。この本は、あなたがディストラクター・インプラントを認識し、そこから自由になることを可能にする情報と効果的なツールを提供します。

ギャリー・ダグラス、Ｄr．デーン・ヒア共著

Beyond the Utopian Ideal（ユートピア思想を超えて）

この現実では、私達は目的と「正しい」と言う感覚を創るために、文化、宗教、リレーションシップ、家族やセクシャリティと言った概念的な構造を使います。これらは実在するものではありません。これは私達が信じ込んできた概念的な現実です。私達はアウェアネスを断念し、普通であること、皆と同じようであることが最善かつ唯一の在り方だという概念を受け入れています。この理想的な概念と構造は、あなたの可能性の周囲に巨大な制限とバリアを創ります。もし自分にとってうまくいく世界を創りたいのなら、そうした制限やバリアは外されなければなりません。

ギャリー・ダグラス著

Money isn't the Problem, You Are（お金が問題なのではありません、あなたが問題なのです）

この本はお金に関する問題を抱えている人のために書かれています。その問題が、使い過ぎること、十分ではないこと、あり過ぎることなど、何であったとしても。ギャリー・ダグラスとデーン・ヒアは、あなたの人生に入ってくるお金の流れを変えるための、ツールとポイント・オブ・ビューをシェアしてくれます。ダグラスとヒアは、ポケットに十ドルしかない人も、一千万ドル持つ人も助けてきました。面白いのは、その人達皆が同じ問題を抱えていたことです。しかもそれはお金とは関係がありません。その人達が「受け取る意欲を持たない」ことと関係しています。あなたが受け取ろうとしないもので、あなたが持てるものへの制限を創っているのは何ですか?「それ」を変えましょう!そうすればもうお金は問題ではありません!

ギャリー・ダグラス、Ｄｒ．デーン・ヒア共著

Joy of Business（ジョイ・オブ・ビジネス）

もしビジネスが、生きる冒険だとしたら？ビジネスが歓びに溢れ、楽しいものだったとしたら？あなたが今まで可能だと感じたよりも、もっともっと多くの可能性があったとしたら？あなたがビジネスを、その「歓び」から創れば、あなたは何を選択するでしょう？何を変化させますか？　もし絶対失敗しないと知っていたら、何を選択するでしょう？ビジネスは歓び、創造、生産的。生きる冒険になり得ます。

シモーン・ミラサス著

Conscious Leadership（コンシャス・リーダーシップ）

コンシャス・リーダーシップの本は、今手にしているものよりももっと素晴らしい人生を創り、世界に違いをもたらすことに献身しているあらゆる個人、リーダー、そして組織への贈り物です。これは正しい、間違っているという特定の方法に重点を置かず、より彼らのリーダーシップにおいてコンシャスであることを選んだ人達への招待状です。

チュティィサ＆スティーブ・ボウマン共著

Conscious Parents Conscious Kids（コンシャスな親、コンシャスな子供）

この本はコンシャスな気付きと共生することに夢中な子供達の物語集です。もしあなたの子供達が彼らの潜在能力を発揮し、彼らを押しとどめている制限を爆発させることが出来るスペースを創ることが可能だとしたら、素晴らしいと思いませんか?彼らのすること全てに安らぎ、歓びそして豊かさを創り、意識的に自分自身の人生を探求するとしたら?

多数の著者からの貢献

Divorceless Relationships（分離しない関係）

誰か他の人とリレーションシップにある（交際している状態にある）ために、人は自分を分離させてしまいがちですが、自分のどの部分も分離させる必要がない関係がディボースレス・リレーションシップです。あなたとリレーションシップ（交際関係）にある誰もが、そして何もかもが、その関係の結果によりより素晴らしくなれることです。

ギャリー・ダグラス著

Embodiment The Manual You Should Have Been Given When You Were Born（肉体を持つことあなたが生まれた時に与えられるべきだったマニュアル）

この情報は、体について、自分自身であることについて、そしてもしあなたがそれを選べば、本当に可能なことについて、生まれた時に与えられるべきものでした。もしあなたの体が、現在進行中の歓びと偉大さの源だったとしたら?この本はあなたと可愛い体のための、これまでとは違う選択が実際にあるという気付きへと紹介します。

Dr.・デーン・ヒア著

Magic. You Are It. Be It.（マジック あなたはマジック マジックになれ）

マジックとはあなたが求めるものを手に入れることを楽しむことです。本物のマジックとは、人生そのものがなり得るその歓びを手に入れる能力のことです。この本の中で、コンシャスネスとマジックを創るため、そして想像もつかない方法で人生を変えるために使うことが出来るツールとポイント・オブ・ビューを紹介しています。

ギャリー・ダグラス、Dr. デーン・ヒア共著

The Place, A Novel（ザ・プレイス）

ジェイク・レインが五十七年型サンダーバードでアイダホを旅行している時の、壊滅的な事故が予期せぬ旅への触媒となりました。深い森の中で一人、体はボロボロに傷つき、ジェイクは助けを求めます。彼を見つけたその助けは、彼の人生だけでなく、彼の現実全体を変化させます。ジェイクは可能性への気付きに心を開きました。その可能性とは、私達がいつも本当は知っているのに、まだ姿を現していない可能性を指します。

A Barnes and Noble Best Seller ギャリー・ダグラス著

The Ten Keys to Total Freedom（完全な自由のための十の鍵）

完全な自由への十の鍵は、自分自身、人生、この現実とそこを超えるより素晴らしい気付きを持つことが出来るよ

う、コンシャスネスのため、あなたの能力を拡大していく手助けとなる生き方です。素晴らしい気付きを得ることで、あなたがいつも可能だと知っていて、でもまだ達成していなかった人生を創り始めることが出来ます。実際にこれらを行い、そうなれば、人生のあらゆる面であなたは自由になるでしょう。

ギャリー・ダグラス、Ｄｒ．デーン・ヒア共著

これらの本と、これ以外の本についてはアクセスショップにて　www.accessconsciousness.com

その他のアクセス・オンライン情報

www.AccessConsciousness.com　www.DrDainHeer.com
www.GaryMDouglas.com
www.BeingYouBook.com
www.TourOfConsciousness.com

www.YouTube.com/drdainheer
www.Facebook.com/drdainheer
www.twitter.com/drdainheer

www.YouTube.com/accessconsciousness.com
www.Twitter.com/accessconsciousness.com

ご招待

もしあなたがこの本を楽しんでくれて、これからももっと私の話を聞きたいのであれば、オンラインでクラスに参加することも出来ます。

The Being You Video Adventure（ビーイング・ユー、ビデオ・アドベンチャー）

真のあなた自身であることが何を意味するのかをもっと見つけ出し、全く新しい現実を創るためのツールを受け取りたいですか？そうでしたらビーイング・ユーについてのツールのシリーズを含む、この無料のビデオシリーズにご登録下さい。　www.BeingYouClass.com

The Tour of Consciousness（コンシャスネスのツアー）

私はまた、私達の美しい地球のあちこちを旅行しながら、可能性、閃きとツールを使って現在進行中のビデオシリーズも提供しております。どうぞご参加ください。このビデオグリーティングに、あなたが知っていることを「知る」力づけをさせてください。ご登録はこちら　www.TourOfConsiousness.com

私からの贈り物です！

デーン

Being You, Changing the World
著作権 ©2013 Dr. デーン・ヒア

ISBN:978-1-939261-02-1
ISBN:978-1-63493-075-8

編集者：カタリナ・ワレンティン
カバーデザイン：カタリナ・ワレンティン
カバー写真：アラナ・アヴェリン
インテリアデザイン：トニ・バートン

不許複製 この出版物のいかなる部分も、先に書かれた著者の許可なしではいかなる様式でも、いかなる電子的、機械的、コピー、録音などの形式でも複製されたり、検索システムに保存されたり、流出されたりされない。

この本の著者も出版社も、いかなる肉体的、精神的、感情的、スピリチュアル的、また経済的な結果について、いかなるクレームも保証もしない。著者によって提供された製品、サービスそして情報は、一般的な教育またはエンターテイメントの目的のみである。ここで提供された情報は、医療的アドバイスの代替えではない。この本に含まれる情報を個人的にイベントで使用する場合、著者と出版社はあなたの行為に責任を負わない。

発行所 Access Consciousness Publishing, LLC

www.accessconsciousnesspublishing.com

印刷 USA
第二版

初版 著作権 © 2012 Dr. デーン・ヒア 発行所 Big Country Publishing, LLC